Bian Zhu
Wu Pengcheng

武鹏程 ◎ 编著

DI ZHONG HAI
海洋与文明
地中海三千年

非凡
海洋
Fei Fan Hai Yang

海洋出版社
北京

图书在版编目(CIP)数据

海洋与文明. 地中海三千年 / 武鹏程编著. — 北京：海洋出版社，2025.1. — ISBN 978–7–5210–1340–5

Ⅰ. K109

中国国家版本馆CIP数据核字第2024W8Q313号

非凡海洋大系

海洋与文明

地中海三千年

HAIYANG YU WENMING
DIZHONGHAI SANQIANNIAN

总 策 划：刘 斌	总 编 室：(010) 62100034
责任编辑：刘 斌	网　　址：www.oceanpress.com.cn
责任印制：安 淼	承　　印：保定市铭泰达印刷有限公司
排　　版：海洋计算机图书输出中心　晓阳	版　　次：2025年1月第1版
出版发行：海洋出版社	2025年1月第1次印刷
地　　址：北京市海淀区大慧寺路8号	开　　本：787mm×1092mm　1/16
100081	印　　张：15.75
经　　销：新华书店	字　　数：300千字
发 行 部：(010) 62100090	定　　价：68.00元

本书如有印、装质量问题可与发行部调换

前　言

　　在人类历史上社会交流最为活跃的地区，首屈一指的就是地中海。这片大海不仅记叙了人类历史，同时也孕育了远古文明。

　　地中海不仅是最为复杂的海，还是最为血腥的海。

　　在这里，不仅有航海做生意的商人，比如最早因为海洋贸易而纵横地中海的腓尼基人和举世闻名的威尼斯商人；有依靠打劫维持生存的海盗；有勇敢的旅行家们，比如横渡地中海，往东方去的马可·波罗家族。他们的背后是不同类型的国家：罗马、迦太基、威尼斯、拜占庭帝国、奥斯曼帝国……这些国家的利益与矛盾，又交织着不同部族、城邦、国家乃至文明间错综复杂的关系，彼此迥异的文明"短兵相接"，纷争在所难免。

　　本书以地中海周边的历史推进为主线，讲述了海洋与文明的关系以及从贸易到战争的地中海三千年文明史。不仅介绍了让恺撒和安东尼为之倾倒的"埃及艳后"克利奥佩特拉七世的妖冶与睿智；也有亚历山大大帝、君士坦丁大帝如流星璀璨般的昙花一现；还有威尼斯议会中众多自甘平庸，却为国家带来最好发展的务实政治家们……

　　地中海的蓝，是梦想之蓝，也是忧郁之蓝。

目 录

上篇　战火不断的地中海

第1章　古老的地中海 ▶▶▶

古老的地中海 / 2

地中海附属海域 / 5

地中海支流 / 8

地中海沿岸的古代文明 / 10

第2章　地中海的纷争 ▶▶▶

古代希腊 / 12

古典希腊向海外发展 / 17

迅速崛起的波斯帝国西征之路 / 19

第一次希波战争 / 23

第二次希波战争 / 30

逼死波斯人的提洛同盟和伯罗奔尼撒同盟 / 37

伯罗奔尼撒战争 / 40

亚历山大大帝征波斯 / 48

第 3 章　故事的开端：地中海对峙

罗马诞生 / 52
走向海洋：意外地统一了南意大利 / 57
罗马的对手：航海民族之城迦太基 / 64
罗马与迦太基的首战：第一次布匿战争 / 72
第一次布匿战争后的罗马和迦太基 / 76
罗马与迦太基再战：第二次布匿战争 / 80
第二次布匿战争：决战扎马 / 93

目　录

第 4 章　第一个地中海帝国：罗马

罗马干涉希腊内政 / 99
灭亡马其顿 / 104
灭亡迦太基 / 106
我们的海——第一个地中海帝国 / 110

第 5 章　罗马帝国巅峰时刻

罗马前三巨头间的角逐 / 111
罗马后三巨头间的争斗 / 115
罗马大道及繁忙的地中海运输 / 120
繁荣的地中海贸易 / 122

海洋与文明：地中海三千年　｜　3

第 6 章　地中海上的信仰之争 >>>

动荡不安的巴勒斯坦 / 126

犹太战争 / 129

基托斯战争 / 133

随着海洋贸易带来的全新宗教——基督教 / 136

基督徒被迫害的 200 年 / 139

从"米兰敕令"到罗马皇帝的受洗 / 142

中篇　地中海上宗教贸易之争

第 7 章　罗马帝国的分裂 >>>

罗马的分裂 / 149

阿提拉蹂躏东、西罗马 / 150

着手建设的东罗马帝国 / 154

罗马教会的分裂 / 157

第 8 章　东地中海上的阿拉伯人

希拉克略与拜占庭帝国 / 158

6—7 世纪时的阿拉伯半岛 / 162

沙漠雄狮阿拉伯帝国 / 163

进攻基督教世界的阿拉伯海盗 / 166

第 9 章　入侵基督教世界的阿拉伯势力

神圣罗马帝国的诞生 / 175

洗劫罗马 / 178

诺曼征服 / 190

地中海贸易财富新焦点：红海 / 192

下篇　血色之海

第 10 章　十字军东征

圣城耶路撒冷 / 196

东征舞台上海洋共和国的战绩 / 200

疯狂的十字军 / 202

蚕食阿拉伯势力的意大利人 / 205

洗劫拜占庭帝国 / 206

第 11 章　崛起的东部大国 >>>

君士坦丁堡的陷落 / 212

占领莱斯博斯岛，挺进爱琴海 / 216

奥斯曼帝国新海盗与教廷海军的较量 / 219

教皇舰队疲于应付被奥斯曼帝国庇护的海盗们 / 221

西班牙海军还以颜色 / 224

第 12 章　群雄并起的大国时代 >>>

大国年轻的统治者们 / 226

两大阵营的对决 / 228

马耳他攻防战 / 233

勒班陀海战 / 237

第 13 章　地中海的沉寂 >>>

沉寂的奥斯曼帝国，但是巴巴里海盗依旧猖狂 / 241

从地中海到大西洋 / 242

上 篇

战火不断的地中海

第 1 章
古老的地中海

地中海是世界上最古老的海，其历史比大西洋还要古老。地中海沿岸是古代文明演绎的舞台，这里有古埃及的灿烂文化，有古巴比伦王国和波斯帝国的兴盛，更是欧洲文明的发源地（爱琴文明、古希腊文明以及地跨亚、欧、非三洲的古罗马帝国等）。

古老的地中海

打开世界地图可以看到，在欧、亚、非三洲之间有一片"蔚蓝"，这里就是地中海，它是世界上最大的陆间海。

地中海东西长约 4000 千米，南北最宽处约为 1800 千米，面积约为 251.2 万平方千米。地中海西边最窄处有仅 13 千米的直布罗陀海峡，穿过它就到了大西洋；东边可以通过苏伊士运河进入红海，通往印度洋；东北部可以通过达达尼尔海峡、博斯普鲁斯海峡，与黑海相连。

名字最多的海

早期的犹太人和古希腊人将地中海简称为"海"或"大海"。后来，因古代人们仅知此海位于三大洲（欧、亚、非）之间，故称之为"地中海"，全名为"陆地中间之海"，这个名字最早出现在 3 世纪的古籍中。7世纪时，西班牙作家伊西尔首次将地中海作为地理名称。除此之外，它在欧洲还有许多"爱称"，比如：

罗马人将其称为"我们的海"（Our Sea）；
土耳其人将其称为"白海"（Akdeniz）；
犹太人将其称为"伟大的海"（Great Sea）；
日耳曼人将其称为"中部之海"（Mittelmeer）。

为什么会有这么多的名字呢？这是因为这片大海有着漫长的历史，伴随着文明进步，它与人类之间有着深刻的联系。

地中海的形成简史

大约在距今2.8亿年前，在冈瓦纳古大陆的北部与欧亚古大陆的南部，是一片规模巨大的古海洋——古地中海，地质学家也称它为"特提斯海"。当时的古地中海面积非常大，它不仅覆盖了整个中东以及今天的印度次大陆，就连中国大陆和中亚地区，也几乎全被古地中海浸漫。

> 我们时常会听到这样的一个词："地中海风情"或是"地中海风格"，它原来是特指沿欧洲地中海北岸一线的建筑，特别是西班牙、葡萄牙、法国、意大利、希腊这些国家南部沿海地区的住宅，淳朴的颜色，红瓦白墙；众多的回廊、穿堂、过道，一方面增加海景欣赏点的长度；另一方面利用风道的原理增加对流，形成穿堂风这样的所谓被动式的降温效果。

第 1 章 古老的地中海

[古地中海最早的定居者 – 壁画]

海洋与文明：地中海三千年 | 3

> 穿堂风在我国的建筑中属于不利的风水，然而在地中海沿岸城市，却认为穿堂风是先进的降温设计。

[尼亚加拉瀑布]

尼亚加拉瀑布也直译作拉格科瀑布，尼亚加拉在印第安语中意为"雷神之水"，印第安人认为瀑布的轰鸣是雷神说话的声音。

尼亚加拉瀑布的最大流量可达每秒 6000 立方米，但是只有 30% 的水量流向尼亚加拉河河谷断层处，形成瀑布。

到了距今 1.8 亿年前，古地中海从中国大陆退出，又经过了 8000 万年后，它完全退出了我国的版图。

距今 800 万年前，由于两个大陆靠拢并发生碰撞，范围辽阔的古地中海的面积不仅大为缩小，而且逐步呈现封闭状态，失去了与世界大洋的联系。由于降水减少，没有支流的汇入，地中海经过 200 万年的蒸发，就干涸了，变成了一片沙漠。

又经过一轮地壳运动，导致直布罗陀海峡崩裂、离开，大西洋的海水由这个裂口灌入地中海，比今天世界上最大的瀑布——尼亚加拉瀑布大 1000 多倍的水流量涌入进来，经过了数百年的时间，才将地中海灌满。

虽然如今这片海的面积较小，而且有着日趋干涸的危险，但却孕育了不朽的文明。像以克里特岛为代表的爱琴文明；以马耳他为代表的巨石文明；有面向海洋的腓尼基人、迦太基人；纵横于西亚的赫梯人、波斯人；还有将民主思想留给世人的古希腊人和开创了地中海新时代的罗马人也先后出现在这里……地中海曾被戏称为"上帝遗忘在人间的洗脚盆"，可这个"洗脚盆"不仅

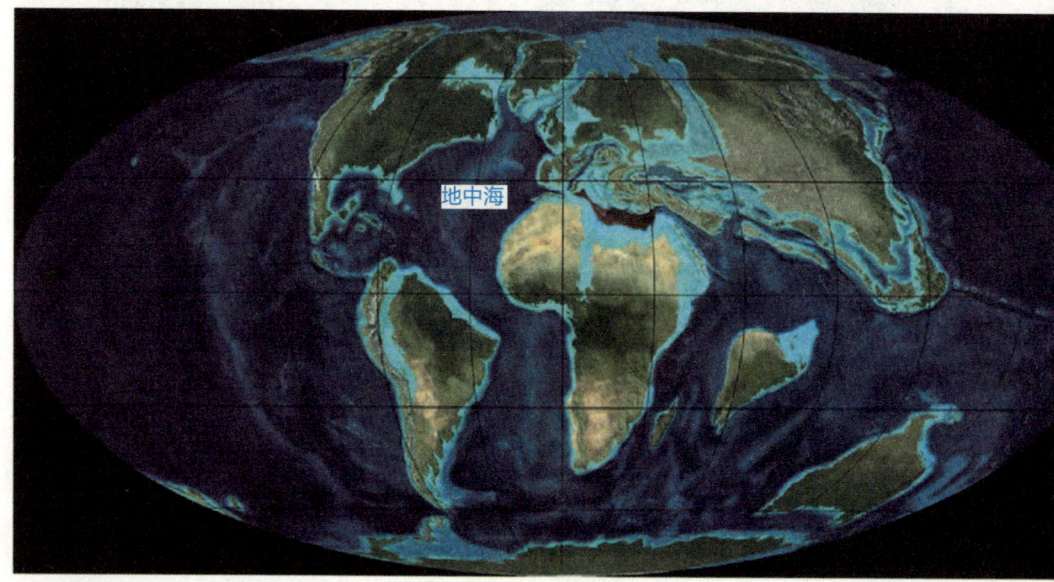

[特提斯海消亡－模拟图]

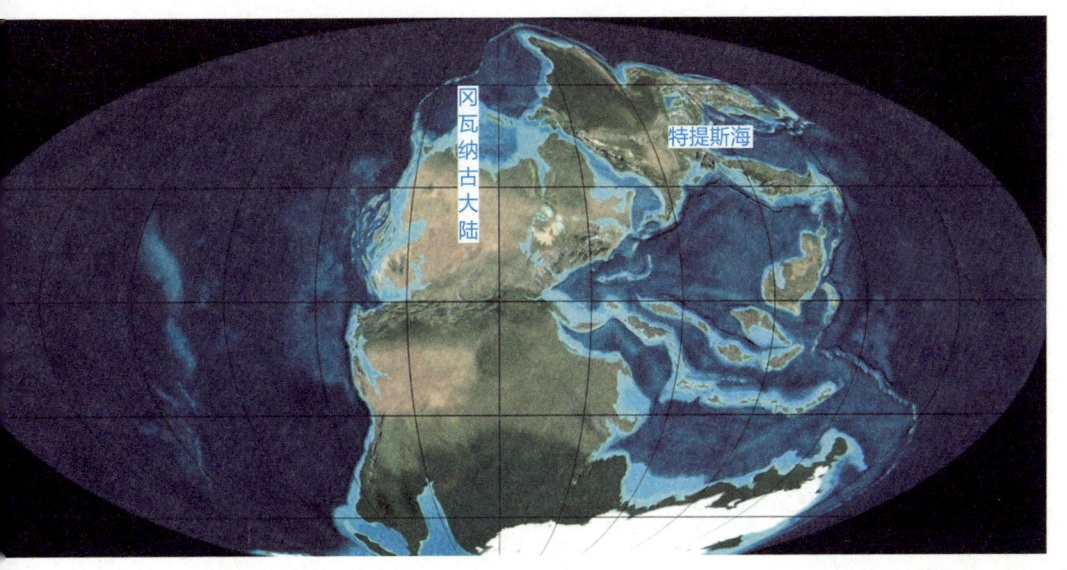

[3亿年前的地球－模拟图] 在距今约3亿年前,特提斯海初现,此图正值幼年期,其后经过变化,这一片都成了特提斯海的范围。

第1章 古老的地中海

不臭,还非常伟大,因为它不仅是欧洲文明的发祥地,更是古代诸多文明演绎的舞台。

地中海附属海域

地中海大致以马耳他岛为中点,分为东西两部,故马耳他岛有"地中海心脏"之称。地中海的海岸线曲折,各个半岛将整个地中海分割成不同的海域,自西向东分别如下。

阿尔沃兰海

阿尔沃兰海北界为西班牙南岸,南界为摩洛哥和阿尔及利亚北岸,东部以西班牙的加塔角和阿尔及利亚的菲加洛角连接至西地中海的巴利阿里海盆,西侧经直布罗陀海峡通大西洋。其交通地位十分重要,历史上曾发生过多次海战和军事活动。

巴利阿里海

地处西地中海北侧,西北界为西班牙东岸,东南界为巴利阿里群岛,东北以西班牙东北端的圣塞瓦斯蒂安

[地中海]

[直布罗陀海峡]

直布罗陀海峡位于西班牙最南部和非洲西北部之间，是大西洋与地中海的连接处，它就像是地中海的"入口"，通过这里来往穿梭于地中海和大西洋之间。

角和巴利阿里群岛东端的梅诺卡岛东北端的法瓦里克斯角连线为界，连接地中海。

利古里亚海

位于科西嘉岛、厄尔巴岛同法国、摩纳哥和意大利沿岸之间，海区东西长245千米，南北宽175千米，面积约3万平方千米。

第勒尼安海

在意大利西海岸与科西嘉岛、萨丁尼亚岛、西西里岛之间。此海通过托斯卡尼群岛与利古里亚海连接，通过墨西拿海峡与爱奥尼亚海连接。

亚得里亚海

巴尔干半岛和亚平宁半岛之间的海洋，是地中海的一个属海，南部通过奥特朗托海峡与爱奥尼亚海相连。

爱奥尼亚海

在希腊以西、西西里岛以东和意大利东南之间，是地中海的支海。

爱琴海

位于希腊半岛和小亚细亚半岛之间。南通地中海，东北经过达达尼尔海峡、马尔马拉海、博斯普鲁斯海峡通黑海，南至克里特岛。

马尔马拉海

位于土耳其境内，是连接亚洲和欧洲的分界线之一，面积相当于我国太湖的 4 ~ 5 倍，是世界上最小的海。但是其位置相当重要，通过它连接了黑海与地中海。

❋ 被称为"天下咽喉"的土耳其海峡（又称黑海海峡）是连接黑海与地中海的唯一通道，它包括博斯普鲁斯海峡（又叫伊斯坦布尔海峡）、马尔马拉海和达达尼尔海峡（又叫恰纳卡莱海峡）三部分，全长 361 千米，整个海峡呈东北—西南走向，是亚、欧两洲的分界线。古往今来皆为兵家必争之地，战略地位十分重要。

❋ 土耳其海峡东北端为博斯普鲁斯海峡，西南端为达达尼尔海峡，两海峡之间是土耳其内海马尔马拉海。两岸主权均属于土耳其。

❋ [爱琴海与黑海的连接处－博斯普鲁斯海峡]

博斯普鲁斯海峡又称伊斯坦布尔海峡，是连接黑海和马尔马拉海的一条狭窄水道。它不仅连接水道，而且还将土耳其亚洲部分和欧洲部分隔开，形成了跨越海洋与陆地的板块。

第 1 章　古老的地中海

地中海支流

众多河流自不同方向注入地中海，主要河流包括尼罗河、罗讷河、埃布罗河、台伯河、阿迪杰河、阿诺河。

尼罗河

尼罗河是流经非洲东部与北部的河流，自南向北注入地中海。全长 6670 千米，是世界上最长的河流。尼罗河有两条主要的支流：白尼罗河和青尼罗河。

尼罗河流域是世界文明发祥地之一，这一地区的人民创造了灿烂的文化，如古埃及文明在尼罗河畔耸立的金字塔、尼罗河流域盛产的纸草，还有行驶在尼罗河上的古船和神秘莫测的木乃伊。

罗讷河

罗讷河发源于瑞士伯尔尼山（中阿尔卑斯山的一部分）的罗讷冰川，它是欧洲的主要河流之一，法国五大河流之首，是地中海上除尼罗河之外的第二大支流。

[尼罗河]

尼罗河是一条流经非洲东部与北部的河流，自南向北注入地中海。支流除了白尼罗河和青尼罗河之外，还有阿丘瓦河、加扎勒河、索巴特河和阿特巴拉河等。

[1890 年的罗讷冰川]

罗讷河又叫隆河，流向西南偏西和西北，经过日内瓦湖注入法国东部后，在阿尔勒分为大隆河与小隆河两支，形成三角洲，并继续向东流入地中海。

埃布罗河

埃布罗河又译厄布罗河,发源于坎塔布连山脉,东南流向,在托尔托萨角注入地中海。全长 910 千米,流域面积 80 093 平方千米,是伊比利亚半岛第二长河流,为伊比利亚半岛最重要的河流之一,同时也是西班牙境内最长的河流。历史上曾是罗马共和国和迦太基以及查里曼帝国的西班牙边疆区和后倭马亚王朝的分界线。

台伯河

台伯河又称特韦雷河,是仅次于波河和阿迪杰河的意大利第三长河。源出亚平宁山脉富默奥洛山西坡,向南穿过一系列山峡和宽谷,流经罗马后,于奥斯蒂亚附近注入地中海的第勒尼安海。

阿迪杰河

阿迪杰河是意大利的第二大河,全长 410 千米。源出北部阿尔卑斯山的两个湖泊,流经韦诺斯塔谷地,在博尔札诺接纳伊萨尔科河,向南流,在维罗纳附近进入波河低地后,折向东南,流入亚得里亚海。

❦ 台伯河横穿罗马城,沿岸造就了许多风景,河两岸的法国梧桐更让这条河充满了异域风情。

❦ 克里特岛在世界文明之林中是个很独特的存在。从考古学上来看,在很久以前,这里就有着非一般的人类生活。根据欧洲神话来看,这里是欧洲文明的源头。

第 1 章 古老的地中海

❦ [台伯河河畔的圣天使堡]

圣天使堡是公元 139 年罗马皇帝哈德良为自己和其后代皇帝所建的家族陵墓,由哈德良亲自设计并指挥建造。传说在欧洲黑死病流行晚期,教皇格里高利一世梦见手持宝剑的天使降临到这座建筑上,不久黑死病的流行就结束了。为了感谢天使,教皇命人在这座建筑上加上了一个大天使的青铜雕像,并改名为"圣天使堡"。

[亚述帝国的萨尔贡二世雕像]

美索不达米亚（Mesopotamia）源于希腊语中的"河"（Potamos）和"中间"（Mesos）两字。

[埃及图坦卡蒙墓的壁画]

阿诺河

阿诺河是意大利中部最重要的河流之一，它贯穿佛罗伦萨老城，是佛罗伦萨的母亲河。恩波利和比萨也都在阿诺河河畔。

地中海沿岸的古代文明

在地中海沿岸分布着众多的国家，其中欧洲有11个国家，亚洲有6个国家，非洲有5个国家。它们分别是：

欧洲国家：（从西按顺序）西班牙、法国、摩纳哥、意大利、马耳他、斯洛文尼亚、克罗地亚、波斯尼亚和黑塞哥维那、黑山、阿尔巴尼亚、希腊。

亚洲国家：（从北按顺序）土耳其、叙利亚、塞浦路斯、黎巴嫩、以色列、巴勒斯坦。

非洲国家：（从东按顺序）埃及、利比亚、突尼斯、阿尔及利亚、摩洛哥。

美索不达米亚文明

美索不达米亚文明又称为两河流域文明，是指在底格里斯河和幼发拉底河两河流域之间的美索不达米亚平原（现今伊拉克境内）所发展出来的文明，是西亚最早的文明。主要由苏美尔、阿卡德、巴比伦、亚述等文明组成。在公元前4000年前，来自东部山区的苏美尔人来到了两河流域，他们开始烧制陶器，并会使用文字，到了公元前3000年前，苏美尔人建立了城邦。

※ [吉萨金字塔群]

吉萨金字塔位于开罗高原的沙漠中,这是一个由三组金字塔组成的塔群,是目前为人所知的最大的金字塔。三个金字塔结构中令人印象最深刻的是 Cheops 金字塔,也被称为吉萨大金字塔。这座令人惊叹的金字塔是古代世界七大奇迹中最古老的。

公元前 4000—前 2250 年是两河文明的鼎盛时期,这时期的苏美尔人发明了太阴历、楔形文字、加减乘除的四则运算以及解一元二次方程等。

※ 王朝时期的古埃及文明在世界上处于独一无二的地位。古埃及人精通工程学、视觉艺术和医学,并有着完善的宗教、政治和社会组织。他们的文化保持了长达 2000 多年的和平与繁荣的局面,期间只是偶尔被打断。

尼罗河 – 古埃及文明

公元前 3000 年,古埃及进入了王朝时期。埃及的王朝时期分为三个阶段:中古王国时期、中王国时期和新王国时期。

中古王国时期(第三至第六王朝)从约公元前 2700 年持续到公元前 2200 年,吉萨金字塔群便在此期间建成;

中王国时期的第十二、第十三王朝持续了大约 2 个世纪,结束于约公元前 1700 年;

新王国时期始于约公元前 1550 年,持续了 500 年。新王国时期是埃及法老权力最鼎盛的时期,当时的对外交流也最为活跃。

公元前 4 世纪,亚历山大大帝的征服结束了古埃及的王朝时期,但是在历史上,埃及凭借其横跨尼罗河,且处于非洲和亚洲、地中海、红海及印度洋的交汇点这一优越的地理位置而一直是商业和文化中心。

※ [拉美西斯一世与普塔和玛阿特]

埃及第十九王朝时期的帝王,也是新王国时期的中生代君主。该时期的建筑是埃及的又一个高峰。

第 2 章 地中海的纷争

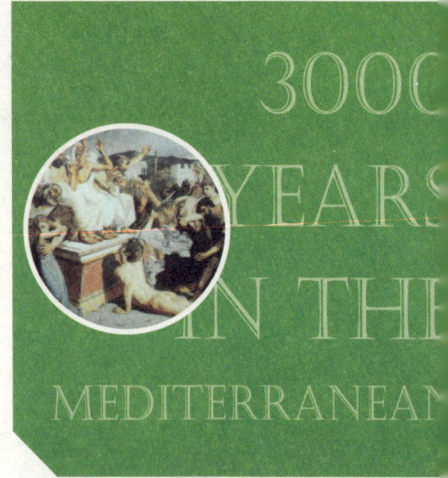

地中海是欧、亚、非三洲的交通枢纽，是大西洋、印度洋和太平洋之间往来的捷径，因而在经济、政治和军事上都具有极为重要的地位。自古以来，地中海就成为列强争夺的场所。

3000 YEARS IN THE MEDITERRANEAN

古代希腊

2004 年，美国好莱坞制作的史诗大片《特洛伊》在全球热映，其中的俊男靓女养眼至极，但我们此处要说的，是特洛伊战争发生的地方——希腊，欧洲文明开端之地。

希腊文明有着漫长的发展史，仅从最初爱琴文明过渡到希腊城邦文明，就经过了 2000 多年。所以我们无法详细介绍，只能介绍几个关键转折点，通过不太完整的介绍，了解那个时期的人类与地中海的关系。

最早的爱琴文明——克里特文明

克里特岛位于爱琴海，爱琴海是地中海的一个属海，克里特文明是爱琴文明的重要组成部分。

克里特岛离北边的希腊半岛、西边的小亚细亚半岛、南边的埃及都不远。优越的地理位置，使克里特岛可以通过航海，轻易地接触到两河流域文明

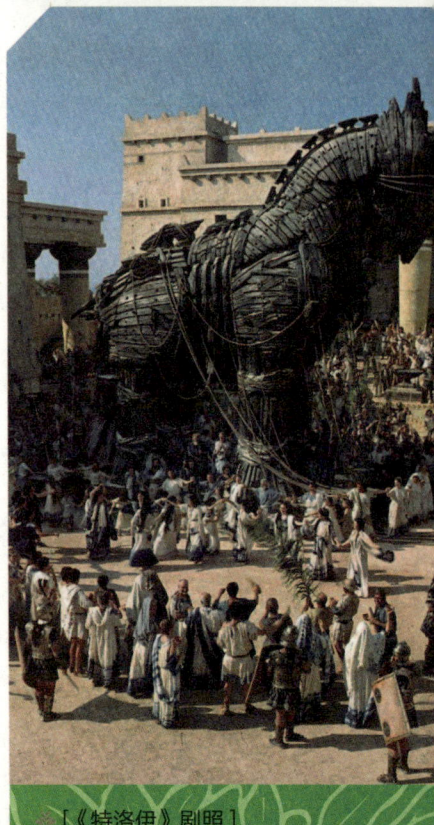

[《特洛伊》剧照]

特洛伊木马是这场战争中的关键武器，通过它打开了难以攻克的城池，城内的民众也因它而被屠杀，侥幸逃过一劫的特洛伊人远走他乡，罗马人就自称是特洛伊人的后代。

第 2 章 地中海的纷争

（美索不达米亚文明）和南边的古埃及文明。

克里特文明的体现

在《荷马史诗》中就有关于克里特岛的记录："在像葡萄籽一样的爱琴海的中心，有个由 90 个城镇组成的克里特，居民多得数都数不清……"由此可见，在那个年代，克里特岛就已经相当发达了。

在其他文明还处于新石器时代的时候，克里特文明就已经建立了国家。在发展过程中，受希腊大陆以及其他文化的影响，从公元前 1900 年以后，克里特文明就开始进入繁荣时代，到了公元前 1700 年后，克里特文明达到鼎盛时期。于是出现了以克诺索斯为都城的米诺斯王国。

克里特文明也因传说中的米诺斯王而被称为米诺斯文明，它是一种海洋文明，具有开放性和海洋性。米诺斯人不仅是造船能手，他们建造大船周游爱琴海；而且还是建造房屋的高

❋[克里特岛曾经最大的城市伊拉克利翁关于公牛的壁画]

克里特岛位于希腊本土以南 130 千米的地中海上，爱琴海以南，在这里有着当时最大的城市伊拉克利翁。在传说中，这里是米诺斯王的王宫。米诺斯王国是个与公牛有着不解之缘的国度。

❋[克里特岛费斯托斯圆盘]

费斯托斯圆盘是公元前 17 世纪的一个泥土赤陶圆盘，直径约 6.5 英寸（16.51 厘米），圆盘的两面都刻有 241 个象形文字，由外向内螺旋排布。文字间有明显的间隙。从文字图案的刻法判断，圆盘是用两个分开的模子压制出来的。圆盘上的文字符号表示人物、动物、身体器官以及各种物体。

海洋与文明：地中海三千年 | 13

❀ [克里特岛－迈锡尼文明壁画]

迈锡尼文明是古希腊青铜时代的文明，它因伯罗奔尼撒半岛的迈锡尼城而得名，是爱琴海文明重要的组成部分。迄今为止最有代表性的迈锡尼文明考古遗址为克诺索斯，它不仅提供了许多有价值的材料，同时它也具备从新石器时代直到古典文明萌芽期，长时间跨度内的文明连续性，是很珍贵的文化遗产。

❀ [克里特－迈锡尼文明黄金面具]

手，他们建造了几座大城市，城市之间用铺筑的道路连接起来。每座城市的中心都有宫殿，还配有供水设施、装饰、窗户和石凳。米诺斯人还擅长制陶和制作手工艺品。他们制造出漂亮的金银首饰。

克里特文明的发展——迈锡尼文明

公元前1450年左右，一支北方来的阿卡亚人来到了爱琴海地区，克里特文明被摧毁，阿卡亚人来到了希腊本土，他们是引发特洛伊战争的游牧入侵者，同时也创建了闻名的迈锡尼文明，它有着等级森严的社会结构和行政制度，是一个由武士领衔的贵族统治集团，有着北方游牧民族集中专制和好战的特点。

这些阿卡亚人创建的迈锡尼文明，明显比不上克里特文明先进，所以迈锡尼文明在很多方面是在模仿、延续克里特文明。比如，克里特人铸造的精美陶器，造型

14 | 海洋与文明：地中海三千年

优美、色彩艳丽、图画逼真，再看阿卡亚人的铸造工艺，明显比不上克里特人的精细，不过因为阿卡亚人是游牧民族，所以各种工艺都带有粗犷的特点。

迈锡尼文明的最大特点是墓地文化。迈锡尼人在建造城市之前，把首领埋在精心建造的蜂窝形墓地中。这些墓地用大石块建成，有一个大圆顶。富有的迈锡尼人非常喜欢黄金，他们制造金杯、金面具、金花、金首饰等饰品。

迈锡尼文明毁于一旦，爱琴海周围的文明大迁徙

阿卡亚人入侵创建了迈锡尼文明，然而不久之后另一股势力开始入侵这个地区，他们就是多利亚人。这使迈锡尼文明毁于一旦，开始了近300年文明的倒退，这个时期在历史学上称为"黑暗时代"。

在多利亚人的打击和驱逐下，阿卡亚人只能到处躲避战祸，导致了爱琴海周围的文明大迁徙。这次迁徙中，入侵者来到了爱琴海、希腊半岛；原

❦ [希腊南部迈锡尼青铜时代的城堡入口]
这座城门建于公元前13世纪，位于雅典卫城的西北侧，是以两头狮子的浮雕命名的——狮门。

第 2 章 地中海的纷争

海洋与文明：地中海三千年 | 15

[描述奥林匹亚竞技会的雕刻]

❋ 奥林匹亚竞技会的竞技项目最初只有跑步，到了后来慢慢增加了跳远、掷铁饼、标枪、摔跤和拳击等项目。参加竞技的可以是个人，也可以代表自己的国家。在那时候，只有希腊人，没有希腊这个国家，大大小小的城邦国家总数有500个之多，参赛的选手必须是希腊人以及信仰希腊诸神的人才可以。

[伊菲图斯（左）]

古代奥林匹亚竞技会的创始人是伊菲图斯（Iphitos）。他是希腊一个边陲城邦——伊利斯城邦的国王。当时希腊正在饱受瘟疫和战乱之苦，为了抗击瘟疫、期盼和平，伊菲图斯征求了神谕，并于公元前776年宣告，根据神的旨意在奥林匹亚举行体育比赛，第一届古代奥运会就这样举行了。

住民则是通过海路逃出爱琴海，到达地中海东部的小亚细亚等地区……正是由于此次迁徙，在公元前9世纪时期，才出现了大量的游吟诗人，他们随着迁徙途径，到处歌颂希腊人的文明。像《荷马史诗》和希腊神话也是因为这次迁徙，才得以广泛传播。

希腊城邦文明时期

直到公元前776年，希腊召开了第一次奥林匹亚竞技会，标志着希腊城邦文明的正式纪年，也是希腊"信史"时期的开始。所谓信史，是指可以相信的历史，因为在此之前的历史传承都是以神话或是传说来记述的，但从此之后，希腊-爱琴海的文明开始有了明确的历史。

奥林匹亚竞技会的举办地点在当时的奥林匹亚，位于伯罗奔尼撒半岛的西端，与不断崛起的强大城邦斯巴达、雅典、科林斯和底比斯等非常近。这些城邦所在的伯罗奔尼撒半岛与其他文明不同，这里由多岛屿组成，地势独特，不容易建立一个集权力于一人之手的政治体系，所以这里群雄割据，而且各城邦势均力敌，这导致了很长一段时间内，城邦之间为了利益互不相让，总有不间断的摩擦和打不完的仗。

唯一能让这些城邦休战的机会，就是奥林匹亚竞技会。

在第一次奥林匹亚竞技会召开之时，正是希腊人开始大举向地中海各个地区开展殖民活动告一段落的时候，此时留在本土伯罗奔尼撒半岛上的居民，需要一种让他们意识到自己是"城邦国家"共同体的活动，于是举办了此会。

古典希腊向海外发展

在希腊历史中，雅典和斯巴达这些城邦国家的时代叫古典希腊时期，在此之前的时期叫"古代希腊"。这个时期希腊最大的特点就是开始向地中海地区展开殖民活动。

希腊人搬离伯罗奔尼撒半岛

在地势狭窄的希腊，各城邦之间冲突不断，特别是在伯罗奔尼撒半岛上，这种冲突更加激烈频繁。动荡不安的局势，加上希腊土地贫瘠，不值得希腊人不惜一切守护家园。于是，许多希腊人开始带着一家老小，纷纷开始向海外发展。

希腊开拓的新居住点

出走海外的希腊人，在选择居所时会尽

❋ [顾拜旦]

现代的奥林匹克运动会不能忘记的人是顾拜旦，他的全名是皮埃尔·佛莱德·德·顾拜旦，一生致力于体育推广，主张的"充分接触大自然，进行激烈的体育竞技"成为他一生的追求。他设计了奥运会会徽、奥运会会旗。由于他对奥林匹克不朽的功绩，被国际上誉为"奥林匹克之父"。

❋ [伯罗奔尼撒半岛上的奥林匹亚宙斯神庙遗址]

❖ 当时希腊人在意大利南部和西西里等地区发展迅速，甚至有了"大希腊"的称号。
毕达哥拉斯在这里开设了学校；欧几里得曾在此发表演说；柏拉图来过此地访问；之后这里还诞生了伟大的阿基米德。

量避开已经建立起国家的地方，如埃及；也不会选择尚无人类居住的地区。他们会选择那些有原住民的地方。当他们来到后，会赶走原住民或逼他们为奴，建设只为自己所用的城镇和港口。例如，那不勒斯始于雅典人的殖民；塔兰托是斯巴达人建立的殖民国家，叙拉古是科林斯人殖民以后发展起来的……由以上几个地方可以看出，希腊人在选择居住地点时，会选择面朝大海、背靠肥沃土地的地方。

殖民点的发展，走出爱琴海

选择了适合耕种的土地，希腊人就像我国以前"分家"一样，殖民城市有如雨后春笋般到处开花。

刚开始时，希腊人的殖民活动最远到达了爱琴海对岸，就是如今的爱奥尼亚地区的小亚细亚西岸，这里离希腊很近，甚至不太需要什么航海技术，只需要沿着爱琴海上的岛屿，跨过去就能到达。

向海外发展，远比在国内参与无穷无尽的战争要强得多，所以越来越多的希腊人开始将眼光转向更远的地方，而他们的活动范围也随之开始扩大。

希腊人的殖民活动开始向意大利南部和西西里发展，这就是希腊历史上著名的第一次殖民运动时期，大约发生在公元前9世纪末到公元前8世纪初。

到了公元前8世纪中叶，希腊又开始了第二次殖民运动，这次他们先到达黑海南部，然后遍布了整个地中海，而希腊本土参与此次殖民活动的城邦众多，这些城邦又以雅典为首，以爱奥尼亚地区各城邦国家的参与为主。

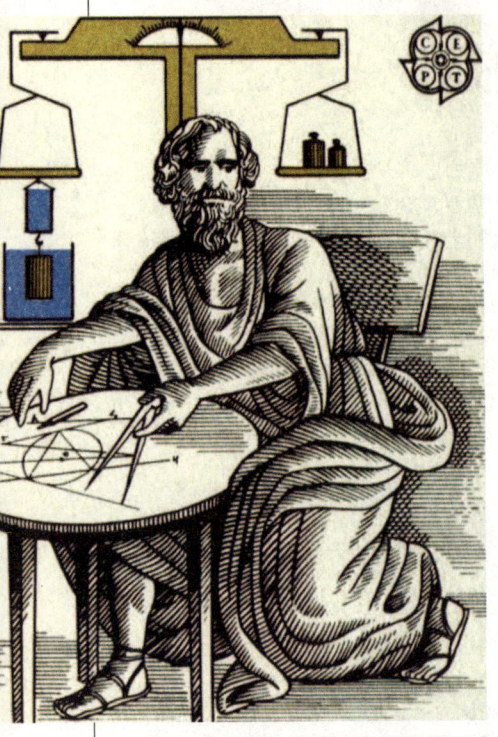

❖ [出生在希腊殖民地区的阿基米德]
阿基米德是伟大的古希腊哲学家、百科式科学家、数学家、物理学家、力学家，静态力学和流体静力学的奠基人，并且享有"力学之父"的美称，阿基米德和高斯、牛顿并列为世界三大数学家。

迅速崛起的波斯帝国西征之路

就在希腊迅速壮大的同时，位于中东地区的波斯帝国也在快速崛起。

波斯在居鲁士的领导下建国

公元前8世纪，一个此前还不为人知的小民族，从当时伊朗高原的米底人中，分离出来向南迁徙，在伊朗高原南部的波西斯山区一带定居，这就是最早的波斯人。然而即便如此，波斯人仍然未能摆脱米底人的统治，在经过两个世纪的发展后，米底人建立的米底帝国已经非常强大，而生活在波西斯山区的波斯人也逐渐形成了10个部落，相互抱团取暖，抵抗米底帝国。

公元前550年，波斯人在居鲁士的领导下争得了独立，并灭掉了米底帝国，米底国王阿司杜阿该斯被俘，原米底帝国征服的地区也相继被波斯人所征服。居鲁士登基成为波斯帝国第一任皇帝。

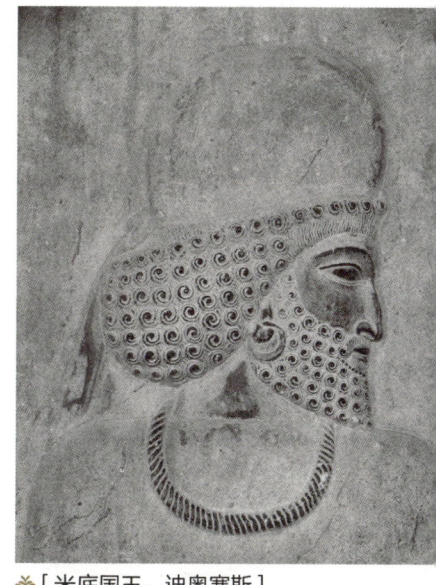

❋ [米底国王：迪奥塞斯]
迪奥塞斯被认为是米底帝国的建立者。

❋ 米底帝国是一个古伊朗王国，领土面积最大时西起小亚细亚以东，东至波斯湾北部。

❋ [居鲁士大帝]
居鲁士大帝（公元前598年—前530年），即居鲁士二世，以伊朗西南部一个小首领起家，打败了米底、吕底亚和巴比伦，统一了大部分的古中东地区，建立了波斯帝国，当代伊朗人将居鲁士大帝尊称为"伊朗国父"。在自传铭文中他骄傲地说："我，居鲁士，乃世界之王，伟大的王。"

波斯接收了米底帝国所有的地盘和对手

波斯接收了米底帝国所有的地盘,同时也不得不面对米底人所有的对手。其中实力最强大的对手有两位。

第一位是控制了两河流域与叙利亚地区的新巴比伦王国,它曾在帮助波斯攻打米底帝国时,控制了部分米底帝国投降的军队,其实力一下子变得强大了起来。

第二位是远在小亚细亚半岛的吕底亚王国。这个王国非常富有,几乎控制了沿海所有的希腊城市,并且将领土延伸到了弗里几亚地区。

波斯要想继续拓疆扩土、征服世界,就必须将这些障碍一个个地铲除。

皮特里亚平原之战:波斯帝国统治世界的开始

公元前 547 年,波斯帝国和吕底亚王国在皮特里亚平原爆发了战争,波斯皇帝居鲁士轻而易举地将吕底亚王国大军击败。原本还想明年开春再战的吕底亚国王克洛伊索斯,还没来得及组织军队反扑,就被居鲁士打了个措手不及,居鲁士率领大军迅速杀到吕底亚王国首都

[新巴比伦王国的壁画]
这是一幅新巴比伦王国时期的壁画,画中人手上的装饰品与如今的手表极为相似,但这是公元前 600 多年的壁画。不知道这是否是一种神秘文化的证据呢?

❀ 新巴比伦王国是公元前 626—前 539 年存在的一个西亚国家。由居住在两河流域南部的迦勒底人所建,故又称迦勒底王国,全盛时期统治整个新月沃土。该国大约于公元前 539 年被波斯帝国灭亡。

❀ 吕底亚王国濒临爱琴海,位于当代土耳其的西北部,以其富庶及宏伟的首都萨迪斯著称,它大约在公元前 660 年开始铸币,可能是最早使用铸币的国家。

❀ [吕底亚最后一任国王:克洛伊索斯]

萨迪斯城下,最终在开春前攻克了萨迪斯城。吕底亚王国这个曾经能与埃及、米底和巴比伦分庭抗争的西亚强国,就这样在波斯人的闪击战中灰飞烟灭。波斯帝国的世界霸主地位,也几乎就是从这场战役开始的。

❋ [吕底亚王国首都遗址]

萨迪斯是吕底亚的首都,这里有吕底亚王国时期大量的建筑遗址,通过这些建筑,可以想象当时的吕底亚王国是多么富有。

波斯帝国西征

没有人会想到波斯帝国会在短短 25 年的时间内迅速崛起,将辽阔的版图一再扩大,一度打破了历史的纪录。

公元前 539 年,居鲁士又征服了巴比伦,从此中东全境完全在波斯帝国的统治之下;居鲁士死后,他的继任者冈比西斯虽然只在位 7 年,但是他完全继承了居鲁士的扩张方针。

而这时候波斯帝国有了船只。有了船,就能跨越地中海,来到伯罗奔尼撒半岛,入侵希腊人的国土。

❋ 波斯帝国的船只来自拥有漫长航海历史的民族——腓尼基人。波斯人早期向腓尼基人购买船只,或者干脆雇佣腓尼基人为其运输或者作战,随着时间的推移,因扩张的需要,渐渐地波斯人开始在一些被统治的港口城市建立造船厂。

❋ [冈比西斯壁画]

冈比西斯继承了居鲁士的思想,而上图所描绘的就是他带兵出征埃及的场景。

第 2 章 地中海的纷争

大流士一世的改革

公元前 522 年，第三任波斯帝国皇帝大流士一世继位了。他在位共 36 年，是一位英明的皇帝。大流士一世做了这样几件事：

首先，建立了行省制度。他将波斯帝国版图划分为 23 个行省，每个行省由皇帝直接任命波斯上层贵族担任总督，重要省份则由皇室成员出任总督。大流士一世通过这种方式加强了对地方的统治。

其次，建立驿道（很多资料翻译为"王之道"）。为了加强中央和地方的联系，大流士一世继承和完善了亚述帝国的驿道制度，把帝国各省通过驿道连接起来。最长的一条驿道是从萨迪斯至苏萨的"御道"，全长 2400 千米，途中设有驿站，每个驿站都备有骑手和马匹轮换，能迅速地传递帝国政府发往各地的信件和情报，有利于紧急情况下派遣军队，

[波斯皇帝：大流士一世雕像]

该雕像来自波斯波利斯国库中的一面墙上的浮雕，大流士一世是波斯历史上最重要的一位皇帝，也是世界历史上的著名政治家之一。

[大流士一世宫南立面墙浮雕]

✤ [薛西斯硬币]

✤ 埃兰文是古代伊朗埃兰文明使用的一种文字。最早期文献可追溯到公元前30世纪,埃兰文字受两河流域文明影响较大,其文字最早为象形文字。

✤ 阿拉米语是阿拉米人的语言,也是《旧约圣经》后期书写时所用的语言,被认为是耶稣基督时代的犹太人的日常用语。

也便于商人往来,促进了各地的经济联系。

再次,大流士一世以埃及法律为蓝本,建立和完善了法律和司法制度,历经22年用埃兰文和阿拉米文编成一部法典,颁行埃及行省,以约束祭司和士兵的行为。

另外,大流士一世还根据波斯社会实况,建立了铸币、赋税和军队制度。

第一次希波战争

原吕底亚王国的首都萨迪斯距离伯罗奔尼撒半岛的马拉松、雅典相当近,所以当萨迪斯被波斯人占领之后,生活在附近的爱奥尼亚地区的希腊人觉得,用不了多久自己这里也会被波斯人攻占。

✤ 希波战争是世界历史上第一次欧亚两洲大规模国际战争。这场战争前后持续了将近半个世纪,结果是希腊城邦国家和制度得以幸存下来,而波斯帝国却从此一蹶不振。

爱奥尼亚地区沦陷

爱奥尼亚地区不同于希腊本土,它的地理条件让各城邦国家面向大海,与海外开展贸易往来十分方便,但是也受到背后来自陆上领土控制型国家波斯帝国的威胁。

波斯帝国入侵爱奥尼亚地区前,首先攻打了爱琴海北部地区,马其顿最先屈服,成了波斯帝国的属国。之后,波斯帝国开始入侵色雷斯。

这对于雅典人来说,可不是个好消息,因为色雷斯聚集了雅典富裕阶层的海外资产。为了保护自己的财产,

✤ 爱奥尼亚地区是古希腊时代对今天土耳其安那托利亚西南海岸地区的称呼,即爱琴海东岸的希腊爱奥尼亚人定居地。

第 2 章 地中海的纷争

海洋与文明:地中海三千年 | 23

❖ [《色雷斯姑娘拿着俄耳甫斯的头》]

这是法国象征主义画家居斯塔夫·莫罗（1826—1898年）的画作。古希腊神话里的俄耳甫斯原是色雷斯的一位诗人和歌手。在这幅画中，俄耳甫斯已被杀死。他的头由色雷斯一位崇拜他的姑娘捧着，姑娘把他的头放在他的那把竖琴上。

那些雅典人和他们率领的原住民进行了顽强的抵抗。为此，大流士一世不得不派军队进行镇压，最后雅典人撤离了，色雷斯被波斯帝国占领。

接下来，波斯帝国对爱奥尼亚地区的入侵非常顺利，没有遭遇到像样的抵抗，以弗所、米利都、哈利卡纳苏斯这些极尽

> ❖ 爱奥尼亚这个名字来源于希腊一个叫作爱奥尼亚人的部落。这个部落于公元前2000年后期在爱琴海沿岸定居。当他们在小亚细亚定居后开始形成一个共同体。爱奥尼亚重要的城市有以弗所、米利都和伊兹密尔。这些城市靠贸易富强起来，它们结盟为爱奥尼亚联盟。

❖ [色雷斯首都地区的墓葬壁画]

色雷斯地区的人们骁勇善战，不仅是战时的雇佣兵，还是臭名昭著的强盗。色雷斯城堡修托波利斯（Seuthopolis）是该地区人们生活的城市中保存最为完整的地方，被列为世界文化遗产。

24 | 海洋与文明：地中海三千年

繁荣，甚至被誉为爱奥尼亚地区珍宝的城邦国家悉数被大流士一世纳入统治之下。

爱奥尼亚地区沦陷了，紧接着周围的岛屿，如莱斯沃斯岛、希俄斯岛、萨摩斯岛等纷纷屈服于波斯帝国。

大流士一世便风风光光地将"王之道"的起点从萨迪斯延伸到了以弗所。这里跟萨迪斯比起来，除了可以集结陆军外，还可以把萨摩斯岛作为波斯海军的基地，入侵海上更方便了。

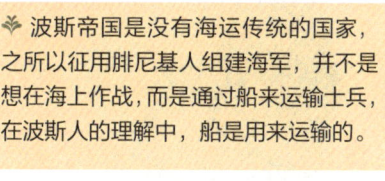

❋ 波斯帝国是没有海运传统的国家，之所以征用腓尼基人组建海军，并不是想在海上作战，而是通过船来运输士兵，在波斯人的理解中，船是用来运输的。

爱琴海东岸完全沦陷

作为农耕国家的波斯帝国，无法理解靠海洋贸易兴盛的爱奥尼亚地区希腊人的生存意识。

希腊人依靠复杂的地形，以及海洋的屏障，屡屡反抗波斯人的统治。每当波斯帝国镇压的军队到达时，这些反抗者就会逃向爱琴海东岸的米利都藏匿。

米利都是爱奥尼亚地区希腊人最后的堡垒，而且这里受到来自伯罗奔尼撒半岛的城邦国家的援助，比如雅典就派战船协助其对抗波斯人。不过强大的波斯帝国很快就派海军围攻了米利都。不久之后爱琴海东岸希腊人最后的庇佑所米利都沦陷，成了波斯人的疆土，之后整个爱琴海东岸都处于波斯帝国的统治之下。

波斯人的入侵军

面对爱琴海东岸的形势，伯罗奔尼撒半岛的城邦国家非常焦急。因为他们不知道波斯帝国下一步将进攻他们中的谁。

❋ [米利都的建筑遗迹]

米利都是爱奥尼亚的一座城市，也是最具重要意义的古希腊遗址之一。这座城市拥有宏伟的建筑，包括一座规模庞大的露天剧场、拜占庭堡垒以及罗马浴场。米利都拥有超过2000年的历史，在历史与民俗研究方面都具有重要的意义。

第 2 章 地中海的纷争

海洋与文明：地中海三千年 | 25

❦ [希庇亚斯雕像]

❦ 斯巴达军队于公元前510年攻入雅典卫城，俘虏了希庇亚斯和他的孩子们，在斯巴达人的威胁下，希庇亚斯选择接受被放逐出雅典的结局，以换取其子女的安全获释，随后他在其岳父（拉穆普萨库斯僭主 Hippoklos）的帮助下进入大流士一世的宫廷。

不过波斯人自有打算，在之前米利都反抗波斯帝国的海军中，雅典派出了20艘战船助战，虽然数量不多，但在波斯帝国看来，这就是明确反对帝国的态度，于是波斯帝国的矛头首先对准了雅典。

年近60的波斯皇帝大流士一世，虽然痛恨雅典与之为敌，但是不屑于亲自带兵去剿灭，于是派了两个属下，率领一支小规模的骑兵前去征讨。另外还带上了被雅典放逐的庇西特拉图的儿子希庇亚斯，显然是想在征服雅典之后，将希庇亚斯立为新一任的雅典统治者。

雅典人众志成城

面对波斯人志在必得的气势，时任雅典当权者的阿里斯泰德和其政敌地米斯托克利摒弃了成见，双方精诚合作，为此战物色了当时最合适的主将——米提亚德。

❦ [米提亚德雕像]

米提亚德出生于雅典一个古老的家族。他的祖父曾经成为一个色雷斯小国切索尼的宗主，因而米提亚德既是雅典公民，又是切索尼的王子。

波斯皇帝大流士一世征服色雷斯以后，率军越过多瑙河，企图征服游牧民族塞提亚人，大流士一世临行前将多瑙河上的一座浮桥交给几个希腊藩邦守护（其中包括米提亚德），以备不虞之时能够安全返回。后来大流士一世果然受挫，不得不撤回来。这时米提亚德建议拆毁浮桥，将大流士一世困在多瑙河对岸。这一招相当狠辣，因为大流士一世的大军此时粮草将尽，后面又有塞提亚骑兵紧紧追赶，如果不能及时渡过多瑙河，大流士一世即使不死于塞提亚人的箭下，也会死于饥馑。可惜其他的希腊藩邦首领无人有这样的胆识，米提亚德只得眼睁睁地看着大流士一世安全返回。事后有人将这件事报告给大流士一世，于是米提亚德成为波斯帝国头号通缉犯，不得不逃到雅典。他刚到雅典就主持收复了沦落敌手多年的两个爱琴海岛屿，立刻成为雅典炙手可热的人物。

米提亚德有过与波斯军队作战的经验。不过，在当时的雅典，要通过全民选举将一个异乡人推举成为将军，这并不太容易，可见雅典的当权者阿里斯泰德为了劝说政敌地米斯托克利，共同为米提亚德保驾护航，付出了非同一般的心血。终于在公元前491年，米提亚德在公民大会上当选为下一年度（即公元前490年）的将军，指挥雅典人作战。

第一战：纳克索斯岛自卫战

作为抵抗波斯人的将军，米提亚德知道仅靠雅典一城，要想挡住波斯军队难度非常之大，于是他向斯巴达提出参加对抗波斯人的要求，但还没

[雅典卫城 - 雅典娜神殿女像柱的门廊]
女像柱的门廊，6个柱子雕刻为少女的形象代替普通的柱子。

[波斯波利斯遗址的波斯武士雕塑]

❋ 波斯帝国为什么会在进攻雅典之前向南，绕到纳克索斯岛呢？这是源于4年前，米利都抵抗波斯入侵时，纳克索斯岛是米利都反抗波斯帝国时的军队集结地。波斯皇帝大流士一世对此耿耿于怀，于是下令趁此机会彻底摧毁纳克索斯岛。

❋ 埃雷特里亚是由雅典的爱奥尼亚人所建，公元前8世纪时为重要的城市，贸易兴盛，公元490年，此城被波斯夷为平地，但不久由雅典重建，从雅典迁来大量移民。

有等到斯巴达同意参战的消息，波斯军队就开始朝雅典推进了，他们首先入侵了纳克索斯岛。

纳克索斯岛孤零零地位于爱琴海之上，面对强大的波斯帝国大军，岛上的居民虽然进行了顽强的抵抗，但还是很快就沦陷了，所有居民都沦为了奴隶。

波斯军队志在征服雅典，因此决定暂时将这些奴隶留在俘虏收容所，待征服雅典之后，再次转道此地将他们带走。

进入埃雷特里亚

攻下纳克索斯岛后，波斯军队并没有直接进攻雅典，而是选择了进攻雅典北部的埃雷特里亚。埃雷特里亚位于优卑亚半岛与希腊本土之间，属于希腊。

公元前491年秋天，波斯军队成功登陆埃雷特里亚附近海岸。这里的居民虽然进行了拼死抵抗，相较纳克索斯岛，

❋ [记录希波战争的陶片]

❋ [《斯巴达300勇士》剧照]
《斯巴达300勇士》叙述的是波斯与希腊之间爆发的温泉关战役。

波斯军队的胜利稍微难了一点，经过半年的攻打，最终波斯人还是将这里占领了。这时候已经是冬天了，波斯军队不得不在优卑亚半岛上过冬，这为雅典士兵的训练提供了时间，也给了雅典的盟友——斯巴达充分的决定时间。

斯巴达人以"需月圆之夜才能出兵"为由拒绝了施以援手

冬天终于过去了，第二年春天，也就是公元前490年，大流士一世组织了约5万人的兵力和400艘战船，渡过赫勒斯滂海峡，沿色雷斯海岸向伯罗奔尼撒半岛推进。在距离雅典城东北40千米的马拉松平原登陆，妄图一举消灭雅典，进而鲸吞整个希腊。

得知消息的雅典，一边动员全城国民应战，另一边派出一名长跑健将斐迪庇第斯跑步向斯巴达求援，将波斯入侵的消息告诉了斯巴达，斯巴达却以"需月圆之夜才能出兵"为由拒绝了施以援手。这对雅典来说，可真是个不太妙的消息了。

决战马拉松：波斯帝国被打败，第一次希波战争结束

雅典在得不到援助的情况下，只能紧急调集了1万多人的陆军，硬着头皮前往马拉松平原与波斯大军展开激战，雅典战士为保卫国家，奋起抗击波斯军队，他们从正面发起佯攻，波斯军队突破了雅典军队的中线，但在两翼的雅典军队却取得了胜利，他们从两面夹攻波斯军队，突破中

[描述马拉松情景的希腊陶片]

传令兵斐迪庇第斯成功地传递了马拉松战役获胜的消息，后世的马拉松长跑因此而来。1896年举办首届奥运会时，现代奥运之父顾拜旦采纳了历史学家布莱尔以这一史事设立一个比赛项目的建议，并定名为"马拉松"。

扩展阅读：马拉松的由来

因为这场惊心动魄的战斗关系着雅典乃至全希腊的生死存亡，所以当激烈交战时，雅典人都自动地汇集在雅典城的中央广场，翘首等待马拉松前线的信息。前线统帅米提亚德为了尽快让大家听到胜利喜讯，派出了快跑能手斐迪庇第斯跑回雅典报信。这时斐迪庇第斯已经受了伤，但他毅然接受了任务，当斐迪庇第斯满身血迹、精疲力竭地出现在雅典人民面前时，他激动地高喊了一声"欢乐吧，我们胜利了！"便倒地牺牲了（希罗多德《历史》）。这个古代英勇信使的故事流传了2000多年，至今仍使人激动不已。人们为了纪念他，在奥林匹克体育运动会上，规定了一项马拉松长跑竞赛的项目，并把战场至雅典的距离42.195千米，定为马拉松竞赛的长度。

第2章　地中海的纷争

[《我们获胜了》- 油画]

[帕罗斯岛的海滩]

线的波斯军队只能掉头撤退。雅典军队乘胜追击,一直把波斯军队追赶到海边,波斯军队慌忙登船而逃。第一次希波战争就这样结束了。

马拉松战役是古代历史上著名的以少胜多的战例,其历史意义巨大,因为它证明了无敌的波斯帝国并非真的战无不胜。这一事实不仅传遍希腊全境,甚至也传到了中东和埃及。

第二次希波战争

雅典决定攻打帕罗斯岛

第一次希波战争之前,爱琴海上的克里特岛附近的海域都被波斯人占据着,其中著名的岛屿就有安德罗斯

❦ [帕罗斯岛]

帕罗斯岛是基克拉泽斯群岛的第四大岛,位于爱琴海的中心位置,有"爱琴海的女儿""爱琴海的新娘"的美誉,最早由阿卡迪亚人和爱奥尼亚人拓居。岛上所产白色半透明大理石可用于雕刻,是古代帕罗斯岛的主要财源,现收藏于巴黎卢浮宫的"米罗的维纳斯"雕像就是用这里的大理石雕刻的。

第 2 章 地中海的纷争

岛、米克诺斯岛、提洛岛、纳克索斯岛和帕罗斯岛等。还有东边的萨摩斯岛、科斯岛,这里距离雅典只隔着几座岛。

雅典在马拉松战役中打赢了波斯之后,该战的指挥官米提亚德在雅典公民中的声望达到了前所未有的高度。在新一届的选举中,米提亚德又以绝对优势继续成为将军,他决定乘胜收复失地,首先攻打帕罗斯岛。帕罗斯岛是基克拉泽斯群岛的第四大岛,距离纳克索斯岛最近,所以攻打这里还是完全有理由的。

完美作战计划

选定了目标之后,米提亚德便决定以纳克索斯岛为跳板,因为纳克索斯岛和米利都关系密切,而且明确表示追随雅典,米利都和纳克索斯岛曾经顽强抵抗过波斯人的入侵。结果遭到了波斯帝国毁灭性的打击,大多数岛民沦为奴隶,不得不离开爱琴海,被送到遥远的美索不达米亚地区。

❦ [苏美尔女王——普阿比女王]

在我们印象里,口红是女性的专用化妆品,但是在公元前 3000 年左右的美索不达米亚地区,口红是专门给男人用来吸引伴侣用的。

最早的口红是用铅做的,后来苏美尔的普阿比女王开始用宝石磨粉,但却因价格昂贵未能普及。

目前，这座岛上只剩下些老幼病残，即使如此，这些希腊人依然在坚定地抵抗着波斯，如果雅典大军能跟他们合作，就可以此为前沿基地，攻打被波斯人占领的不足 10 千米远的帕罗斯岛。

这个计划看起来非常完美。

帕罗斯岛南部拒绝了雅典人的帮助

帕罗斯岛南部还有部分土地未被波斯人统治，在雅典人登陆作战前，雅典将军米提亚德向帕罗斯岛南部发出"勒索通知"，提出只要支付 100 塔兰特，就帮助他们赶走波斯人，夺回帕罗斯岛。

1 塔兰特相当于 6000 德拉克马。当时一个匠人的月收入为 15 德拉克马，100 塔兰特等于 60 万德拉克马，相当于 4 万匠人的月收入。面对如此昂贵的纳贡，帕罗斯岛南部拒绝了米提亚德开出的条件，因为向波斯人投降还不用这么多钱呢！

帕罗斯岛之战失败

虽然未能获得帕罗斯岛南部势力的支持，但是米提亚德依旧准备攻打帕罗斯岛，以驱逐波斯人，理由很简单，因为波斯人一旦完全掌控帕罗斯岛，会对雅典造成极大的威胁。

雅典军队来到帕罗斯岛后，不但遭受了北部波斯人占领区的抵抗，还遭受了帕罗斯岛南部原住民的驱逐，他们认为雅典人一旦赶跑了波斯人，会征收更多的税收，于是纷纷出来阻挠雅典人登陆，这是雅典人万万没有想到的。

帕罗斯岛之战中，雅典派出了 60 艘战船，以纳克索斯岛为跳板，从第一年 8 月开始，一直打到第二年秋天，没有任何进展，不仅如此，米提亚德还受伤了。

在之前马拉松战役中都毫发无损的米提亚德，在帕罗斯岛这场双方兵力尚不足马拉松战役十分之

❧ [希腊的货币 – 德拉克马]
德拉克马是希腊的货币，最早起源于吕底亚王国，采用河沙中的自然金银制造。之后这种硬币便开始跨越爱琴海来到希腊本土和地中海沿岸地区。

❧ 早期的希腊硬币背面刻画的是猫头鹰，是因为此鸟是雅典城的守护鸟。据说夜间外出为雅典娜传递消息，是"智慧"的象征。一直到现在，在西方猫头鹰仍然代表智慧。

一的战争中伤了右大腿。面对如此出师不利的局面，米提亚德只能无奈撤退。

米提亚德之死

攻打帕罗斯岛的失败，令雅典政界的"保守派"非常不满，本来这一派就不希望与强大的波斯帝国开战，如果一直胜利下去，那么他们只能闭嘴，可如今却给了"保守派"一次反击的好机会。米提亚德被以"作为城邦国家雅典的领导者背叛雅典公民"的罪名告上法庭。在被告人米提亚德缺席的情况下，法庭判了他"背叛了雅典公民"的罪名。这个罪名非常重，一旦罪名成立，米提亚德将会被判处死刑。作为曾保举过他的人之一的地米斯托克利极力为米提亚德开脱罪名，而"保守派"则想让罪名成立。

最后，地米斯托克利拿出米提亚德身负重伤一事，成功减轻了公民大会对米提亚德的处罚，将死刑改为了罚款，罚款金额是 50 塔兰特（相当于 2 万个匠人的月收入总和）。要拿出如此巨额的罚款，对于战败回国之后，又一心扑在研究马拉松战役战术上的米提亚德来说，实在是个天文数字，无法缴纳。之后，他的儿子提出分期缴纳，最终获得成功。

米提亚德虽然未被判处死刑，但最后却因为受重伤引发感染而死亡。

薛西斯一世的计划

波斯帝国的疆域虽然在不断扩大，然而各属国内部并不太平，尤其是在第一次希波战争之后，各国反叛势力此起彼伏。公元前 486 年，身心俱疲的

[地米斯托克利]

地米斯托克利是雅典历史上赫赫有名的人物，其功绩主要有两方面：其一是推动雅典发展海军，其二是在薛西斯一世远征希腊期间担任雅典的将领，指挥阿尔铁米西昂和萨拉米斯海战。

[电影中的薛西斯一世]

海洋与文明：地中海三千年 | 33

大流士一世驾崩。时年33岁的薛西斯一世接棒父亲的皇位，成为波斯帝国新一任皇帝。

在历史学家希罗多德的笔下，薛西斯一世是个不折不扣的美男子，而且还是个孝子，面对父亲留下的雅典问题，他决定由自己亲手解决。于是第二次希波战争提上了议程。

萨拉米斯海战

公元前480年，薛西斯一世率46个属国的50万大军，水陆并进进攻希腊。这是波斯帝国第二次对希腊发起的进攻，历史上称为第二次希波战争。

希腊各城邦结成同盟，共御强敌。希腊联军的陆军以斯巴达人为主力，海军则以雅典舰队为主。

> 薛西斯一世不需要像其父亲大流士一世那样为了王权缔结姻亲，他血统纯正，身材高挑，是大流士一世的长子，所以薛西斯一世自打一出生就拥有绝对的权力和权威。

[萨拉米斯海战]

在萨拉米斯海战以前，希腊各城邦都不是海上强国。当时地中海的航海强者是腓尼基人，他们在历次希波战争中都站在波斯一边。但此战之后，雅典取得了海上的优势。

第二次希波战争一触即发，希腊陆军在温泉关阻击波斯陆军，虽然兵败，但海军主力没有任何损失。

公元前480年9月，在希腊海军统帅地米斯托克利指挥下，雅典战舰在曲折狭窄的萨拉米斯海峡集结，此处最宽阔的地方不过2千米，目的是挡住波斯海军前进的通道。

薛西斯一世仗着巨型战舰，对萨拉米斯海峡的凶险，毫不放在眼里，他亲临战场督战，下令波斯海军的全部巨型战舰驶进海峡。

然而波斯战舰因为属于大型战舰，在狭窄的水道中很难控制方向，而且每次只能通过几十艘战舰。虽然波斯海军舰队排成几个纵列进入海峡，但是对于在海峡内早有准备的希腊联军几百艘战舰来说，已经形成了以众击寡的局面。

很快进入海峡的波斯巨舰被希腊战舰冲击得几乎全部破损，挡在了海湾入口处，后面的波斯巨舰根本无法及时进入海湾援救。面对孤立无援的波斯舰队，雅典战舰上的重装步兵运用接舷战战术，纷纷爬上敌舰和波斯士兵格斗。

波斯战舰上的士兵基本配置是弓箭手，根本无法抗击身披重甲的雅典步兵的凌厉攻击，往往十几个雅典步兵就能够毫不费力地制服一艘敌舰。没有被占领的波斯战舰纷纷掉头逃跑，但都被接踵而至的后续波斯战舰堵住道路。

> **海军力量**
>
> 总指挥官：欧里拜德斯（斯巴达）
> 雅典海上军队指挥官：地米斯托克利（事实上的总指挥官）
> 200艘——雅典
> （其中20艘船上坐的是来自卡尔息底亚地区，逃离了波斯军队统治的难民）
> 40艘——科林斯
> 20艘——迈加拉
> 18艘——埃伊纳
> 12艘——希库隆
> 10艘——斯巴达
> 8艘——埃皮道鲁斯
> 7艘——埃雷特里亚
> 5艘——特罗曾
> 2艘——斯提拉
> 2艘——希俄斯小型船
>
> 合计324艘船中包含了9艘小型帆船，因此三层加莱船数为315艘。

❋ [第二次希波战争中希腊海上兵力]

> **陆军力量**
>
> 总指挥官：列奥尼达（斯巴达）
> 300人——斯巴达重装步兵
> 3400人——伯罗奔尼撒同盟步兵
> 700人——塞斯比亚步兵
> 400人——底比斯步兵
> 1000人——富丘亚地区步兵
> 1000人——色雷斯地区的难民组成的士兵
>
> 合计6800人，再加上来自希腊其他城邦国家的士兵，共约1万人。

❋ [第二次希波战争中希腊陆军兵力]

第2章 地中海的纷争

海洋与文明：地中海三千年 | 35

[纪念希波战争的雕像]

此时海峡外面其他波斯战舰并不知道里面的战况，依然争先恐后地向里面冲击，萨拉米斯海峡狭窄的水面上挤满了战舰，交战双方都很难移动，这时出现了这样一种局面——波斯海军在海峡里被消灭一批，再进来一批，再消灭一批，再进来一批……如此循环往复，直到全军覆没。

公元前478年，第二次希波战争结束，波斯军队被彻底赶出了环绕爱琴海的希腊领土。

[波斯海军战舰之腓尼基船]

2014年，在马耳他的戈佐岛附近，人们发现了1艘公元前700年左右的腓尼基沉船。这艘全长15.2米的古船，是腓尼基时代的见证。腓尼基船为了适应战争需要，增加了划桨的数量，而且还在船身上加了一层作战用的顶楼。

逼死波斯人的提洛同盟和伯罗奔尼撒同盟

以雅典为核心的城邦同盟称为提洛同盟，在此之前，早就存在了以斯巴达为核心的伯罗奔尼撒同盟，这两个同盟的目的都是几个国家相互合作，展开对波斯帝国的集体防御。

提洛同盟

公元前477年，雅典组织中希腊、爱琴诸岛和小亚细亚的一些城邦形成新的同盟，同盟金库设在提洛岛，故名"提洛同盟"。

❋ [提洛岛上的石狮]

提洛岛位于基克拉泽斯群岛的中部，是基克拉泽斯群岛的心脏，也是群岛中最小的岛屿之一。在爱琴海古代历史上一度是宗教、政治和商业中心。这里现在已无人居住，但却是考古学家的天堂，1990年联合国教科文组织授以"世界文化遗产"称号。

❋ 提洛同盟的目的原是为继续联合对波斯作战，后成为雅典称霸工具，又称"雅典海上同盟"。

❋ [希腊陶片描绘的希腊士兵的装束]

这个希腊陶罐画描绘的人物为迈锡尼王阿伽门农、斯巴达王墨涅拉俄斯兄弟与阿伽门农的妻子克吕泰涅斯特拉等，题材为特洛伊时代的希腊英雄，形象则是按公元前6世纪斯巴达重装步兵形象绘制的。

[提洛岛遗址]

❖ 提洛同盟金是指所参与的城邦交的会费。起初，加盟各邦地位平等，按力量大小提供战舰、兵员和装备。无力建造战舰的国家，则缴纳定额款项，纳入金库，称提洛同盟金。

❖ 公元前431—前404年，伯罗奔尼撒同盟与以雅典为首的提洛同盟之间爆发伯罗奔尼撒战争。失败的雅典一度被迫入盟。公元前4世纪上半叶，随着斯巴达国力的增强，它与盟邦的关系变得错综复杂，同盟内部纠纷迭起，退盟甚至战争屡有发生。

❖ 公元前394年，忒拜联合雅典、科林斯等城邦共同反对斯巴达。

❖ 公元前371年，斯巴达在留克特拉战役中大败于忒拜，伯罗奔尼撒同盟于公元前366年解散。斯巴达霸权亦告终止。

可是随着时间的推移，提洛同盟在雅典精心的维护之下，这个组织的性质开始发生变化。雅典为这个同盟订立了一些约定：

首先，希腊人意识到为了保护自己不受大国波斯的威胁，只能依赖于集体防守。就算邻国之间有可能关系交恶，但对波斯的警惕是共同的。

其次，加入同盟的城邦国家不论大小都要缴纳会费。金额设有下限，不设上限。各城邦国家根据各自的国力缴纳。

第三，民主。关于民主这一点，都是表面上的民主，关于一些国家的会费，该缴多少，这些都是在雅典的主导下决定的。

各国缴纳的会费，保管在提洛岛上的阿波罗神庙内。但是从经费的使用到其他一切事务都由雅典政府负责。因为与其他城邦国家相比，雅典的组织体系要完善得多。这种看似非民主的运作方式在明确责任方面非常有效。

[提洛同盟存放会费的阿波罗神庙]

之后参加同盟的各国实力进一步增强。有了这样的一个同盟，在爱琴海周边的海域上活动，就不用惧怕波斯人了。随着时间的推移，爱琴海上的波斯舰队几乎被消灭一空。成立于公元前477年的提洛同盟，于公元前5世纪中叶迎来了鼎盛期。

伯罗奔尼撒同盟

公元前6世纪中叶起，斯巴达陆续与埃利斯、西居昂、科林斯、迈加拉等城邦订立双边军事同盟条约，称伯罗奔尼撒同盟。约公元前530年，伯罗奔尼撒半岛的大多数城邦都参加了该同盟。在同盟内部，斯巴达享有召开全体成员国会议的特权，并在战时任盟军统帅。结盟的各城邦内政独立，全同盟的和战大计在盟国代表会议上由多数票决定，每国一票。只有得到盟国代表会议的同意，斯巴达才有权要求盟国出兵。在没有全同盟一致军事行动时，各城邦在和战问题上自主，甚至有与盟邦作战的情况。

在公元前5世纪上半叶的希波战争中，伯罗奔尼

[斯巴达勇士雕像]
出土于斯巴达卫城附近的斯巴达勇士半身像，代表的可能是一位天神，但考古人员与游客亲切地称其为"列奥尼达斯"。

第 2 章　地中海的纷争

撒同盟曾与雅典联合抗击波斯入侵（公元前480年、前479年）。公元前5世纪70年代以后，伯罗奔尼撒同盟和提洛同盟发生对抗，对整个希腊历史的发展产生了重大影响。

伯罗奔尼撒战争

雅典和斯巴达是希腊两个最强大的城邦。第二次希波战争胜利后，两国的势力都进一步得到发展。但是提洛同盟和伯罗奔尼撒同盟两大集团之间的冲突却不断加剧，战火最后被亚得里亚海东岸的伊庇丹努王国点燃，两个同盟之间爆发了长达27年的伯罗奔尼撒战争。

战争导火索：争夺城邦的统治权

公元前436年，伊庇丹努王国的贵族党与民主派发生冲突，争夺城邦的统治权。

而伯罗奔尼撒同盟的科林斯，早就看中了这个富庶的城邦，于是派兵支援贵族党。这个行为激怒了伊庇丹努的母邦科西拉，双方展开了激战。科西拉海军击败了科林斯舰队，取得了胜利。但为防止实力强大的科林斯卷土重来，科西拉向雅典请求了支持。

这时的雅典正春风得意，由于在第二次希波战争中全力抗击波斯，它的地位、声望已经超过了老对手斯巴达。尤其是掌控着提洛同盟后，使它取得了爱琴海的制海权，成为"海上君主"。科西拉地处交通要道，是通往意大利的必经之路，也是雅典向西扩展势力的第一步。因而，雅典在科西拉请求支援后，立即出兵科西拉，又将科西拉拉入提洛同盟。由斯巴达掌控的伯罗奔尼撒同盟对雅典的举动恨之入骨，伺机反攻。

❈ [科林斯硬币]

科林斯位于伯罗奔尼撒半岛的东北，邻近科林斯湾，是希腊本土和伯罗奔尼撒半岛的连接点，同时也是穿过萨罗尼科斯和科林西亚湾通向爱奥尼亚海的航海要道。不仅是贸易和交通要地，还是战略重地。

公元前 432 年，在科林斯的支持下，波提狄亚王国贵族党夺得统治权，同时宣布脱离提洛同盟，雅典获知消息后马上派兵镇压，把科林斯的援军也围困在城中。

雅典还对另一个退出提洛同盟的麦加拉采取制裁措施，禁止麦加拉商船出入盟国港口。雅典的强权行动，激怒了伯罗奔尼撒同盟的斯巴达。在同盟国的要求下，斯巴达派使团向雅典提出最后通牒：驱逐民主派领袖伯里克利，解除对麦加拉的禁令，从波提狄亚撤军。其实质就是叫雅典无条件投降，风头正劲的雅典人当然不会答应。

❦ [科西拉出土的硬币]
科西拉位于爱奥尼亚海科孚岛东岸，今称克基拉。在这里曾发生了伯罗奔尼撒战争的催化战役——锡博塔战役。据修昔底德记载，科西拉是公元前 5 世纪古希腊三大海军强邦之一，仅弱于雅典、科林斯。

两个同盟之间的仇恨加剧：夜袭普拉提亚

公元前 431 年，伯罗奔尼撒同盟的底比斯夜袭刚加入提洛同盟的普拉提亚，然而普拉提亚却早有防备，在

❦ 由于雅典在古希腊时期的繁荣，使得阿提卡方言成为使用最多的古希腊方言，后来逐渐演变成希腊化时期的通用希腊语。

❦ [普拉提亚的雕像]
普拉提亚地势险要，有一条通往科林斯的大道，是由底比斯人建立的。

第 2 章 地中海的纷争

海洋与文明：地中海三千年 | 41

[伯里克利的"葬礼讲话"]

伯里克利毕生致力于经营奴隶制民主政治,扩张雅典的势力。在两个同盟间发生战争时,伯里克利在为将士举行国葬的典礼上,发表了具有历史意义的重要演说。伯里克利明确宣布:"我们的制度之所以被称为民主政治,因为政权是在全体公民手中,而不是在少数人手中。"

[波提狄亚城铸造的硬币]

波提狄亚是一个古希腊城邦,位于卡尔基迪斯(哈尔基季基)半岛南端卡桑德拉半岛最狭窄之处。约公元前600年由来自科林斯的移民所建。曾抵抗波斯军队的进攻(公元前480—前479年),后加入提洛同盟。公元前432年在科林斯帮助下反叛雅典,公元前430年被雅典占领。此事成为伯罗奔尼撒战争的导因之一。雅典在此建立军事移民区。伯罗奔尼撒战争后转入卡尔基迪斯人之手。公元前363年雅典复占之。公元前356年被马其顿国王腓力二世占领,遭破坏。后由卡珊得重建,改名卡桑德拉。

42 | 海洋与文明:地中海三千年

底比斯军队悄悄摸进城后，便断其后路，底比斯的 300 多名士兵遭到普拉提亚城居民的痛击，全部命丧街头。

于是底比斯请来了斯巴达出兵帮助，而雅典则派兵援助普拉提亚，双方在普拉提亚城展开了长达四年之久的苦战，整座城池被摧毁，交战四方均未获得好处。

十年战争：斯巴达围困雅典城一个多月，无果只能撤兵

斯巴达与雅典之间的仇恨日积月累，终于爆发了。

公元前 431 年 5 月，斯巴达国王阿基丹姆二世率领步、骑兵 6 万人入侵阿提卡地区，准备一举攻下雅典城。雅典首席将军伯里克利扬长避短，采取"坚壁清野，固守城池"的策略，把军民和财产转移到城中，据城坚守。同时派遣海军袭击伯罗奔尼撒沿海城邦。双方从战争开始就力图破坏对方持久作战的潜力。雅典海军所到之处，烧杀抢掠、无恶不作，昔日繁华的城市，只剩下断壁残垣，良田也变成了荒野。

❧ [阿提卡出土的陶瓶公鸡和勇士图像]

阿提卡是希腊中东部区名，南和东濒爱琴海。阿提卡地区北接中部大区的维奥蒂亚，西接伯罗奔尼撒的科林斯。在地理上，它是一个伸入爱琴海的半岛。公元前 13 世纪时已建独立居民点，有海上贸易，首府为雅典。

❧ [《斯巴达 300 勇士》剧照]

海洋与文明：地中海三千年 | 43

[围攻雅典]

公元前 405 年，伯罗奔尼撒战争期间，莱山德指挥的斯巴达舰队在赫勒斯滂海峡（今达达尼尔海峡）重创科农指挥的雅典舰队后，驶向希腊中部沿海，并于当年 11 月从海上对雅典城实施封锁。

[希罗多德和修昔底德护身符]

自伯罗奔尼撒战争之后，上图这两位头像做成的护身符就成为伯罗奔尼撒半岛最好卖的护身符之一了。

而斯巴达围困雅典城一个多月，没有取得胜利，后方又频频告急，只好撤兵。同时，斯巴达鼓动提洛同盟国家背叛雅典，削弱雅典的力量。

十年战争：围困雅典，造成雅典瘟疫，大大削弱了雅典的实力

公元前 430 年，斯巴达军队再次来到阿提卡地区，围攻雅典城。由于没有想到斯巴达会在第二年再次围攻，雅典准备不充分，城内储备不足，加之持续发生战争，城内聚集着大量的难民，许多人没有足够的食品，夜里就在街头露宿。脏乱的环境引发了可怕的瘟疫，这场瘟疫持续了两年之久，雅典城内 1/4 的人被夺去了生命，雅典首席将军伯里克利也死于瘟疫。突如其来的灾难大大削弱了雅典的实力。

十年战争：双方各有胜负，都面临重大危机，签订了《尼西亚和约》

公元前 427 年前后，米蒂利尼等城邦发生反雅典起义，陆上形势对雅典不利。在这艰难时刻，雅典舰队于公元前 425 年夺取了海港派娄斯。派娄斯位于斯巴达美赛尼亚地区，是斯巴达的奴隶希洛人的故乡。雅典人乘机鼓动希洛人起义，得到了广泛的响应。

希洛人口是斯巴达人口的 15 倍，斯巴达的土地都由他们耕种。希洛人的起义，让斯巴达的安全受到极大威胁，被迫向雅典要求和谈，但遭到拒绝。

斯巴达只好继续进攻，并在另一个与雅典战斗的战场中取得了优势。斯巴达联合叛离雅典的城邦，将大批雅典军队团团围住。公元前 422 年，双方在爱琴海北岸重镇安姆菲波利斯激战，雅典主战派首领克里昂和斯巴达将军伯拉西达均战死。

双方在都面临重大危机的时候，终于走到谈判桌前签订了《尼西亚和约》。伯罗奔尼撒战争的第一阶段战事暂告结束，史称"十年战争"。

[派娄斯一角]
派娄斯是希腊伯罗奔尼撒之战前的城市。

[雅典卫城狄奥尼索斯剧场]
狄奥尼索斯剧场建于公元前 6 世纪，是最古老的露天剧场，位于雅典卫城南侧。两个半圆形的剧场由门廊相连，充分体现了古希腊人对艺术的热爱。

海洋与文明：地中海三千年 | 45

西西里战争（公元前415—前413年）：雅典海上同盟开始瓦解

❀ [西西里战争]

西西里战争是斯巴达和雅典最关键的战役之一，此战中叙拉古和斯巴达联手，雅典全军覆没。

❀ [叙拉古的罗马竞技场]

叙拉古是古代希腊人建立的城邦，位于西西里岛东部，阿纳普河口东北部。约公元前734年由科林斯的移民阿奇亚所建。因地处东西地中海及意大利和北非的交通要道上，它很快成为地中海的一个重要城市。叙拉古港口是该地区的重要贸易中心，由深入大海的小半岛奥提尼亚分为两部分，西南部称大港，东北部称小港。

和平不是终点，因为双方实力相近，摩擦必定还会持续。和约签订后，双方虽然避免大的冲突，但敌对活动从未停止过。

公元前415年夏初，雅典派兵远征西西里岛，进攻叙拉古。雅典远征军总计有战舰136艘、重装步兵5100名、轻装步兵1200名和约26 000名划桨手。这是雅典历史上最壮美、开支最大的一次远征。但是，由于将领意见不一，国内势力勾心斗角，雅典远征军没能一鼓作气攻下叙拉古，又没抓住撤军的时机，被源源不断赶来支援叙拉古的斯巴达军队围困在海中。

战斗十分残酷，舰船上、海水中、海岸边到处是厮杀的将士，鲜血染红了海水。2万多雅典将士命丧沙场，7000余名幸存者被俘后卖为奴隶，其中1000多人被囚

禁在山谷里悲惨地死去。这就是著名的西西里战争，从此以后，雅典海上同盟开始瓦解，称霸希腊的梦想灰飞烟灭。

泽凯利亚战争（公元前413—前404年）：雅典失败，伯罗奔尼撒战争结束

远征军的覆灭震惊了雅典。雅典海、陆军精锐丧失殆尽，盟邦也纷纷背离，斯巴达乘机开始对雅典城邦进行封锁，夺取了距离雅典22千米的泽凯利亚，雅典岌岌可危。分散在海外的雅典海军余部接到雅典危急的消息后纷纷返航，保卫雅典。

斯巴达则在波斯人的帮助下，组建了强大的舰队。公元前410年，雅典舰队在阿比多斯附近连获两次胜利，但随后在诺蒂乌姆角附近战败。公元前406年，雅典舰队又在靠近小亚细亚海岸的阿尔吉努西群岛附近击溃了莱山德率领的斯巴达舰队。此后，波斯再次帮助斯巴达重建舰队。公元前405年，这支舰队在莱山德的率领下，在埃戈斯波塔米附近的羊河战役中彻底击溃了雅典舰队。自此斯巴达全面封锁了雅典。

雅典已丧失了全部战争资本，公元前404年4月，雅典被迫接受屈辱的投降条件，拆毁城墙，不再建立海军，放弃大量海外领地，承认斯巴达为盟主。于是以斯巴达为首的伯罗奔尼撒同盟取得了最后的胜利，这场长

❦ [铜雕：伯罗奔尼撒战争期间发生的海战]

此画是由马特乌斯·梅里安雕刻，描绘了科林斯和斯巴达舰队与雅典海军交战的场景。

达 27 年的战争被称为伯罗奔尼撒战争。伯罗奔尼撒战争重创了两个同盟，希腊所有城邦国家不论胜负，都遭到了严重破坏，奴隶制度加速解体，希腊的国际威望下降，而波斯帝国的地位反而得到了加强。

亚历山大大帝征波斯

长达 27 年的伯罗奔尼撒战争，对古希腊的经济、贸易造成了极大的破坏，自此之后希腊陷入了长期的动荡、内战和危机之中，希腊奴隶制从繁荣走向衰落。正是在这种契机之下，北方马其顿王国开始兴起。

渐渐强大的马其顿王国

马其顿王国位于希腊东北部的边缘地带，与希腊间隔着奥林匹斯山。马其顿人起源复杂，被认为是伊利里亚人、色雷斯人和希腊人等共同的后裔。马其顿王国早期国力弱小，依附大国而存活。比如在希波战争中，被迫依附于波斯帝国，协助波斯军队进攻希腊。到了公元前 5 世纪，马其顿王国迁都到了派拉，此时马其顿王国的国力渐渐强大起来，开始骚扰邻国。

❋ 马其顿伙伴骑兵又称马其顿禁卫骑兵，是马其顿军队中最精锐的骑兵。为什么叫伙伴骑兵呢？这是因为源于 hetairoi 这个希腊词汇，即伙友，在马其顿王国，特指国王的伴侍，这些成员可能是马其顿贵族或是拥有希腊血统的人，他们与国王有深厚交情并深受信任。

❋ 马其顿伙友节就是用来彰显国王和伙友之间的神圣关系并一同庆祝。著名的雅典悲剧作家欧里庇得斯，就是马其顿国王阿奇拉一世的一个伙友。

❋ [硬币上的马其顿骑兵手中的旭斯通长枪]
马其顿骑兵所用的长枪叫作旭斯通长枪，这是一种长度达到约 3.5 米的武器。旭斯通长枪的枪杆由坚固的山茱萸木制成，在尾端配置有重的蜥蜴锥，略重于枪头，也可在枪头损坏或枪杆折断后当作枪头使用。
旭斯通长枪在骑兵中大量装备，使得骑兵发挥了无与伦比的巨大威力。

❋ 在近身格斗时，马其顿骑兵大多配备了柯匹斯反曲单刃剑。这种刃长一般在 60 厘米左右的劈砍用武器威力巨大。

❀ [亚历山大大帝雕像]

亚历山大大帝（公元前356—前323年），即亚历山大三世，马其顿王国（亚历山大帝国）国王，世界古代史上著名的军事家和政治家。是欧洲历史上最伟大的四大军事统帅（亚历山大大帝，汉尼拔·巴卡，恺撒大帝，拿破仑）之首。曾师从古希腊著名学者亚里士多德，先后统一希腊全境，进而横扫中东地区，占领埃及全境，荡平波斯帝国，大军开到印度河流域，世界四大文明古国占据其三。他在短短的13年时间里创下了前无古人的辉煌成就，促进了古希腊文化的繁荣发展和东西方文化的交流。

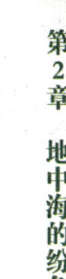

第 2 章　地中海的纷争

❀ 马其顿方阵战术在马其顿国王腓力二世和他的继承者亚历山大大帝的时代发展到了顶峰，基本队形变为手持 6 米长枪的 16 人纵队，并有骑兵和排成松散队形的轻步兵掩护配合。各兵种有机结合成原始的多兵种混成部队，在亚历山大大帝的东征中发挥了巨大的威力。

崛起的马其顿王国

到了公元前 4 世纪时，腓力二世登上马其顿王位，在他的治理下，马其顿王国开始崛起。

腓力二世锐意改革，强化王权。他改革币制，推动商业发展，并建立了对国王个人效忠的常备军，创造了极具战斗力的马其顿方阵。公元前 355 年，趁希腊发生内战之际，腓力二世挥兵南下，控制了希腊的中北部地区。

之后的几年，马其顿王国与雅典、底比斯等反马其顿联盟城邦多次开战，并与亲马其顿的科林斯等城邦结盟。

希腊人嗅到了马其顿王国的威胁，于是成立联盟共同抵抗马其顿王国的扩张。

❀ [马其顿王国亚历山大大帝时期的硬币]

因为马其顿人继承了希腊人的传统，喜欢蓄一口丰美的胡须，可是正是因为这样，许多马其顿人在战斗中因胡须而容易被敌人抓住。因此亚历山大大帝引入了剃须的习俗，上面这枚硬币，正是普及这项新的习俗之后制作的。

海洋与文明：地中海三千年 | 49

※ [亚历山大大帝时代的骑兵 – 电影剧照]

在马其顿伙伴骑兵兴起的公元前 4 世纪之前，骑兵虽然在战场上已经有着极高的地位，但是其作用也仅限于侦察或者骚扰。到了腓力二世和亚历山大时代，他们将骑兵的武器改成了旭斯通长枪，使得这种骑兵成了马其顿王国的秘密武器。

亚历山大继位成为马其顿国王

马其顿王国迅速崛起，使得希腊各城邦很担心。公元前 336 年，马其顿国王腓力二世遇刺身亡，有猜测是来自希腊的暗杀，也有猜测是来自马其顿内部的政敌所为，不管如何，带领马其顿王国迅速崛起的腓力二世的时代结束了，其年仅 20 岁的长子亚历山大继位，他就是后来的亚历山大大帝。

年轻的亚历山大继位后，马其顿王国国内一些不安分的势力开始蠢蠢欲动，而亚历山大以其过人的计谋和勇敢，武力镇压了反抗的势力，迅速平息了内乱。

亚历山大有征服世界的野心，他把目光转向了领土辽阔、繁荣发达的波斯。

亚历山大灭亡波斯帝国

公元前 334 年，亚历山大率大军远征东方的波斯帝国。此时的波斯帝国正值大流士三世统治时

※ [所向披靡的马其顿方阵 – 剧照]

马其顿方阵是一种早期步兵作战时的战术，是希腊重步兵方阵的改良方阵。在荷马时代以前，步兵打起仗来像一窝蜂似的杂乱无章，所以具有严格阵法的马其顿方阵能轻易地打败数量上占优势但较混乱的敌人，这在当时可以说是战术上的创新。

自公元前 333 年的伊苏斯之战和公元前 331 年的高加美拉会战以来，马其顿方阵的威名传遍了古代地中海区域，马其顿王国的敌人提起马其顿方阵就会感到战栗，因为亚历山大大帝使得方阵变成了一种传奇：他是不可战胜的。

期，国内内政腐败，危机四伏。马其顿王国与波斯帝国在小亚细亚的格拉尼库斯河畔展开会战，马其顿王国大胜，夺取了小亚细亚。

公元前333年，亚历山大率军在叙利亚的伊苏斯平原再次打败大流士三世亲率的10万大军，甚至还俘虏了大流士三世的母亲、妻子和两个女儿。接着，亚历山大继续进军叙利亚和腓尼基，又派军攻占了大马士革。经过7个月的艰苦作战，攻下了推罗城。

公元前332年，在切断了波斯帝国陆军和海上舰队的联系后，亚历山大调转矛头，长驱直入，攻下埃及。在尼罗河三角洲西部建立了流传至今的亚历山大城，并让埃及的法老为自己加上了"法老"的称号。

公元前331年，亚历山大再次挥军东进，插入两河流域北部，与号称百万的波斯军队在高加美拉决战。在交战中，大流士三世弃阵而逃，波斯军队全线崩溃。波斯帝国也由此一蹶不振。

之后亚历山大率军占领了波斯帝国首都巴比伦和苏萨。波斯帝国自此灭亡。

班师回朝：建立起人类历史上第一个横跨亚、非、欧的帝国

公元前327年，亚历山大离开中亚，南下入侵印度，但进行得非常不顺利，他的大军中还发生了瘟疫，于是公元前325年，亚历山大从印度分两路撤回。

公元前324年，两路大军在巴比伦会师。由于长途跋涉，亚历山大的大军损失很大，短时间内很难恢复元气。于是历经10年的亚历山大远征终告结束。

结束远征后，亚历山大将巴比伦定为帝国首都，建立起一个西起希腊、马其顿，东至印度河流域，南邻尼罗河第一瀑布，北依多瑙河和黑海的庞大帝国。这也是人类历史上第一个横跨亚、非、欧的帝国。

❀ [巴比伦城的尼布甲尼撒二世王座的狮子座]

这是伊拉克古城巴比伦宫中尼布甲尼撒二世王座的一部分。尼布甲尼撒二世于公元前605—前562年统治新巴比伦王国，并曾征服犹太王国和耶路撒冷，将犹太国王、贵族和一般居民掳至巴比伦尼亚，史称巴比伦之囚。

❀ 空中花园又称悬苑，传说是新巴比伦国王尼布甲尼撒二世为了纪念王妃安美依迪丝修建的。据说空中花园采用立体造园手法，将花园放在四层平台之上，由沥青及砖块建成，平台由25米高的柱子支撑，并且有灌溉系统，奴隶不停地推动连系着齿轮的把手。园中种植各种花草树木，远看犹如花园悬在半空中，由此得名空中花园。

第 2 章 地中海的纷争

海洋与文明：地中海三千年 | 51

第 3 章
故事的开端：地中海对峙

罗马从地中海沿岸逐渐发展强大起来，面对地中海周围强国的挑衅，为了获得更多的生存空间，只能硬着头皮和他们战斗。

罗马诞生

根据罗马人的传说，在特洛伊战争之后，战败的特洛伊贵族埃涅阿斯开始逃亡，辗转多处，来到了一个叫拉维诺的地方，这里就是之后的罗马城。不管是否是神话，罗马人对此深信不疑。

罗马人建国

公元前771年后，罗马人的部族发生了一场家庭伦理悲剧，埃涅阿斯的后代罗慕路斯和雷穆斯，这对双胞胎婴儿遭到叔祖父阿穆略的清算，他命令手下将他们放到篮子中投入台伯河，篮子在漂流中被树枝挂住，最终两兄弟被一头母狼所救，再后来一个叫浮斯图卢斯的牧羊人收养了他们，长大后兄弟俩杀掉阿穆略报仇雪恨，夺得了阿穆略的领地。

后来两兄弟欲建立自己的王国，但是因城址问题反目，罗慕路斯在帕拉丁建筑了罗马广场，因此希望城市建于此，而雷穆斯却在阿芬丁山上选了一片坚固的地区。双方发生了一场混战，最终罗慕路

[埃涅阿斯雕像]
埃涅阿斯是特洛伊英雄安基塞斯王子与爱神阿佛洛狄忒（相对于罗马神话中的爱神维纳斯）的儿子。埃涅阿斯的父亲与特洛伊末代国王普里阿摩斯有着堂兄弟的关系，也就是说他是特洛伊贵族。

斯杀死了弟弟雷穆斯，因此得以独自称王，城址也便选为帕拉丁，这座城便以罗慕路斯的名字命名为"罗马"。

自此，罗慕路斯成了罗马的建国之王，罗马进入王政时代。现在罗马城还到处能看到一头母狼喂养2个孩子的雕像。

❋ 在罗马传说和神话中，罗慕路斯和雷穆斯是一对双胞胎，他们的母亲是被要求做贞女祭司的雷亚·西尔维亚，他们的父亲传说是战神玛尔斯，但也有传说认为他们是西尔维亚和某一个工匠通奸后的产物。

❋ 罗慕路斯和雷穆斯的祖父是努米托，他和兄弟阿穆略都是埃涅阿斯和拉维尼亚的后代。努米托继承了王位，而阿穆略则占有了从特洛伊带来的金银财宝。阿穆略利用手中的财富变得比努米托更有权势，从他兄长手中夺走了王国。努米托的儿子都被杀死，唯有一个女儿西尔维亚因为有阿穆略的女儿安托求情才活了下来。阿穆略把西尔维亚送去做维斯塔贞女祭司，使她不能婚嫁，以免有后代参与王位之争。传说战神玛尔斯爱上了西尔维亚，并让她怀上了一对双胞胎。阿穆略闻知后又惊又恨，幽禁了西尔维亚，待她分娩之后，便命仆人把两个婴儿装到篮子里扔到台伯河里去。

❋ [罗马人建国的传说]
被母狼养大的孩子罗慕路斯，干掉了兄弟雷穆斯，成了唯一的首领后建造了一座以他名字命名的城市——罗马。

❋ [提图斯·李维]
母狼喂乳的传说是由罗马历史学家提图斯·李维提出的。他是早期的罗马贵族，与屋大维交往甚密，著有《罗马自建城以来的历史》。

第3章 故事的开端：地中海对峙

海洋与文明：地中海三千年 | 53

"高傲者"塔克文

在罗马王位传到第 7 位国王"高傲者"塔克文时，他实施了专制君主制度。在与周边各部族的战斗中，罗马几乎是常胜将军。塔克文运用和战并用的策略，取得了一次次的胜利。同时，他的外交政策也十分到位。但是却无法阻挡罗马人对他的反感，因为他得位不正，据传他在公元前 535 年杀死了前任国王萨尔维乌斯·图利乌斯（他的岳父）以登上王位。在各种史料中，他被描述为暴君和独裁者。

塔克文的小儿子强暴了卢克蕾蒂亚

塔克文的小儿子名叫塞克斯都，他爱上了亲戚科拉提努斯的妻子卢克蕾蒂亚。"朋友妻，不可欺"，虽然是在欧洲，那也是不

["高傲者"塔克文]

[暴力的塔克文 – 罗马漫画]

能涉及的敏感地带。塞克斯都趁亲戚科拉提努斯出征在外的时机，拿着短剑，在威逼之下强暴了卢克蕾蒂亚。

如果卢克蕾蒂亚是位开放的妇女，这事也不算大事，可偏偏卢克蕾蒂亚是位贞洁的烈妇。此事发生之后，卢克蕾蒂亚写了一封信，要部下送去给在罗马的父亲与出征在外的丈夫，要他们尽快回来。两人回来之后，卢克蕾蒂亚向丈夫和父亲说明了情况，然后取出预藏的短剑自尽了，并且在即将咽气之时，还要求他们为自己报仇。

点燃不满的爆发点

卢克蕾蒂亚的遗体被运到罗马，放置在罗马广场的演说台上，卢克蕾蒂亚的丈夫科拉提努斯的表兄布鲁图斯获知这件事后，认为这是独裁的结果，于是他愤然跳上演说台，向台下谴责国王与其一家恶行的人们发表演说，表示绝不容许贞洁的女性再度牺牲。布鲁图斯的演说让人回忆起，国王塔克文还是杀死先王萨尔维乌斯的篡位者。布鲁图斯提议，将国王与他的家人赶出罗马。

布鲁图斯揭竿而起

至此，罗马人对国王塔克文一家长期压抑的不满终于爆发，他们不仅欢声雷动地对布鲁图斯的提议表示赞成，而且支持布鲁图斯号召公民起兵。

事发突然，国王塔克文身处阿尔卡迪亚战场，在得知事变后，马上率领手下的士兵返回罗马，但罗马城门紧闭，他被放逐了。于是他只好带着其中两个儿子和随从，去投

❦ 布鲁图斯是萨尔维乌斯的小儿子，也就是塔克文的小舅子，父亲被杀死的时候，他因为年幼而幸免于难。长大后，得知真相的他决定报仇雪恨，为了躲避塔克文的杀害，他装成傻子。

❦ 在罗马历史上还有一位布鲁图斯，其全名为马可斯·尤尼乌斯·布鲁图斯·凯皮欧（公元前85—前42年），是罗马共和国晚期的一名元老院议员，恺撒情妇塞尔维利亚的儿子，也是一名坚定的共和派，他联合部分元老刺杀了恺撒。

❦ 萨尔维乌斯原本将两个女儿中性格内向的公主许配给塔克文，将另一性格好胜的公主特莉亚许配给塔克文性格沉稳的兄弟，但这样的希冀最终失败了。性格内向的公主与塔克文的兄弟无故暴毙，而另两人则恢复单身，两人进而结婚。罗马国王是终身制却并非世袭制，萨尔维乌斯虽是当时的国王，但公主却不一定是下一任王妃，于是他的女儿便煽动塔克文夺取王位。塔克文首先拉拢第五任国王老塔克文（塔克文是他的儿子，也有文献认为是他的孙子）招徕到罗马的伊特鲁里亚人，并进一步成功拉拢新兴阶级的元老院议员。之后，塔克文带领一批武装男子到元老院发表演说，企图篡位，萨尔维乌斯赶来阻止无果，并被塔克文摔倒在地。萨尔维乌斯回到王宫，没有被塔克文安排的杀手杀死，却被自己的女儿特莉亚驾车碾死。

第 3 章　故事的开端：地中海对峙

海洋与文明：地中海三千年 | 55

[罗马大道]

罗马大道，即罗马道路，是古罗马的重要基础建设，公元前500年开始修建，并随罗马共和国及罗马帝国版图的扩大而延伸。罗马大道主要由石头铺成，部分混入金属材料。道路上的弧形石头和高于路面的行人道方便排水，除了行人道外，还有马道和排水沟渠。

罗马大道的建设有赖于当时罗马精确的测量技术。

靠伊特鲁里亚的凯雷市，王妃特莉亚也逃离了罗马，塔克文的小儿子，也就是肇事者塞克斯都，在逃亡到别的城市之后，被以前的仇家杀了。

罗马王政时代进入尾声，罗马开始进入共和时代

"高傲者"塔克文的统治维持了25年。随着他这个第7位罗马国王政权的结束，罗马的王政时代也随之进入尾声。

罗马王政时代是从公元前753年罗慕路斯建国开始，经过244年，到公元前509年结束。从此以后，罗马开

始进入共和时代,也就是从昔日由公民大会推选,任期终身的国王统治,变成由两位任期缩短为一年的执政官共同执政的时代,不过这两位执政官仍需由公民大会推选(布鲁图斯被选为两位执政官中的一位,也是第一届执政官,另一位则是科拉提努斯)。

走向海洋:意外地统一了南意大利

罗马的共和体制建立了,但是推广并不是很顺利,主要的矛盾集中在平民和贵族之间。因为贵族有土地,平民没有,共和体制出现后,双方的争议焦点迅速扩大。可就在这时,出现了一个危机,那就是高卢人攻来了。

高卢人攻占了罗马城,却无法玩转先进的罗马城

面对来势汹汹的高卢人,罗马人早早地做了准备,他们抛弃了罗马城,又在它处建立了一座新城,还命名为第二首都,所以高卢人在进攻罗马城的时候,没有遇到什么像样的抵抗就占领了这座老城。本来高卢人是希望能够占领这座城市的,可是他们发现,利用自己尚未开化的文明,根本没有办法玩转罗马城,比如,罗马城地下有复杂的排水系统,它们如何使用、如何维护、怎样治理,都难坏了高卢人。于是他们就像维京海盗一样,跟罗马人谈起了赎金,拿到了一笔可观的钱财之后,他们便把罗马城还给了罗马人。

罗马舰船在塔兰托港惨遭袭击

之后的罗马,一直在对政治和军事进行改革,虽然中间有些小插曲,比如被推翻的国王塔克文率军来袭,企图复辟王权,但被罗马人赶出了国门。

罗马也从原来撒丁联盟的中心位置,变成了后来罗

[高卢人进攻时的罗马共和国指挥官:卡米卢斯]

海洋与文明:地中海三千年 | 57

马联盟的绝对领袖,从名字的变化就能看出罗马重要性的凸显。罗马城的经济日益发展,人口也越聚越多。

到了公元前283年,在意大利半岛塔兰托海域,突然出现了10艘罗马舰船。之前的罗马并不重视海洋,直到南意大利最大的港口城市那不勒斯加入了罗马联盟,原本是陆地民族的罗马人开始有了小规模的船队,来到塔兰托的这10艘舰船就是这样来的。

塔兰托是一个依海而建的港口城市,它是斯巴达人的后裔建立的城邦。这里的人们不仅通商,而且注重海运,人口和财富是南意大利各城邦之首。在看到贸然停在此

[塔兰托港城的古堡]

塔兰托在归于罗马之后,罗马人在这里建造了大批建筑,比如有巨大的公共浴场、圆形剧场、拼花地面和墓地。新城有兵工厂、天文台、博物馆等。

处的罗马舰船后，他们有点担心，虽然根据之前的协商，罗马是不得侵犯此地的。于是塔兰托人不问青红皂白向罗马船队发起进攻，此时罗马的海上力量，根本不是塔兰托的对手，不一会儿，便有 5 艘罗马舰船被击沉，甚至连船上的船员都没来得及逃跑，而剩下的 5 艘舰船费尽功夫才逃离了此地。

之后，罗马派人向塔兰托表明并无侵略之意，并要求塔兰托向罗马进行赔偿，可是塔兰托却拒绝与罗马和谈，还将罗马使节赶了出去。

第 3 章 故事的开端：地中海对峙

塔兰托之战：塔兰托聘请了当时著名的将军皮洛士

塔兰托深知得罪了罗马，肯定会招来罗马的报复，于是他们聘请了当时著名的将军皮洛士，作为自己的主将，并承诺给他 37 万名士兵，希望能够抵御罗马的进攻。

可当皮洛士应邀带着自己 2.5 万名亲信赶到塔兰托时，发现这个城邦却没有任何的战事准备，而且之前承诺的 37 万名士兵也不见踪影，只派出了 1500 名士兵。气愤的皮洛士下令关闭了塔兰托当时的剧场及体育馆等娱乐场所，以战争期间为由禁止塔兰托人饮酒，还逼迫塔兰托人进行严格的军事训练，要求当地居民全力备战，但是当地人对此并不领情。

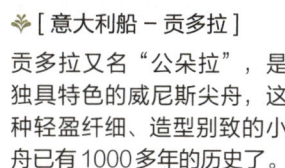

[意大利船 – 贡多拉]
贡多拉又名"公朵拉"，是独具特色的威尼斯尖舟，这种轻盈纤细、造型别致的小舟已有 1000 多年的历史了。

那不勒斯是意大利南部第一大城市，该城风光绮丽，是地中海最著名的风景胜地之一。维苏威火山位于那不勒斯市东南，海拔高度 1281 米。它是座活火山，历史上曾多次喷发，最著名的一次是公元 79 年的大规模喷发，灼热的火山碎屑流毁灭了当时极为繁华的庞贝古城。

海洋与文明：地中海三千年 | 59

塔兰托之战：强大的罗马人被打败了

另一边的罗马虽然在塔兰托吃了亏，但是却没有把战争的重点放在塔兰托，而是准备攻占伊屈斯根，不过为了教训塔兰托对罗马的不敬，罗马执政官雷比努斯率领小部分军队前往塔兰托。

双方的军力相差不大，塔兰托方以皮洛士为主将的士兵有 2.65 万人，另加 18 头大象，罗马方由雷比努斯率领的罗马士兵，再加上罗马调集来的盟军的士兵总共有 2.4 万人。

双方军队在塔兰托不远处相遇，皮洛士不愧为一代名将，他率领手下

[皮洛士]

[罗马海军]

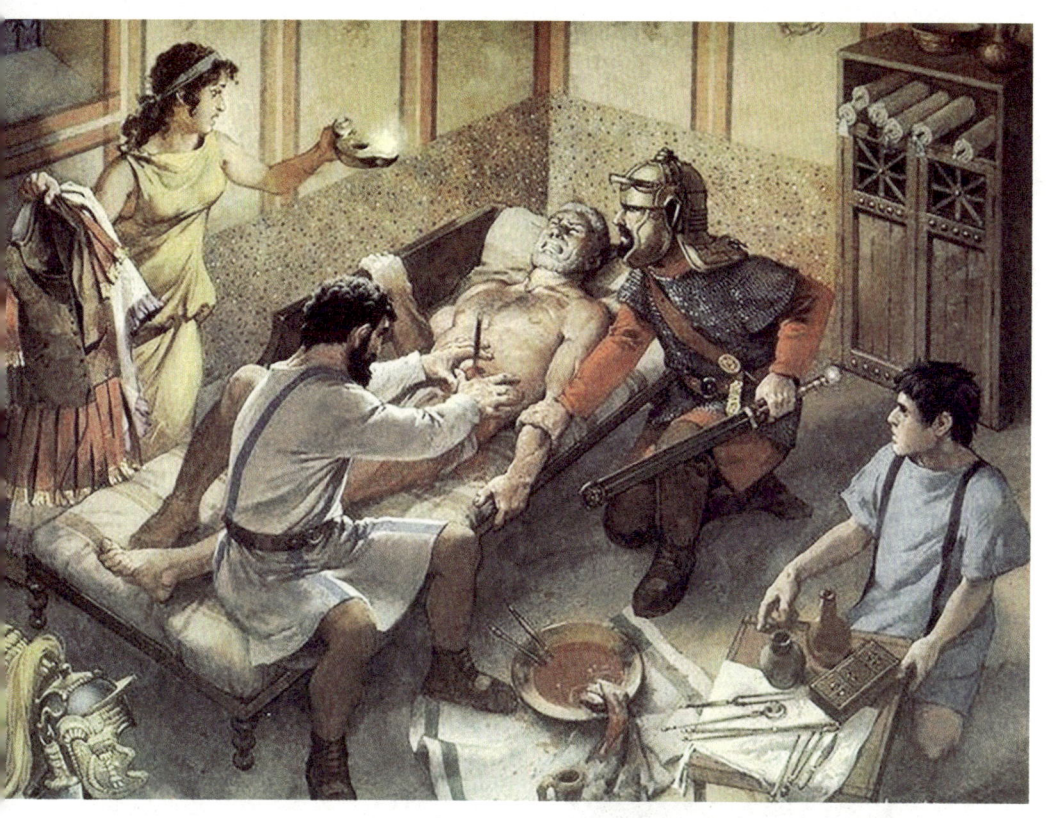

[罗马医生的外科手术 - 安格斯·麦克布莱德的插画]
罗马军队南征北战,将士受伤在所难免,在这里不得不说罗马军队中有着优秀的后勤和医疗服务体系,一旦有人受伤,就能很快得到治疗。

蜂拥抵御来犯的罗马人,整个战斗过程非常激烈,罗马军团死伤7000多人,败阵而逃。皮洛士的损伤也约有4000人。对强大的罗马来说,这场战争的损失并不大,但带来的政治影响很大。罗马大败的消息很快便在意大利南部传开,那些对罗马心怀不满的人们纷纷加入皮洛士的军队,希望能有所建树。

在罗马共和国初期,意大利东部、南部和北部的邻居对其虎视眈眈。为了消除这些外部威胁,罗马首先对威胁最大的北方邻居伊特鲁里亚发动战争,誓要拿伊特鲁里亚先开刀,以震慑周围部落。从公元前477—前396年,罗马与伊特鲁里亚先后进行了三次战争,史称"维爱战争"。

第一次维爱战争以罗马的失败而告终;第二次维爱战争中,罗马吸取教训,准备充分,大败伊特鲁里亚军队;第三次维爱战争中,罗马主动发起进攻,一举攻占伊特鲁里亚主要城市维爱,维爱城内居民被罗马卖为奴隶,至此伊特鲁里亚被罗马征服,这是罗马征服意大利的第一步,前前后后共历时81年。
此后罗马的地盘日渐扩展,几乎整个意大利都开始臣服。

第 3 章 故事的开端:地中海对峙

海洋与文明:地中海三千年 | 61

❖ 从高卢人攻占并洗劫罗马城之后，罗马经过半个世纪的休养生息，实力日渐恢复，随即开始向意大利中南部扩张，几次战争后，罗马将其纳入统治之下。
在如此情形之下，一个能打败罗马人的将军皮洛士横空出世，让意大利南部的人一下子看到了希望，这才有了进攻罗马的行动。

皮洛士从阿庇亚大道向罗马前进

看到军队急剧扩大，皮洛士按捺不住自己激动的心情，再加上周围人的吹捧，于是他率领大军浩浩荡荡地北上，意图进攻罗马城。

皮洛士的大军从阿庇亚大道向罗马前进，众所周知，罗马大道建立得非常完善，平坦笔直的大道对皮洛士的进攻非常有利。

罗马的执政官并没有因战败而遭受责难，他们很快又集结起一支庞大的军队，等待皮洛士的到来。

皮洛士看到在阿庇亚大道尽头等着自己的庞大的罗马军队后，就泄了气，在距离罗马城 60 千米的地方调头回到塔兰托了。

双方军力接近，又都不愿意开战，那就只剩下和谈这一条道路了，于是双方就界线和撤去罗马在南意大利的殖民地等问题展开了一系列的磋商。

皮洛士军团的人越打越少

此处我们不去关注和谈的结果，而要说到皮洛士这个人。

或许皮洛士有着作为军人的骄傲，此后多年，他与罗马仍然是见一次揍一次，可每打一仗，他的兵力就会衰减一些，但他毫不在意，即使自己受了伤也绝不言败。

转眼 3 年过去了，越战越勇的皮洛士一直在找机会和罗马决一胜负，可客观情况却对皮洛士越来越不利了。在兵力上，越打越少的皮洛士军团看上去不是那么强大，所以塔兰托的执政者和其他城邦，不再对其提供援兵和军事资助了。

❖ [皮洛士]
这是一位罗马征战历史上不得不说的人物。在公元前 284 年，他援助罗马对头林敦，因此与罗马开战，虽然取得了 2 次胜利，但都是伤敌 1000、自损 800 的战况。一种说法，其一生都在和罗马人作战，最后死于战场。另一种说法，公元前 272 年他怂了，开城迎接罗马人时被杀害，从而使意大利全部归于罗马版图之下。

偷袭马尔奔特，皮洛士惨败

公元前 275 年，皮洛士特意进攻了在马尔奔特的一支罗马军队。

马尔奔特位于罗马大道之上，为了弥补兵力的不足，皮洛士必须在黎明前结束战斗，利用黑夜的掩护，加上急行军的突然出现，或许能够给予罗马军队重重的一击。

可事与愿违，当皮洛士的军队赶到马尔奔特时，已经天光大亮，而罗马人似乎早有准备，以迅雷不及掩耳之势打败了前来偷袭的皮洛士军队。

意外之喜：统一南意大利

皮洛士的军团从鼎盛时期的 2.85 万名士兵，到如今只剩下不足 8000 名士兵，不过皮洛士依旧和罗马过不去，每次遭遇罗马军队都会和其较量一番。3 年后，即公元前 272 年，

[马尔奔特]

马尔奔特距离米兰非常近，马尔奔特机场是意大利北部最繁忙的机场之一。

[塔兰托的地图]

海洋与文明：地中海三千年

> 皮洛士式的胜利,这个词形容付出了惨重的代价,而获得的得不偿失的惨胜。这个用语典出古希腊的伊庇鲁斯国王皮洛士,他曾率兵到意大利与罗马交战,经过数日的激战,罗马士兵死伤无数,皮洛士也损失惨重,本人也受了轻伤。他在牺牲众多士兵打败罗马人后曾说:"如果再来一次胜利,谁也不能跟我回国了。"从此,皮洛士的胜利就比喻实际上接近失败的胜利。

这位名噪一时的著名将领在一次与罗马人的战斗中丧命(另一版本说皮洛士打开城门投降罗马人时,被罗马人杀害)。

皮洛士死后不久,罗马发起了对塔兰托的进攻,很快塔兰托便被攻下了,之后塔兰托便成了罗马在南意大利的海军基地。

富强的塔兰托臣服罗马之后,南意大利半岛就没有什么力量可以与罗马交锋了,罗马在打败皮洛士之后,意外地统一了南意大利。于是罗马大道的阿庇亚大道也延伸到了塔兰托,数年后延长至布林迪西。

罗马的对手:航海民族之城迦太基

紫红之国

古代腓尼基并不是一个国家,而是指整个地区,大约相当于今天的黎巴嫩地域,"腓尼基"一词原意为紫红色,源于此地出产的一种紫红色颜料。腓尼基人最早生活在叙利亚沿岸,西临地中海,东倚黎巴嫩山,北接小亚细亚,南连巴勒斯坦,是一个靠航海建国的民族。腓尼基人早在公元前3000多年,就已经航行于地中海之上,关于他们的历史,由于遭受战争和人为的焚毁,只能从希腊或是罗马历史中了解他们。腓尼基从未形成过统一国家,城邦彼此林立,以推罗、西顿、乌加里特等为代表。

在古埃及的文献里,腓尼基被称为"腓尼赫"。古希腊人称它为"腓尼基",意思是"紫红之国"。这是因为在当时的文明大国中的贵族和僧侣,都喜欢穿紫红色的袍子,由于颜色艳丽,很容易褪色。可是有一帮居住在地中海东岸的人,他们身穿的紫红色衣服即使磨破了,而颜色依旧鲜亮如新,所以古希腊人管这些人叫"紫红色的人"(即腓尼基人)。

[腓尼基人的符号]

❋ 腓尼基人创造的腓尼基字母，是今天拉丁字母的源头。腓尼基文明对爱琴文明有深远影响。

❋ [腓尼基人的航海壁画]

❋ 腓尼基的历史大致可分为两个阶段：第一阶段称埃及时代，公元前2800—前1200年，这个阶段腓尼基在政治上被埃及控制。第二阶段是腓尼基的兴盛时期，公元前1200—前800年，此时因为埃及和克里特的衰弱，腓尼基得以独霸地中海。

航海民族腓尼基人

无论是古埃及还是古希腊的文献，都明确地说明腓尼基人拥有高超的航海技术，据说早在公元前600年，他们就完成了环绕非洲航行的壮举，这里面还有这样一个故事：

有一天，埃及法老尼科二世把几个腓尼基最优秀的航海家召集到王宫里来，下令让他们去开辟一条从没有人走过的航线。尼科二世对这几个腓尼基航海家说："听说你们经常自吹腓尼基人最善于航海，我让你们从埃及出发，一直不向后转，而且海岸始终要在右边航行，最后回到埃及。如果你们做不到，现在就对我说，我也不会惩处你们。但是今后就不要再自吹自擂了。如果你们能够做到，我一定重赏你们！"

❋ [埃及法老尼科二世]

尼科二世是古埃及第二十六王朝法老，他上位后继续执行其父亲普萨美提克一世发展海洋贸易的政策，于是他重用腓尼基水手，开辟航线，他在位期间埃及完成了尼罗河－红海运河的航线的探索。

❦ [腓尼基水手-壁画]

❦ [腓尼基人的"死亡微笑"]

大约2800年前,在地中海的撒丁岛上,有些腓尼基人死去时脸上会露出神秘而可怕的微笑。

❦ 在诸多腓尼基城市中,有的属于王国,然而国王并非都是专制君主,依旧有长老议会等机构。前6世纪时期,推罗曾由选举产生的官吏"萨菲塔斯"来管理国家。前4世纪时期,西顿和推罗还存在着议事会和公民会议,拥有审议权。

开辟新航线要冒极大的风险,但腓尼基航海家勇敢地接受了尼科二世的命令。几天后,腓尼基航海家驾着3艘双层的划桨船出发了。一晃3年过去了。尼科二世以为这些大胆的腓尼基人早就在大海中遇难了。

一天,尼科二世的一个大臣向他报告:"报告陛下,3年前出海的腓尼基人回来了,正在宫外听令。"尼科二世听了大吃一惊地说:"什么,他们还活着,快让他们进宫。"腓尼基人进来后,尼科二世把脸一板,说:"你们这些大胆的腓尼基人,竟敢欺骗我,快说,这3年你们躲到哪里去了?"

这些腓尼基人将这3年的航海经历详细地说了一遍,然后向尼科二世献上了他们沿途搜集到的各种珍奇的东西。尼科二世相信了,说:"腓尼基人真是最优秀的航海家。"然后重赏了这些航海家。

腓尼基的航海家们穿越直布罗陀海峡进入大西洋,向北一直到达英吉利,向南一直到达西非。腓尼基人的环绕非洲航行,是人类航海史上的一次壮举。

66 | 海洋与文明:地中海三千年

腓尼基横行地中海的商贸网络

腓尼基人会驾着船到各地的港口去开展贸易，不仅如此，他们还将腓尼基文字传播到他们的所到之处，比如像乌加里特城，这座城在被入侵者摧毁之前，可谓是一个"国际都市"，这里云集了来自五湖四海的各种商人，当然这都是从后续的考古中发现的。

腓尼基人采集东部黎巴嫩山区盛产的轻质木材，制造了适合长途航行的大船，然后环绕地中海，建立了往返于希腊、西西里岛、撒丁岛、巴利阿里群岛、伊比利亚半岛的航线，他们有定期船只往来于北非、累范特、希腊和地中海各岛屿。他们贩卖的商品从最初的染料，到后来的重金属，乃至奴隶，只要是能够赚钱的商品，他们都会去贩卖。由于腓尼基地广人稀，他们便在航线上建立贸易据点殖民。地中海的西海岸，特别是西班牙和北非遍布他们的殖民地。许多现代城市，如马赛，便是在腓尼基人的殖民地上建立的。这些殖民地有的在后来发展壮大，其中就有与古罗马发生战争的迦太基。

[腓尼基人的神——青铜巴力神（古乌加里特城发现）]

❋ 乌加里特为腓尼基人的沿海城市，公元前 1200 年左右被入侵者摧毁。该城市为腓尼基重要海港，手工业和商业颇为发达，居民的航海和殖民活动曾远达爱琴海诸岛和塞浦路斯等地。

❋ [乌加里特字母]

公元前 1400 年创立了乌加里特字母表。该字母表由楔形文字发展共出 31 个字母，与声音互相对应，并刻于泥板上。它是一种已灭绝的和迦南语支相关的语言。

海洋与文明：地中海三千年 | 67

称霸西地中海的迦太基

与罗马城相比,迦太基可谓是老大哥,根据目前的考古证据,迦太基约在公元前814年建城,公元前8—前6世纪时,腓尼基人一面向非洲内陆扩展,一面通过地中海向西班牙南部及撒丁岛、科西嘉岛及西西里等殖民,并称霸了地中海西部,与当时的希腊分庭抗礼。

地中海东、西两岸的希腊城邦与迦太基从公元前6世纪开始发生冲突,持续了100多年,直到希腊经历伯罗奔尼撒战争后元气大伤,开始停止在西西里岛殖民。之后的历史我们也清楚了,希腊遇到了更强大的对手——罗马,而迦太基则继续在西地中海称霸。

墨西拿事件

公元前288年,一群叙拉古雇佣兵在玛尔美提的率领下占领了西西里岛东北角的墨西拿,自称"战神之子"并脱离叙拉古独立。他们杀了当地所有的男人,占有女人为妻,并以这个

[古罗马时的遗迹 – 安东尼浴场]
如今的安东尼浴场只有残存的柱石、断墙、拱门,隐隐约约还能看到浴室的痕迹。
古罗马人最喜欢的一项娱乐活动就是泡澡,因此浴场非常豪华。通过遗迹,隐约可以看出有更衣室、冷水室、温水室、蒸汽浴室、按摩室、健身房等,豪华程度堪比今日的浴场。

[迦太基钱币]
这个时期,迦太基因为其强大的海军控制了西地中海,因此成了西地中海的贸易中心,每年均有庞大的贸易收入。

城市为基地，骚扰附近的乡村和城市，包括母邦叙拉古。

公元前264年，叙拉古的希罗二世即位后，决定清除这批盗匪，出军围攻墨西拿。玛尔美提同时向罗马和迦太基求救。罗马刚开始并不想帮助他，一方面因为玛尔美提名不正言不顺；另一方面罗马刚刚清洗了此类雇佣兵。迦太基却立刻同意了，很快派军队冲向西西里岛，逼迫叙拉古军队后撤。罗马元老院不能容忍迦太基这个来自南方且只隔了一个小小海峡的巨大威胁参战，于是罗马迅速和玛尔美提联盟，派兵到西西里岛，并成功让叙拉古投靠到罗马这边。这是罗马军队第一次在意大利半岛以外的地方活动。三方联盟稳定之后，罗马和迦太基继续战争，争夺西西里岛。

没有海军，却要与腓尼基人开战，何其尴尬

对于墨西拿的求援，罗马人其实是很尴尬的，自己号称罗马同盟的老大，却没有海军，介入墨西拿事件，就很有可能要与以航海立国的迦太基人开战。可是这仗又不得不打，如果迦太基的势力再向西西里岛东北部扩张的话，那将与罗马直接产生冲突。更何况，如果拒绝了墨西拿的求援，那么就会眼睁睁地看着墨西拿投向迦太基，这样，迦太基就不费吹灰之力控制了墨西拿和叙拉古。一旦墨西拿落入迦太基人手里，那就意味着罗马人轻易地让迦太基人在意大利本土和西西里岛之间架设了一座桥梁。所以最终经过罗马公民大会的决定，

❦ 腓尼基人崇拜莫列克神，传说莫列克神最喜欢吃人，尤其是婴儿，所以每次祭祀莫列克神，腓尼基人都以婴儿作为牺牲，而且必须是贵族门第的婴儿。

▲ [墨西拿的女神灯塔]
墨西拿为古代希腊殖民者于公元前8世纪时建立，距今有2800多年历史。

❦ 墨西拿早在8世纪以前，就因遍植花木而驰名，这个城市由一个个小摊、小商店组成的鲜花市场就有8个，每个鲜花市场人群熙来攘往，人们在这些鲜花市场可以买到世界各国运输而来的鲜花，鲜花已成为该市市民不可或缺的物品。

第 3 章　故事的开端：地中海对峙

海洋与文明：地中海三千年 | 69

❖ [三桨座战船石刻画]

罗马决定出兵，进驻墨西拿。

罗马陆军虽然强大，但是却不敌迦太基海军，罗马开始发展海军

罗马陆军在与迦太基人的战争中节节胜利，取得了不俗的战绩，可是迦太基用手里的舰队，不断袭扰西西里各海岸，不仅维持了很多据点，也让一些原先支持罗马人的城邦又不得不倒戈。

不仅如此，迦太基人还开始横行于意大利西海岸，将战火烧到了罗马共和国的本土。对此无法容忍的罗马人下定决心，要把制海权从迦太基人手上夺过来，否则战争将在没完没了的状态下持续，迦太基的海军迟早会将拥有大规模陆军的罗马拖垮，所以罗马元老院为发展海军提供了专项资金。

兴建海军：60天建造了100艘五列桨战舰

公元前260年，罗马决定集中力量建立一支强大的海军以扭转海上劣势。

> ❖ 荷马在《奥德赛》里描写的船只，几乎可以肯定就是他所生活的公元前8世纪希腊的船只。主要分两种：20桨的轻型船和50桨的战船。当时的船约35米长，速度可以达到8～9节。船上配有桅杆和四方帆，在风向合适时使用。桅杆插在龙骨上，海战前放倒，桅杆、索具和帆等会尽可能地放到岸上，以减轻作战时的重量。

❖ [三桨座战船]
三桨座战船是古代地中海上常见的战船。战船每边有三排桨，一个人控制一支桨。

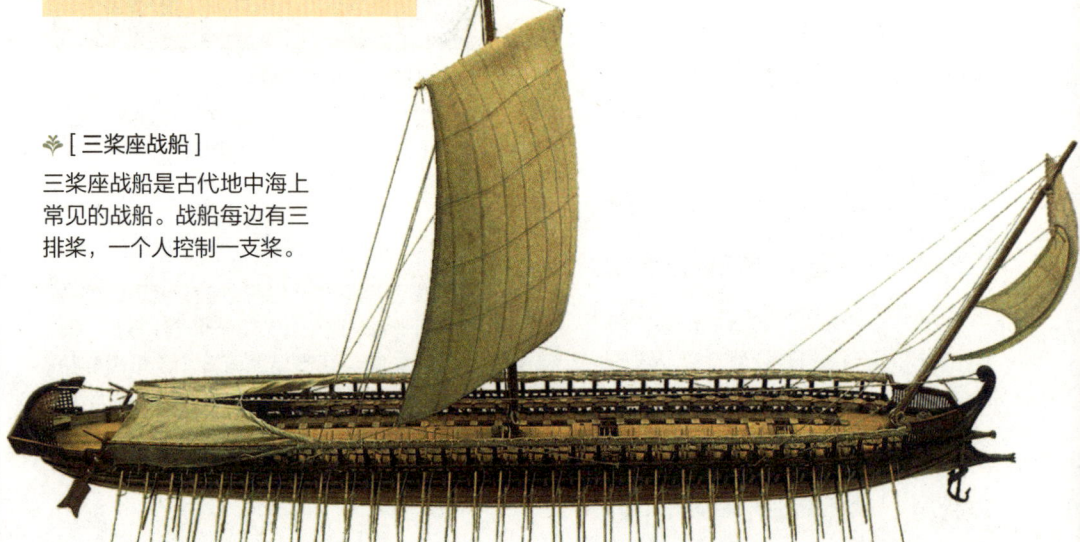

一艘迦太基人搁浅的战舰被罗马人发现。由于船体保存完好，被罗马人拖回去作研究样本。罗马的工匠通过研究、学习，制作出了当时流行的五列桨战舰。加上罗马元老院专门从大希腊区和叙拉古招募的希腊工匠指导，罗马人很快建立了自己的造船产业。

技术问题解决后，罗马人进行了大规模生产。在短短 60 天内，就成功地建造了 100 艘五列桨战舰和 20 艘较小的三列桨战舰。罗马人的战舰为 5 层划桨的大型战舰，这明显强于迦太基海军的 3 层划桨战舰。

改进海战装备：乌鸦战舰出现

罗马人考虑到刚组建的海军还有很多不足，就决定将陆军的优势放大，于是开始改进海战装备。他们让工匠在所有船的船艏树立了一根木杆，木杆上用滑轮和绳索固定了一个可以转向的吊桥。在战舰船头安装有铁钩，用来钩住前方的敌人。罗马士兵可以利用这种装置登上迦太基船，从而把战斗变成罗马人熟悉的肉搏战。因为吊桥的形状酷似乌鸦嘴，因此又被称为"乌鸦吊桥"，而这种战舰则称为乌鸦战舰。

❀[公元前 6 世纪绘画上的锚]

大量聘用希腊人，实现了海军从无到有的转变

有了战船，还需要海军人才。罗马元老院从希腊招募了许多经验丰富的海员，一些人以教官身份为罗马训练驱动战舰的划桨手。另外一些人则索性加入了初创的罗马海军，这些人中不仅包括能熟练操作风帆的水手，还有至关重要的舵手和船长，因为这些人都不是能在短时间里特训出来的。由于希腊本身就与迦太基有仇，所以希腊人对一边赚钱一边屠杀对手的行为非常热衷。

经过 2 个月的筹备，罗马共和国实现了海军从无到有的转变。如此巨大的成就让罗马人信心十足，准备到海上和迦太基人一决雌雄。

罗马与迦太基的首战：第一次布匿战争

罗马有了海军之后，首先就将这支舰队派到了意大利沿岸，罗马元老院要求舰队打击迦太基的劫掠船，保卫沿岸安全。

米拉海战：罗马的乌鸦战舰发挥了威力

在罗马积极备战的同时，迦太基也没闲着。他们乘船劫掠了西西里东北角的米拉地区，希望阻断岛上驻军和意大利本土的联系。整装完毕的罗马人得知对手的这一动向后，没有丝毫犹豫就选择出海迎击。

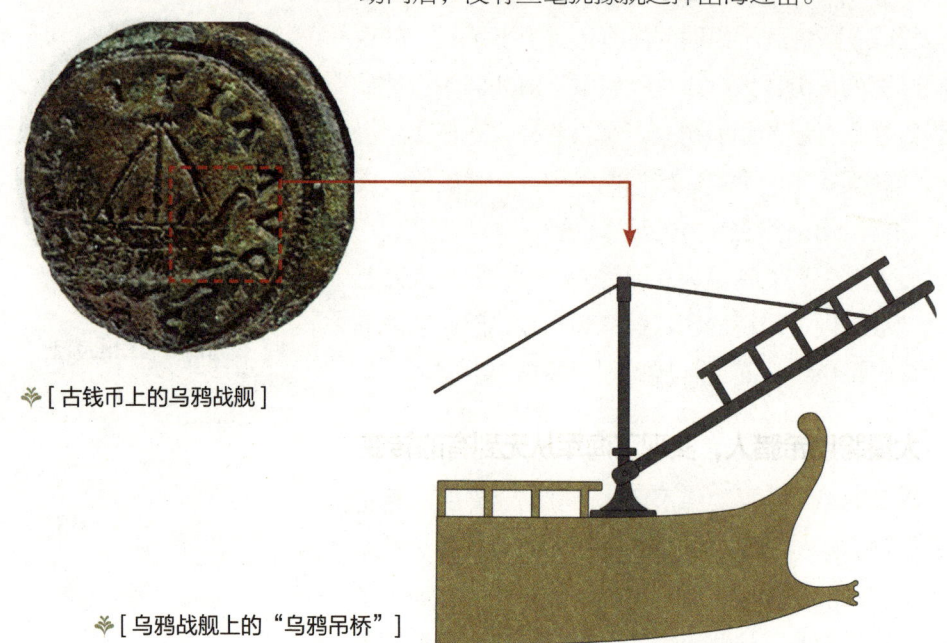

[古钱币上的乌鸦战舰]

[乌鸦战舰上的"乌鸦吊桥"]

公元前 260 年，罗马执政官杜伊利乌斯率罗马舰队与迦太基舰队在米拉海角附近遭遇，于是战争就在 103 艘罗马战舰和 130 艘迦太基战舰之间展开。

起初，迦太基人不太看得起这些罗马"旱鸭子"，没用什么队形就向罗马战舰冲去，双方的前锋很快就撞作一团。迦太基人这样的零散冲击非但没有撼动罗马舰队，反而使自己的舰船被罗马人用乌鸦吊桥死死咬住，无法脱身，随即遭到不断涌入的罗马士兵强攻。迦太基战船上只有少量重甲步兵和轻装兵，根本没法抵抗成队的罗马军团士兵。最先接敌的30艘迦太基战舰全军覆没，其中还包括迦太基指挥官所乘坐的一艘7列桨战舰。

❋ 米拉海战中罗马人充分发挥自己的优势，将陆军变为海军，夺得了罗马海战历史上的首次胜利。

第 3 章 故事的开端：地中海对峙

❋ [米拉角（今天的米拉佐）]

迦太基人见势不妙，余下的战舰立刻调转方向，他们试图与罗马战舰拉开距离，并伺机进行包围，准备从侧面和船尾进行攻击。但他们接着发现，罗马战舰上的"乌鸦吊桥"是可以左右转向的。因此，任何攻击侧面和船尾的尝试都很难躲开吊桥打击。就这样，毫无思想准备的迦太基人，在罗马新式武器的打击下惨败。有近50艘战舰被摧毁和缴获，超过万人死伤及被俘，残余战舰只得仓皇逃跑。

跟着迦太基人学海军战术

米拉海战的失败，并没有给迦太基太多的打击，他们很快就在西西里北部的另一次海战中夺回了面子，迫使罗马人暂缓了收复西西里的步伐。

罗马人则在与迦太基人的对抗中学会了迦太基海上

❋ 据古希腊历史学家的记载，早期海战主要用的战略是"碰碰车"，航速可能超过7节（即每小时7海里，约为每小时13千米）。使用这个速度可以给予敌船以巨大的冲撞力，比如撞击敌方舰只的侧翼，可以非常有效的杀伤敌方战舰，从而获得海战的胜利。

海洋与文明：地中海三千年 ｜ 73

[《斯巴达300勇士2：帝国崛起》- 剧照]

古代战争中撞角是海战中必不可少的设计，它有两类：一种是尖锐式撞角，其攻击方式主要是利用锋利的尖锐部位对敌方战舰的舰体造成损伤，或高速驶过敌方战舰的一侧，撞断敌方战舰的船桨使其失去行动能力。这一点在电影《斯巴达300勇士2：帝国崛起》中，有着淋漓尽致的体现。

另一种则是"攻城锤"式撞角，其主要的攻击方式是利用战舰的冲击力将敌舰撞翻，使其倾覆，这样的好处是可以迅速使敌舰丧失战斗力，并且战后还有将敌舰缴获收归己用的可能。

袭扰战的方法。在所有人都关注西西里时，罗马人却接连攻打了撒丁岛与科西嘉岛的迦太基殖民城市。

迦太基一贯视自己的海洋贸易网络为重要的经济支柱，于是派舰队增援那些地方。罗马人见迦太基海军来增援，就主动撤出了在科西嘉的部队，与在撒丁岛的罗马军队合并，共同打击前来增援的迦太基海军，并在战斗中击溃了迦太基援军。

就这样，罗马人利用从迦太基人那里学来的袭扰战术，成功地多次打击迦太基海军，使得迦太基人疲于奔命。

迦太基的军队不断被蚕食，被罗马人重重围困

随后罗马人强势返回西西里，包围了迦太基人重兵把守的利帕拉群岛。

公元前257年，罗马舰队在西西里岛北岸的丁达里斯停泊，他们发现一支散乱的迦太基舰队经过那里。于是，罗马舰队有10艘舰船打先锋冲了过去，迦太基舰队凭借丰富的海上作战经验，并未被罗马舰船的冲击击溃，而是调转船头包围了这10艘舰船，很快就将这支罗马先锋舰队击垮，除了一艘舰船逃脱，其他9条舰船均被击沉。

罗马舰队虽然损失惨重，但是之后罗马的增援舰船以密集阵型杀到，来不及重新部署的迦太基舰队，被俘虏了10艘舰船，还有8艘舰船被击沉，残军只能撤退到利帕拉群岛暂避。

在与罗马人的较量中，迦太基军队不断被蚕食，渐渐地在西西里岛的迦太基军队只能躲在一些小镇中，被罗马人重重围困。

罗马进攻迦太基本土失败

几次海战之后，罗马决定入侵迦太基在北非的本土，尽快摧垮迦太基的基础，以结束战争。罗马组建了一支庞大的舰队，用来运输军队。公元前 256 年，迦太基设法阻挡这支舰队，但是在埃克诺穆斯海角被打败。

同年，罗马将军雷古卢斯登陆北非，攻占突尼斯。迦太基不得已求和，但是罗马给出的和平协约极其苛刻，让迦太基没法接受，于是雇佣了斯巴达的将军赞提帕斯整顿军队，在他的帮助下，迦太基军队的整体战斗力得到大大改善。雷古卢斯为了增加自己的政绩，急于求胜，而且担心罗马元老院派遣别人抢夺功劳，所以积极发动战争，结果被赞提帕斯击败，自己也被俘虏，导致罗马进攻迦太基本土的企图失败。

❋ 雷古卢斯在第一次布匿战争中参与对抗迦太基的战争，但在公元前 255 年被俘，次年被杀，成为罗马对抗迦太基而牺牲的执政官之一。

❋ [埃克诺穆斯角海战]
埃克诺穆斯角海战发生在公元前 256 年夏，罗马和迦太基的军队在埃克诺穆斯角（西西里岛南海岸的海角）附近爆发海战，战争以罗马获胜而告终。

持续了 23 年的第一次布匿战争结束

在公元前 249 年的战争后期，迦太基派哈米尔卡·巴卡来到西西里岛，计划反攻罗马，但罗马的围困战术运用得得心应手，使得迦太基连续受挫，导致那些受困的军事重镇一个个被攻陷。

战争一直耗到了公元前 241 年，在埃加迪群岛海战之后，迦太基内部爆发了一场雇佣兵起义，在内忧外患的情况下，迦太基授命哈米尔卡·巴卡在西西里岛与罗马签订了停战协议，第一次布匿战争以罗马共和国的胜利而结束。

❧ 公元前 241 年，罗马国库曾一度严重枯竭，但一大群爱国的罗马人自费建立起一支由 200 艘战船组成的舰队，大败迦太基舰队于埃加迪群岛附近（埃加迪群岛海战）。迦太基被迫求和，退出西西里岛及利帕拉群岛并支付巨额赔款。

❧ 罗马人称腓尼基人为"布匿"，迦太基是腓尼基人在北非建立的殖民地，因此罗马与迦太基之间的战争也被称为布匿战争。

🌱 第一次布匿战争后的罗马和迦太基

第一次布匿战争结束后，无论是罗马还是迦太基，都没想到在不久之后就会爆发第二次布匿战争，可眼下相对于胜利者罗马来说，迦太基的日子有点动荡。

迦太基因拖欠雇佣兵的薪资而引起内乱

战争结束后，本该各回各家的雇佣兵因为

❧ [《萨朗波》]
《萨朗波》是法国作家居斯塔夫·福楼拜的作品。这本书以哈米尔卡·巴卡与努米底亚诸部落战斗的故事为背景。只是他笔下的马托与斯庞迪斯形象跟史实相去甚远，他写马托英勇善战，有胆有识，对起义事业忠贞不渝，还和哈米尔卡的小女儿萨朗波发生了一段生死恋。

❧ [居斯塔夫·福楼拜]
《萨朗波》是福楼拜在 1862 年发表的作品，也是他的第四部作品，他的作品既有现实的真实记录，又有对超时代、超意识的探索，因此福楼拜被认为是"自然主义之父"，而 20 世纪的法国新小说派又把他称为"鼻祖"。

尚未拿齐佣金,全都滞留在锡卡等着拿钱。这些来自高卢、西班牙、希腊以及非洲等地的雇佣兵只拿到了一半的薪酬。他们从初夏等到秋天,这样等下去,还要到什么时候?于是他们纷纷离开锡卡,赶往迦太基城,近2万名雇佣兵在距迦太基城20千米外的地方集结,声势浩大的索要工资,让迦太基政府颇为担心,不得不出面交涉。

※ 哈米尔卡从西西里岛回到迦太基后就被调离,其手下军队得不到酬金,导致这支雇佣军发生兵变。

本来这些雇佣兵只是索要剩下的一半佣金,可迦太基政府出面交涉的人员态度蛮横,惹怒了这些雇佣兵。另外,迦太基因为战败而提高了殖民地的赋税,这也引起了殖民地人们的不满。在这样几股势力交织、鼓噪之下,迦太基的局势变得有些危险。

哈米尔卡解决了迦太基内部的动乱问题

首先爆发动乱的是迦太基的第二大城市尤蒂卡,参与叛乱的人数从开始时的2万多人,转眼就增加到了5万多人,紧跟着还有其他殖民城市也纷纷举旗支援尤蒂卡动乱。于是在布匿战争结束后的第二年,即公元前240年,迦太基政府派哈米尔卡率领1万名士兵前去镇压。

叛乱者虽然人数众多,但多为无组织的民众,哈米尔卡指挥士兵强力镇压了这些爆发动乱的城市,据史料记载这次平乱共杀死6000人、杀伤2000人。打散了叛军不等于解决了内乱,要解决这件事情,还要从根本上杜绝才可以。哈米尔卡研究叛乱地区的情况后,根据叛乱程度进行分化处理,对那些叛乱严重的地区施以重税,

※ [硬币上的迦太基贵族－巴卡家族长子汉尼拔]

汉尼拔出生的巴卡家族,是公元前3世纪迦太基最著名的家族之一,他们在公元前3世纪时曾将迦太基的势力扩展到伊比利亚半岛大部分地区,并建立了多座城市。在如今的西班牙仍可见到当年巴卡家族殖民扩张的痕迹,比如马翁与卡塔赫纳两座古城。罗马时代将卡塔赫纳更名为新迦太基城。

第 3 章 故事的开端:地中海对峙

[哈米尔卡·巴卡-剧照]
哈米尔卡·巴卡是迦太基巴卡家族的第一代领袖,其三个儿子汉尼拔、哈斯德鲁巴·巴卡和马戈均为名将。

❋ 在第一次布匿战争晚期,哈米尔卡自前247年起率领一支由多国雇佣军组成的小部队驻守西西里岛。他仿照亚历山大大帝和皮洛士,打造出了一支多兵种互相配合的强军。他率领这支军队对布林迪西等地进行了袭扰,并多次击败了罗马共和国的军队。

❋ 第一次布匿战争迦太基败给罗马之后,哈米尔卡·巴卡为了缓解迦太基的困境,出兵征服了伊比利亚半岛。根据历史学家李维的记载,当汉尼拔央求与父亲同行时,哈米尔卡要汉尼拔在神殿内发下了终生与罗马势不两立的重誓。

然后将收来的赋税作为薪资支付给雇佣军。

两年后,即公元前238年的夏天,哈米尔卡就全部解决了迦太基的内部动乱问题。这样国内总算平静下来了。

痛打落水狗的罗马

看到迦太基国内纷乱的局势,作为对手的罗马不可能不浑水摸鱼一下。

距离伯罗奔尼撒半岛不远的迦太基殖民地撒丁岛,也趁着迦太基政局动荡的时机叛变,他们杀死了迦太基派来的总督,然后向罗马求援。罗马迅速做出回应,派出了一个罗马军团入驻撒丁岛,解决了当地的迦太基军队,收服了撒丁岛。

紧跟着,撒丁岛北边的科西嘉岛也回归了罗马,在此次迦太基内乱中,罗马轻易地拿到了西西里岛、撒丁岛和科西嘉岛的统治权,确立了罗马在意大利以西和以南的制海权。

哈米尔卡殖民西班牙

迦太基的国内动乱虽然解决了,然而还面临着是"重视国内发展",还是倾向"对外发展"的问题。

哈米尔卡一直支持"对外发展",但是"重视国内发展"的支持者占据多数,于是哈米尔卡离开了迦太基,到西班牙另辟天地去了。

当时仅有以加迪斯为中心的南西班牙海岸一带被迦太基殖民。哈米尔卡带领着追随他的人组成的军队,还带走了他年仅9岁的长子汉尼拔,通过直布罗陀海峡来到西班牙。

哈米尔卡来到西班牙后,就开始四处征讨,使得他在西班牙的地盘急速扩大,9年之后,他的统治范围扩大到西班牙东南部。

迦太基人有着与生俱来的经营能力,他们开垦西班

❀ 给罗马人点赞：由于迦太基局势动乱，其殖民地叙拉古不再给首都迦太基运输粮食，导致迦太基粮食一时短缺，于是迦太基向罗马寻求帮助，罗马人不计前嫌，特意运送了大量的小麦到迦太基以帮助他们渡过难关。

第 3 章 故事的开端：地中海对峙

牙土地以提高农业生产，还开采矿产，尤其是银矿，这大大增加了哈米尔卡的收益，不仅可以自给，而且还可输送回迦太基，甚至投资经营国内的农业。

就这一事件来看，虽然迦人基在第一次布匿战争之后丢掉了西西里岛，但是却得到了一块更好的殖民地，即伊比利亚半岛。

哈米尔卡在殖民西班牙的第 10 年，建立了一座新城，取名为"新迦太基"（就是今天的卡塔赫纳），而哈米尔卡的家族（即巴卡家族）俨然就是这里的国王。然而哈米尔卡依旧不满足自己的成就，继续东征西讨。公元前 228 年，他在率军镇压维托尼部落叛乱时中计失败，在逃跑的时候不慎坠入一条小河中溺毙。

❀ [西班牙新迦太基城]
卡塔赫纳是西班牙穆尔西亚自治区的一座城市，也即历史上的新迦太基城，现在是西班牙海军基地。

❀ [卡塔赫纳市标]

海洋与文明：地中海三千年 | 79

罗马与迦太基再战：第二次布匿战争

哈米尔卡死后，由于他19岁的儿子汉尼拔还比较青涩，他的女婿"公平者"哈斯德鲁巴成了西班牙第二任总督。与自己的岳父相比，哈斯德鲁巴似乎缺少一点雄心壮志，他的注意力主要在城市建设方面，他在西班牙东南岸的一个大港营建了一座规模宏大的新城市，作为殖民政府所在地，罗马人把这座城市称为迦太基钠，意为新迦太基。哈斯德鲁巴在位时间不长，公元前221年，他在一次狩猎中遇刺身亡。哈斯德鲁巴死后，哈米尔卡的26岁长子汉尼拔，获得了迦太基本土势力的支持，成为第三任西班牙总督。

初上任的汉尼拔并没有引起迦太基和罗马的关注，这成全了他扩充势力的野心。

[硬币上的迦太基贵族－巴卡家族女婿"公平者"哈斯德鲁巴]

哈米尔卡死后，其女婿"公平者"哈斯德鲁巴继位，统领伊比利亚半岛的迦太基军队。在他的带领下，迦太基进一步在伊比利亚扩张，并建立了卡塔赫纳城，即新迦太基。日后，这座城市变成为伊比利亚的政治、军事、经济与文化中心。

[迦太基将军：汉尼拔]

汉尼拔全名为汉尼拔·巴卡，是北非古国迦太基最著名的将军，他自小接受严格和艰苦的军事锻炼，在军事及外交活动上有突出表现，当代仍有许多军事学家，将其军事战略作为重要的研究对象，其被誉为"战略之父"毫不为过。

公元前3世纪是个非常伟大的时代，在东方，我国有西楚霸王项羽集结各路反秦义士，高唱义歌攻占城池；在西方就有汉尼拔。这两位的历史命运非常相似：韩信在垓下击败了项羽，大西庇阿（公元前236—前184年）在扎马击败了汉尼拔，从此世界历史沿着我们已知的轨迹运动，刘邦建立汉朝，开两汉400年之繁荣；罗马人在其后短短50年间突飞猛进，最终执牛耳于地中海世界达500余年之久。

海洋与文明：地中海三千年

面对萨古特求援，罗马派出了两位元老院议员

公元前219年，汉尼拔袭击了位于西班牙东岸的港城萨古特，这个城市是罗马联盟的成员，萨古特在受到攻击后，第一时间向罗马求援。

这个时期，为了防止北边高卢人的入侵，罗马的大量兵力都部署在意大利北边，而且防线拉得很长，因为这条战线是连接那些殖民城市的大动脉。

面对萨古特的求助，不能不管，但是实在没有太多兵力能调配，于是罗马派出了两位元老院的议员，企图与汉尼拔协商谈判。

❦ 此时的西班牙人并未完全开化，他们不管入侵者是谁，只知道要保护住自己的土地，他们守在海边，不允许任何人上岸，所以罗马人的船不能在这里停靠，迦太基人的船也不能。在西班牙人看来，只要是有人手拿武器，驾驶战船，想要践踏他们土地的都是敌人，这时的西班牙人虽然还没有明确的民族意识，但他们本能地保卫着自己的土地。
迦太基人来到西班牙后，开始疯狂肆意地在西班牙扩张，这触动了罗马人的利益，于是第二次布匿战争一触即发，让这场战火莫名地烧到了西班牙人的头上。

❦ 迦太基在第一次布匿战争失败之后，因失去地中海上的西西里岛，开始向欧洲西部的伊比利亚半岛发展。

❦ 关于刺杀哈斯德鲁巴的刺客的动机，史料中记载各异，但大多是一些鸡毛蒜皮的小事。比较主流的说法是他杀了一位西班牙土王，此人手下有位死士，决意为主报仇，这和我国历史上三国时期许贡的门客刺杀孙策差不多。

❦ 汉尼拔的父亲哈米尔卡是第一次布匿战争中迦太基的主将，别号"闪电"，他在汉尼拔9岁时，将他带进巴尔-莫洛克的庙里，要他发誓永远敌视罗马。

第3章 故事的开端：地中海对峙

❦ [马翁]
马翁是古代迦太基人在西班牙建立的居民点，之后被罗马命名。

海洋与文明：地中海三千年 | 81

汉尼拔完全不给罗马人面子，依旧攻下了萨古特

[迦太基城遗址的镶嵌画]
迦太基城被罗马摧毁之后，罗马人将其重建，它再次发展为仅次于罗马的第二大城。

[迦太基硬币上的战马]

汉尼拔完全不给到访西班牙谈判的两个罗马元老院议员的面子，而且还威胁他们，并称不会保证他们的安全。

面对这样的情况，谈判根本无法继续，于是使者转道去往迦太基，希望用第一次布匿战争结束时的约定，阻止汉尼拔入侵萨古特。

汉尼拔也赶回了迦太基，他明确说明：在此前的约定中，只是说迦太基不得越过厄波罗河以北，并没有提到萨古特。而且第一次布匿战争后约定迦太基不得入侵罗马，但是"罗马"与"罗马同盟"是有区别的。如今汉尼拔进攻的只是罗马的盟国而已，并非罗马。

面对汉尼拔的辩解，罗马元老院的议员也是哑口无言，只得回去复命。就在罗马使者从迦太基回到罗马之时，传来了萨古特城被攻破的消息。

汉尼拔如此不把罗马人放在眼里，这让罗马人很不痛快，于是正式对迦太基宣战，这就是第二次布匿战争的开端。

罗马人此时并没有把年仅 28 岁的汉尼拔放在眼里，其原因除了汉尼拔太年轻之外，还有他的战绩不显。虽然这次他攻下了萨古特城，但是区区萨古特城，汉尼拔用了近 8 个月的时间才攻破，而且如今在迦太基国内最能打仗的将军就是汉尼拔。连他都是这个水平，那罗马人就没什么可担心的了。

❋ [公元 1510 年欧洲人笔下的汉尼拔和迦太基军队]

汉尼拔的战略

公元前 218 年 4 月，迦太基元老院同意开战的消息抵达后，汉尼拔决定远征意大利。汉尼拔的战略意图大致如下：率军渡过厄波罗河，越过比利牛斯山，进入高卢（现在的法国境内），渡过隆河，穿越法国，越过阿尔卑斯山，进攻意大利。

看到如此漫长的行军，大家可能会说："这么远距离的行军，为什么不换条路走呢？"其实要进攻意大利，最短的距

❋ 公元前 338 年，罗马建立了一个全新的同盟体——罗马同盟。拉丁同盟和罗马同盟最本质的区别是罗马和加盟国之间的联系。在拉丁同盟中，包括罗马在内的各国之间，都是相互依存的关系。而罗马同盟则是将同盟关系限制在罗马和该国之间。
罗马同盟的协议规定：加盟国只能和罗马缔结协议，不许其他加盟国之间缔结协议。加盟国之间出现问题，也不允许在当事国之间解决，必须由罗马仲裁解决。这样做的好处是弱化了同盟各国之间的联系，便于罗马集中管控。

❋ 拉丁同盟起源于罗马的王政时代，由于罗马和周边部族都使用拉丁语，信仰一致，风俗也很接近，所以统称为拉丁民族，并由此建立了拉丁同盟。

❋ [狩猎女神戴安娜]

初期的拉丁同盟是为了一起祭祀共同信仰的诸神才汇集到一起。他们一年一度聚集在阿尔巴诺山，在朱庇特神殿举办祭祀活动，模仿希腊的奥林匹亚竞技会举办体育活动，祭祀位于阿文庭山的狩猎女神戴安娜。

第 3 章　故事的开端：地中海对峙

海洋与文明：地中海三千年 ｜ 83

❦ [迦太基大军渡河]

离就是从西西里岛出发，渡海就能直接到达意大利本土。不过在第一次布匿战争之后，西西里岛海域的制海权已经被罗马海军掌握。

那从东边进攻意大利怎么样呢？如果想从东边进攻，就需要航海经过西西里岛、意大利南部的海港城市及罗马同盟国前的海域。即使这些地方都能顺利通过了，还要进入亚得里亚海，会遭遇到驻守在希腊西岸伊利里亚的罗马海军，一样很危险。

从意大利西侧呢？在意大利西边的萨丁尼亚及科西嘉两个属省都有罗马的陆、海军驻防，在这个海域上，如果是五、六艘船也许还不会引起注意，一下子数百艘军舰，罗马不可能不派军舰拦截的。

❦ [拉辛尼安石碑]
石碑上记述着汉尼拔率领军队路过此地的情况。

汉尼拔的目标是哪里

当汉尼拔的军队渡过厄波罗河时，厄波罗河以北沿海的罗马同盟塔拉格那

84 | 海洋与文明：地中海三千年

及安坡利亚注意到情况有异，于是派遣使者向罗马报告。

接到消息的罗马元老院认为汉尼拔挑起战争，是为了征服比利牛斯山以南的西班牙领土，并且迦太基本土为了支援汉尼拔，会向西西里岛进攻。所以罗马元老院判断，这次战场就是以上所述的这两处地方，于是派兵前往了那两地。

可是汉尼拔的大军并没有在比利牛斯山以南的西班牙领土和西西里岛出现，而是突然消失在罗马人的监视中，汉尼拔这支军队销声匿迹、不知所踪了，这可急坏了罗马人，随即派出多支部队前去打探。

> 古罗马人把居住在现今西欧的法国、比利时、意大利北部、荷兰南部、瑞士西部和德国南部莱茵河西岸的一带凯尔特人统称为高卢人。在后来的英语中，Gaul 这个词（法语：Gaulois）也可能是指住在那一带的人。

> [波河]
> 波河是意大利最长的河流，发源于意大利与法国交界处科蒂安山脉海拔 3841 米的维索山，注入亚得里亚海。

波河之战，罗马人获知了汉尼拔真实的意图

汉尼拔的 5 万大军悄悄地进入了高卢（就是今天的法国）的波河流域，他命令一部分士兵袭击了高卢人的部落，另一部分士兵开始造筏，汉尼拔要将人、马、马车以及大象全部渡过河去。

就在汉尼拔大军刚刚渡过波河时，正巧碰到了探路的罗马骑兵，汉尼拔的先头部队将这队罗马骑兵打得七零八落，结果罗马 300 名骑士损失了近一半，虽然罗马人损失惨重，但逃回的罗马骑兵终于将汉尼拔大军的动向和位置带回了罗马。

罗马元老院获知汉尼拔的位置后恍然大悟，这才明白汉尼拔要从北边进攻意大利。

> 波河大约占了意大利国土面积的 15%，解决了这个国家 1/3 人口的用水问题。

> 特雷比亚河是意大利北部河流。源于热那亚东北部的亚平宁山地，向东北流经波河低地，在皮亚琴察西面注入波河，全长 115 千米。

第 3 章 故事的开端：地中海对峙

❖ [象兵雕像]

❖ 特拉西梅诺湖是意大利半岛的第四大湖泊，也是波河以南最大的湖泊。位于翁布里亚大区、佩鲁贾西面 16 千米，面积 128 平方千米，水浅，最深点仅 6 米。

❖ [弗拉米尼（第 4 位）]
弗拉米尼是罗马点火的那一位，他是罗马知名的祭司，以其为名是罗马人向其致敬的习惯。

特雷比亚河战役再次击败罗马

罗马人赶紧派出援军前去拦截汉尼拔大军，公元前 217 年初春，罗马援军在特雷比亚河附近，与汉尼拔隔河对峙。第二天，罗马人渡过特雷比亚河，双方正式开战，在战斗中汉尼拔指挥迦太基军队里的战象方阵横冲直撞，将罗马援军的队形打乱，随后指挥战士冲进了溃乱的罗马阵营，很轻松地击溃了罗马军队。

为了挽回面子，罗马元老院选举了两位新的执政官

特雷比亚河战役又输给了汉尼拔，为了挽回面子，罗马元老院决定由盖乌斯·塞尔维利乌斯·格米努斯和盖约·弗拉米尼共同出任公元前 217 年的执政官，同时在罗马公民中征兵，和在特雷比亚河战役后剩余的兵力组成 13 个军团，又在罗马同盟中征募了大约两倍数目的军队。这些军队分别被派往各个战线，盖约·弗拉米尼率 3 万名步兵、3000 骑兵驻守在意大利本土。盖乌斯·塞尔维利乌斯·格米努斯率 4 万士兵驻守波河流域。

翻越阿尔卑斯山

公元前 218 年 9 月，汉尼拔的军队到达阿尔卑斯山

86 | 海洋与文明：地中海三千年

主要地带。当汉尼拔率军通过波河，抵达阿尔卑斯山脚下时，就明白自己即将要面对的是什么。除了平均3000米的海拔高度，还有山顶的终年积雪，以及大量几乎无法通行的崎岖道路。但既然被认为是不可能让大军通过的屏障，那么突破山脉就会给意大利北部的罗马人以极大震撼。毕竟对于当时的罗马人来说，无论在哪和迦太基作战都必须先跨过大海。

于是汉尼拔安排新争取来的凯尔特盟友保卫后方，接着开始攀登阿尔卑斯山。他极其谨慎地选择路线，最后选择了阿尔卑斯山西南边阿洛布罗克斯人居住区，作为全军的上山突破口。

汉尼拔的大军经过33天的艰难跋涉，行程近900千米，终于翻越了阿尔卑斯山，突然出现在了意大利本土，这次伟大的战略冒险果然让罗马人大为惊慌，迦太基军队开始取得战略主动权。但是这次冒险也让汉尼拔的军队损失惨重，半数战士和全部战象都死在阿尔卑斯山中。

特拉西梅诺湖畔的伏击，3万名罗马士兵多数战死

汉尼拔指挥着迦太基军队一路前进，越过亚平宁山脉，秘密侵入伊特鲁里亚，进入意大利本土。罗马在该地区的兵力十分薄弱，只有8000名士兵驻守。

迦太基军队严重威胁到罗马城的安全，罗马执政官盖约·弗拉米尼火速领兵前往支援。

汉尼拔利用盖约·弗拉米尼急于求战的心理，在特拉西梅诺湖畔的狭窄隘口巧妙设伏。盖约·弗拉米尼不顾军队在急行军之后的疲惫和汉尼拔开战。

迦太基军队成功将罗马军队引入埋伏中加以歼灭，3万名罗马士兵多数战死，盖约·弗拉米尼也在战斗中阵亡。随后汉尼拔击溃了在伊特鲁里亚驻守的8000名罗马士兵。

> ❦ 特拉西梅诺湖战役是第二次布匿战争中在汉尼拔进军意大利过程中的一次重大胜利，这次战役足以称得上是汉尼拔军事生涯中的一个杰作。在这场战役中，汉尼拔巧妙地运用迂回战术，包抄到罗马军队的背后，然后守株待兔，坐等敌人送上门来，最后全歼罗马3万主力军并击毙了敌方主帅。

> ❦ 盖约·弗拉米尼为人直率，大胆勇为，面对困难总是充满信心。他虽然出身于贵族家庭，但他坚定地相信国家之本在于民，所以他总是站在罗马平民一边，为他们分忧解愁，为此他深得罗马平民的支持。

> ❦ 特拉西梅诺湖畔一役，汉尼拔只损失了2000余人，而且还是高卢的士兵，但是罗马的一个执政官以及相当于罗马常备兵力的一半，就这样被彻底歼灭了。

第3章 故事的开端：地中海对峙

[特拉西梅诺湖畔的伏击]

罗马元老院将以往多次担任过执政官的费边再次选举为执政官

得知此消息后,罗马城中人心惶惶,将一切人员都武装起来,罗马元老院则将以往多次担任过执政官的费边,再次选举为执政官,积极准备防御战。

但是汉尼拔却没有直接攻打罗马城,而是领军前往亚得里亚海沿岸,在那里大肆劫掠,获得了很多战利品。

> 费边出身于罗马最显赫的贵族氏族之一的费边氏族,属于该氏族的马克西姆斯分支。他的父亲也曾担任过罗马执政官,他的一生以卓越的演说著称,其演讲词目前仅存一篇,是他的儿子小费边去世时,他作为父亲的一篇颂词。

[费边雕像]

费边全名为昆图斯·费边·马克西姆斯·维尔鲁科苏斯,古罗马政治家、军事家,杰出的统帅。曾五次当选为执政官(前233年、前228年、前215年、前214年和前209年),两次出任独裁官(前221年、前217年),并担任过监察官(前230年)。费边以在第二次布匿战争中采用拖延战术对抗汉尼拔,挽救罗马于危难之中而著称于史册。

罗马另一位执政官盖乌斯·塞尔维利乌斯·格米努斯率领驻守在波河流域的4万名士兵赶回罗马，罗马元老院一致同意将其手下4万名士兵统一交由费边指挥，对抗汉尼拔。

费边清楚地认识到汉尼拔的军事能力，他决定不与其正面决战，仅仅跟随汉尼拔，并通过打击汉尼拔的补给线，来消耗迦太基军队的作战能力，这种战术在后世被称为"费边战术"，费边也因此有个绰号："拖延者"。

❋ 罗马方指挥官素质堪忧：保卢斯只参加过和伊特鲁里亚人作战，还算有点作战经验，而瓦罗缺乏军事经验，由于其煽情的演说而获得了指挥官的职位。

费边的战术让罗马人失望了，新的一任罗马执政官上任

汉尼拔看到罗马人只是跟着自己，不与自己正面对抗，但是却让自己的补给线出现了问题，为了解决这个问题，汉尼拔指挥大军攻下基罗尼亚城，并在那里过冬。

费边的这种拖延做法引起了罗马人的不满，他们迫切希望消灭汉尼拔和他的军队。适逢费边的任期已满，罗马人在罗马城内重新组织了4个军团，推举卢基乌斯·埃米利乌斯·保卢斯和盖乌斯·特雷恩蒂乌斯·瓦罗为公元前216年的执政官。

❋ [银币上的麦勒卡特]

在希腊地区有一个名叫赫拉克勒斯的英雄，在罗马他被称为"海格力斯"，而在腓尼基则名为"麦勒卡特"。

坎尼会战：双方兵力部署

保卢斯和瓦罗率领大约8万名士兵前去和汉尼拔作战，双方将军队驻扎在一个叫坎尼的地方。

公元前216年8月2日早晨，迦太基军队和罗马军队都做好了战斗准备。

❋ 腓尼基人的麦勒卡特和希腊神话当中的赫拉克勒斯有很大的区别，他可能更类似于宙斯在希腊神话当中的地位，但是从很多对腓尼基和迦太基遗址的考古来看，他们心目当中的麦勒卡特确是希腊神话当中的赫拉克勒斯的打扮——披着狮子皮，手持棍棒。显然这是腓尼基人和迦太基人将希腊神话当中的赫拉克勒斯和本民族的麦勒卡特融合的结果。

海洋与文明：地中海三千年 | 89

❋ [迦太基城的壁画（突尼斯）]

❋ 努米底亚与迦太基相邻，其为游牧民族，善于骑射，这个时期一直给迦太基输送骑兵，是迦太基战斗序列中不可缺少的战士。

罗马的战斗队形：罗马军队排成三排，保卢斯指挥中路军，瓦罗指挥右翼，塞维利阿指挥左翼。

迦太基的兵力部署：迦太基军队中路向外突出，努米底亚骑兵埋伏在附近的森林中，汉尼拔的兄弟马戈负责右翼，他的外甥负责左翼。

❋ [《战火中的迦太基》剧照]
在坎尼会战期间，罗马军队被迦太基逐渐消灭，前方的死亡战报传到罗马城的时候，妇女们为失去丈夫而痛哭，这时罗马执政官下了个"奇葩"命令：谁家有妇女哭声传出来就等同于通敌叛国，以奸细论处！于是寡妇们都不哭了，以免影响士气。

战后双方损失惨重

坎尼会战正式开始后，汉尼拔运用钳形战术，下令中路军不断后撤，诱使罗马军队深入，罗马军队不久后便坠入了一个巨大的凹字中，而迦太基的中路步兵与两翼的骑兵则向中间进逼，结果包围了罗马军队。在战斗中汉尼拔还派遣 500 名伊比利亚士兵假投降到罗马军队中，伺机而起，大大地扰乱了罗马军队。

战后罗马军队中有 7.8 万名士兵战死，还损失了包括罗马军队的统帅、执政官保卢斯本人与两位前任执政官、两位刑事推事、48 位军团将校里的 29 位与 80 位罗马元老。迦太基方面也有 16 700 名士兵伤亡。此战虽然并没有令迦太基彻底击溃罗马，但汉尼拔战术运用之高妙，使之时至今天仍被誉为军事史上最伟大的战役之一。

罗马人担心汉尼拔会乘机进军罗马城

坎尼会战后，意大利的很多部落和城市开始臣服于迦太基。

汉尼拔在向罗马城索要赎金被拒绝后，将一部分罗马战俘贩卖为奴隶，其余的都被屠杀。罗马人面对汉尼拔的强势，心中充满恐惧，担心汉尼拔会乘机进军罗马城，他们释放了罗马城中的 8000 名奴隶，又在罗马和罗马同盟中征召士兵，积极备战，打造各种武器。

但汉尼拔并未进军罗马城，为了打击罗马的盟友，破坏罗马在那里的统治根基，汉尼拔转向亚平宁半岛南部，争取罗马的盟友是他一贯的策略。随后迦太基军队相继攻占了培提利亚、亚壁、普利亚、塔林敦等城市，开始了和罗马在意大利南部的争夺战。

伊比利亚战役

在伊比利亚半岛战场上，罗马派格奈乌斯·科尔内利乌斯·西庇阿·卡尔弗斯和其兄普布利乌斯·科尔内利乌斯·西庇阿（又称老西庇阿）前去西班牙摧毁迦太

❋ 坎尼会战是人类军事史上单日死亡人数最高的战役之一。这场战役单日死亡人数比英国皇家空军在两次世界大战中所阵亡的飞行员总数还要多。此外公元前单日杀伤记录最高的战役当属发生于坎尼战役 11 年后的我国楚汉战争时期的彭城之战（前 205 年），死亡人数超过 20 万。

❋ 据说汉尼拔从在坎尼阵亡的罗马骑士手指上收集的金戒指就有一斗之多，有些书上说是三斗。

第 3 章 故事的开端：地中海对峙

海洋与文明：地中海三千年

❧ [印有西庇阿头像的硬币]

罗马与迦太基间的战争，因为有了汉尼拔而将范围缩小了，有资料说，汉尼拔是为向罗马复仇而生，就如我国诸葛亮与周瑜一样，西庇阿就为了专克汉尼拔而来。

西庇阿又称大西庇阿，出身于古罗马著名的贵族氏族科尔内利乌斯氏族的一个支系，是军事名将之一。

❧ 为了补充西班牙战场的主帅，罗马元老院将24岁的大西庇阿派到西班牙指挥那里的军队。大西庇阿随后在那里取得了一系列引人瞩目的战绩。

❧ 此时的努米底亚已经脱离了迦太基，因此迦太基骑兵的来源成了问题，更让迦太基人头疼的是，罗马人还大量征调努米底亚人作为罗马帝国的战士出征。所幸的是，此时努米底亚虽然是罗马属国，但是依旧对邻居迦太基有所忌惮，虽然表面答应了出兵，但是行动却十分缓慢。

基的势力，并堵截汉尼拔的补给线，起初他们取得了一些胜利，但当汉尼拔的兄弟哈斯德鲁巴（和他姐夫同名）、马戈和另一个哈斯德鲁巴（吉斯戈的儿子）率军增援后，双方僵持不下。

不久，由于迦太基本土受到了努米底亚的西法克斯的进攻，哈斯德鲁巴·吉斯戈被召回到迦太基去和西法克斯作战去了。

迦太基主帅撤离伊比利亚半岛，这对罗马人来说是一件大好事，形势对罗马人颇为有利，两兄弟因此取得了不错的成果，更由于他们出色的外交手段，许多城市主动投入到罗马的旗下。

哈斯德鲁巴·吉斯戈回到迦太基，解决了西法克斯的问题后，又被重新派回伊比利亚半岛主持事务。

不久后，西庇阿两兄弟在一次侦察行动中，所率领的少数军队被迦太基军队包围，两人在战斗中阵亡。

普布利乌斯·科尔内利乌斯·西庇阿和格奈乌斯·科尔内利乌斯·西庇阿·卡尔弗斯死后，老西庇阿之子大西庇阿主动请缨要求指挥即将派往西班牙的新的罗马军队。当时统领伊比利亚半岛上的迦太基军队的哈斯德鲁巴·巴卡、马戈·巴卡以及从迦太基派来的哈斯德鲁巴·吉斯戈无法协调一致，给了大西庇阿机会。

汉尼拔在罗马境内一直战斗了15年，期间有好多次差点将罗马彻底征服，从而改变世界历史。但是年复一年的战斗，让汉尼拔的日子也越来越难过了。他得不到家乡的援助，迦太基元老院的元老们更垂涎他的战利品，而不是支持他彻底击败罗马，他的队伍越来越小了。公元前207年，他的兄弟哈斯德鲁巴·巴卡试图从西班牙率领一支军队来援助他，他成功地翻越了阿尔卑斯山脉，但却在梅陶罗河战役中被罗马执政官盖乌斯·克劳狄·尼禄击败，他本人也在此战中战死，这对在意大利境内作战的汉尼拔以及伊比利亚半岛的巴卡家族来说是沉重一击。

公元前 206 年，大西庇阿在伊利帕战役中对迦太基人取得了一次决定性的胜利。在这次战役之后，迦太基人终于被迫放弃他们经营了多年的西班牙，大西庇阿占领了新迦太基城。

第二次布匿战争：决战扎马

失去西班牙后，罗马和迦太基战争的主动权转入罗马手中，他们采取积极的行动夺回了意大利、西西里、伊利里亚和马其顿的失地。迦太基的同盟国也因为罗马人屡屡获胜而日趋瓦解。公元前 204 年，大西庇阿率罗马军队在腓尼基人的首都迦太基附近登陆。迦太基元老院紧急召回汉尼拔保卫迦太基。

此时对罗马来说，战局良好，完全可以一鼓作气攻入迦太基，但是罗马国内元老院的休战派提出和谈的意见，并且获得元老们的一致同意，罗马进入休战状态。虽然没有仗打，但士兵在外还需要给养，可这时罗马给

[银币上的努米底亚国王：毛里塔尼亚]

[银币上的努米底亚：秃鹰]

[油画中的大西庇阿（居中坐着者）]

❦ [决战扎马]

❦ 努米底亚人是非洲东北部苏丹的民族。另有部分分布在埃及南部。从阿斯旺往南直到德巴是他们的主要活动地区。

前线的给养,却偏偏被迦太基人给夺了,于是罗马政府紧急向迦太基提出抗议,要求归还给养,却遭到迦太基人拒绝。原来迦太基将军汉尼拔在迦太基南方的哈德鲁门登陆,另一位迦太基将军马构涅同一时间从迦太基港回国,迦太基的援军到了。

双方援军均迟迟未到

公元前202年冬天,汉尼拔在哈德鲁门登陆后,就在原地过冬,同时快速集结军队准备与罗马军团决战。马构涅深知汉尼拔的困境,悄悄为他送来了1万名士兵。汉尼拔共集结了4.6万名步兵及4000名骑兵,外加80头大象。可汉尼拔仍然觉得不够,不仅不够,质量也差太多。原本迦太基军的骑兵主要来源于努米底亚,如今他们成了罗马的同盟国,努米底亚新国王马西尼萨和迦太基划清了界限,不再给迦太基提供骑兵。汉尼拔转向前努米底亚国王西法克斯的儿子,请他带着旗下的骑兵加入。西法克斯的儿子同意了,约定有2000名骑兵参战,但尚

❦ [努米底亚人制造的硬币]

❦ 随着努米底亚渐渐强大,开始不服从迦太基的管理,加上迦太基年年征战,使得努米底亚民不聊生,于是有些努米底亚部落开始拿起武器反抗迦太基。

未抵达。之后,汉尼拔回国再向努米底亚国王马西尼萨请兵,却遭到拒绝。

罗马这边也是如此,大西庇阿见迦太基的援兵赶到,于是也紧急回国调兵遣将,并派遣使者要求努米底亚新国王马西尼萨参战。得到过罗马军的助力因而收服努米底亚的马西尼萨,爽快地同意提供 6000 名步兵和 4000 名骑兵参战。加上马西尼萨提供的这 1 万名士兵,大西庇阿的军队共有 4 万人,但是马西尼萨的士兵迟迟未抵达。

罗马与迦太基开战在即,但汉尼拔和大西庇阿的援军都没到达。

罗马人抓了 3 位迦太基侦察兵

由于迦太基人对汉尼拔充满信心,于是迦太基授意汉尼拔与罗马的大西庇阿在所玛·雷加附近对峙。

汉尼拔派出侦察兵去刺探罗马军情,有 3 人不幸被大西庇阿抓住,通过威逼利诱后,这 3 个迦太基侦察兵投向罗马。

大西庇阿命令下属在这 3 个侦察兵的带领下,悄悄巡视迦太基的布防,然后派使节来到汉尼拔的兵营,一五一十地叙述了迦太基兵营驻扎以及兵力配比情况,同时还告诉汉尼拔,罗马人会根据迦太基的兵力部署各个击破。最后很藐视地对汉尼拔说,两军若想不开战,可以坐下来谈。

汉尼拔听了罗马使节的叙述后目瞪口呆,眼下开战

❦ 马西尼萨是努米底亚马西利亚人的王子,但他在迦太基长大,并在迦太基接受教育,在那里有不少朋友。起初,迦太基将军哈斯德鲁巴·吉斯戈决定将女儿索福妮丝芭许配给他,马西尼萨随即跟从哈斯德鲁巴·吉斯戈到伊比利亚半岛去和罗马人作战。但当时的努米底亚王国在第一次布匿战争后迅速壮大,让迦太基感到惊惶不安,于是派遣大将哈密尔伽击败了努米底亚国王西法克斯,并且为了维系后方稳定,哈密尔伽与哈斯德鲁巴·吉斯戈商定将索福妮丝芭嫁给西法克斯为妻,从而使西法克斯重新积极支持迦太基。这样一来,迦太基和马西尼萨的关系就彻底破裂了,愤怒不已的马西尼萨转而投向大西庇阿,他很快派使者与大西庇阿取得联系,表明自己的支持,他的举动得到了大西庇阿积极响应。随后在大西庇阿的协助下,趁着汉尼拔还没有返回北非之际,马西尼萨消灭了西法克斯,使得汉尼拔之后无法再获得努米底亚骑兵的资源。扎马之战,大西庇阿击败了汉尼拔,第二次布匿战争以迦太基的失败而告终。索福妮丝芭也被俘获,但在大西庇阿的劝说下,马西尼萨毒死了她。

❦ [歇尔谢尔主广场的柱子]
歇尔谢尔是努米底亚王国在迦太基统治时期的首都,许多建筑遭到后来各方势力以及环境的损坏,留存的极少。

第 3 章 故事的开端:地中海对峙

必定会兵败,为了拖延时间,不得不答应了和对手大西庇阿谈判。

汉尼拔和大西庇阿坐到一起谈判未果

几日后,汉尼拔和大西庇阿坐到了一起开始谈判,汉尼拔提出将迦太基、罗马两国的争端之地西西里、萨丁尼亚、西班牙等正式划为罗马所有,迦太基人保证这些地方的安宁,不再为此打仗。

大西庇阿没想到汉尼拔会这么痛快给出和谈的条件,不过大西庇阿看在眼里,却并不相信汉尼拔,大西庇阿明白汉尼拔意在拖延时间,于是站起来很傲慢地对汉尼拔说道:"这些城市早晚都会是罗马帝国的属地,若要求和,须得我方提出条件。"

大西庇阿看到汉尼拔没有做出任何回应,于是接着说道:"我方停战的条件就是将迦太基城归于罗马所有,否则明日正式开战!"说罢站了起来离席而去。

[努米底亚首都出土的浮雕]

对于习惯亚洲线条和色彩的我们,无法想象遥远埃及文明中这种类似拼接艺术的雕像,但又不得不承认,虽然他们把人头和狮身合体,但明朗的线条和雕刻特有的表现手法让这座雕像没有一点违和感,相反,似乎它们就应该是长这样的。

[努米底亚首都出土的壁画]

扎马之战，迦太基战败

公元前202年秋，双方在扎马及纳拉卡间的平原上正式开战。

第一战线，汉尼拔的雇佣军袭击了大西庇阿的步兵并被击败；

第二战线，汉尼拔的雇佣军及其他残余袭击了罗马的第一道防线，并给其造成了严重损失；罗马援军加入了这场斗争，击退了迦太基人的进攻；

> ❋ 扎马之战是汉尼拔平生第一次也是最后一次战败，双方兵力看似相当，其实不然，汉尼拔战法的精髓在于两翼骑兵的机动性和包夹，然而努米底亚人的倒戈一击使他失去了精锐骑兵，其部下新加入的非洲步兵更是未战先怯，直接导致了失败。

第三战线，汉尼拔的老弱病残的军人重新部署成战线，与罗马军队对抗。

双方战斗激烈而均衡。

最后，大西庇阿的骑兵加入战场，袭击了汉尼拔的后方军队，又加入了前方战事，对迦太基城进行了摧毁行动，整个战场胜负立分。

战后，迦太基人死亡20 000～25 000人，有8500～20 000人被俘。大西庇阿损失了4000～5000人，1500～2500名罗马人和2500名努米底亚人被俘虏。

迦太基战败后，汉尼拔代表迦太基，与大西庇阿代表的罗马，再次坐在谈判桌前，双方谈判达成共识，罗马和迦太基和谈条约的内容如下：

一、罗马承认迦太基系为独立的同盟国，尊重其自治权。迦太基领土范围内不设罗马军基地，也不留驻军

❋ [努米底亚首都出土的壁画]

第二次布匿战争之后，努米底亚在之后的60年内不断侵略迦太基，最终于公元前146年与罗马联合毁灭了迦太基，努米底亚因此统治了北非。

队。同时承认第二次布匿战争前，迦太基在非洲所据有的领土。

二、迦太基放弃西西里、萨丁尼亚、西班牙等海外领地的所有权。

三、迦太基公开认可马西尼萨继任努米底亚国王。

四、迦太基今后不得与罗马的同盟国及同盟城市交战。

五、迦太基释放全部罗马俘虏，罗马也释放所有迦太基俘虏。

六、迦太基除保留10艘三层军舰外，其余军舰及所有军用大象皆交给罗马。

七、未经罗马同意，无论在非洲之内或之外，迦太基不得与他国交战。

八、迦太基负担罗马军留驻非洲的所有费用。

九、迦太基需支付赔偿金1万罗马币，分50年偿还。

十、大西庇阿挑选14岁至30岁的迦太基年轻人100名，送到罗马当人质，作为迦太基的履约保证。

罗马虽然战胜了，但是损失惨重

第二次布匿战争起源于汉尼拔的挑衅，战争持续了近16年。在这期间的大小战役，让罗马超过10万人死亡，有10人以上的执政官层级将领战死，这样的战况对罗马来说付出的代价不可谓不大。再看战败国迦太基，从头到尾将军都是汉尼拔，将军一级的人物牺牲少之又少。

> 汉尼拔在意大利征战的时候，数次差点灭亡罗马，但是由于得不到迦太基元老院的支持而功亏一篑，这可能与他的家族从迦太基分离出去到伊比利亚半岛有关，迦太基元老院对他心怀戒心，同时迦太基元老院此时也已经腐朽不堪，元老们只关心汉尼拔从意大利获得的战利品，对于他的支持过于敷衍，这导致汉尼拔的军队越打越少，最终只能抱憾而归。

> 扎马之战失败后，汉尼拔在祖国开始政治生涯，对迦太基腐朽的政治进行改革，不久迦太基开始了复兴。但这遭到了罗马人的猜忌，罗马政府要求引渡汉尼拔，汉尼拔被迫开始了逃亡生涯。逃亡的汉尼拔一直企图组织军队再次与罗马开战，为此他奔走各国，妄图说服各国君主与罗马开战，但收效甚微。在流落到安条克后，罗马要求安条克交出汉尼拔，誓死不肯落入罗马手中的汉尼拔在绝望中服毒自杀。
> 汉尼拔死后几十年，罗马与迦太基爆发第三次布匿战争，这次战争后，迦太基被灭国，古城迦太基被夷为平地，大量迦太基人被杀死，其余人都被贬为奴隶。据说罗马人在迦太基城的废墟上撒了盐，目的是不让任何生命在这里生存。汉尼拔一生牵挂的祖国，被强行从世界上抹去，而他发誓要一生为敌的罗马，其辉煌时刻才刚刚开始。

第 4 章
第一个地中海帝国：罗马

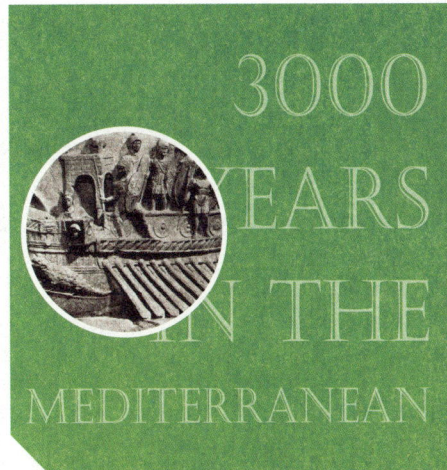

罗马刚建国时是一个小国家，自公元前 5 世纪开始，先后战胜拉丁同盟中的一些城市和近邻，又征服了意大利半岛南部的土著和希腊人的城邦，成为地中海西部的大国。

罗马干涉希腊内政

在扎马之战后，罗马人陶醉在胜利的喜悦当中，而罗马同盟的诸多盟友也纷纷赶来庆贺，在这其中有来自雅典的代表，他们不仅是来庆贺的，同时也是来求援的。

马其顿强大了起来，希腊城邦国感到不安

早在公元前 219 年，汉尼拔袭击罗马同盟国萨古特的时候，马其顿的军队就南下进攻同为罗马同盟的希腊城邦国雅典了。这一连串的罗马同盟国被攻击，促使了罗马对迦太基的军事行动，也就是第二次布匿战争。

第二次布匿战争期间，马其顿与汉尼拔结盟，其他希腊城邦国则是罗马的同盟国，组成封锁马其顿军的战略防线。罗马对迦太基的战争结束了，然而马其顿却强大了起来，这让希腊城邦国感到不安，所以跑

❧ [电影中亚历山大大帝之后的继位者]

❧ 马其顿王国指公元前800—前146年间，小亚细亚及希腊地区的国家。根据自然地理条件，马其顿明显分成两部分：上马其顿位于西部，地域广大，山脉纵横，森林密布，适于畜牧业，是马其顿人的基本居住地；下马其顿是块濒临爱琴海的沿海平原，适于农业发展。

到罗马来求援。对于这些在罗马和迦太基的战争中曾施以援手的希腊城邦国，罗马自然不能置身事外。

亚历山大大帝之后的马其顿王国

马其顿王国在亚历山大大帝的经营之下，曾短短10年时间就称霸欧亚大陆。公元前323年，33岁的亚历山大大帝不幸英年早逝。他死后留下的大帝国则由旗下的将军瓜分，因此诞生了马其顿的安提柯王朝、叙利亚的塞流卡斯王朝以及埃及的托勒密王朝。此外，还有中度发展的婆高蒙王国，在希腊则有许多城邦国家分别独立（这个时期在文化方面被称为希腊化时代）。

希腊各城邦由于雅典和斯巴达的内部斗争，曾被亚历山大大帝入侵。虽然它们没有放弃抗争，但由于力量过于弱小，对马其顿也构不成威胁，因此表现得比较平静。而如今希腊人将期望放在罗马身上，希望罗马能赶走马其顿，恢复自己的自由与独立。对罗马人来说，虽然想要教训一下马其顿，但是因为刚和迦

100 海洋与文明：地中海三千年

太基打完仗，国家还需要恢复元气，并没有下决心要灭亡马其顿。

罗马明显占了上风，马其顿提出和谈，罗马人同意了

为了教训一下马其顿，给希腊各城邦一个交代，于是罗马在希腊特萨里亚组建了一支 20 000 名士兵的军队，其中一半是罗马公民兵及罗马同盟士兵，另一半是来自希腊各城邦的士兵。

公元前 197 年，这支军队与马其顿的一支由 26 000 名士兵组成的军队相遇，双方立刻开战。

罗马这支军队是多国部队，他们使用大西庇阿的战术重创了马其顿军队，即使是称霸希腊世界的马其顿的重装步兵，仍然敌不过罗马人的战术，此战马其顿军战死了 8000 人，5000 人遭到俘虏；罗马军方面只有 700 人死亡。

此时的马其顿王朝的国王腓力五世，见打不过罗马，一边命令士兵死战到底，和罗马军死磕，一边派人联系罗马人和谈。

罗马虽然在战局中占了上风，但是面对死磕的马其顿士兵也头疼无比，对罗马来说，马其顿提出和谈，这是最好的结束战争的机会，因为原本罗马也没想要一举歼灭马其顿，于是罗马同意了和谈。

❋ 安提柯王朝（公元前 306—前 301 年、公元前 294—前 288 年、公元前 283—前 274 年、公元前 272—前 168 年）是马其顿王国的第三个奴隶制王朝。

❋ [叙利亚的塞流卡斯王朝] 塞流卡斯王朝是由亚历山大大帝的部将塞流卡斯（或译塞琉古）一世创建的，是一个以叙利亚为中心，包括伊朗和美索不达米亚在内（初期还包括印度的一部分）的希腊化国家。

❋ [罗马军团对战马其顿方阵]

✤ [托勒密钱币]

托勒密王朝是在亚历山大大帝死后,埃及总督托勒密一世所开创的一个王朝,统治埃及和周围地区。托勒密一世在公元前305年自立为国王,并宣称自己是埃及法老。托勒密王朝统治埃及直到前30年埃及女王克利奥佩特拉七世(埃及艳后)兵败自杀为止,历经275年。

✤ [马其顿国王腓力五世时期的硬币]

腓力五世在即位之初就企图掌握地中海世界的主动权,但后来他在实现这一目标时却表现得十分笨拙。由于他一系列的扩张行为,导致了罗马的反感,罗马最终决定彻底毁灭这个军事强国。

> ✤ 亚历山大大帝死后的20年间,他的将军们为了这个庞大帝国的领土不断地争战。逐渐在亚历山大大帝远征的废墟上建立起一些王国,其中最成功的指挥官则独立称王,建立了自己的王朝。这些王国就是所谓的希腊化王国,因为尽管是马其顿人统治,可他们的文化主要是希腊的,宫廷事务和行政管理也由希腊人承担。

虽然此时希腊城邦对罗马的行为表示不满,他们主张直接攻入马其顿,并且毁灭马其顿,但是也没有办法阻挡罗马与马其顿和谈。

罗马与马其顿达成协议

罗马以战胜国的姿态,与马其顿达成协议。内容如下:

一、希腊人居住的城市恢复完全的自治,马其顿国王须尊重希腊城市的自治权。

二、非马其顿王国的领土但受马其顿统治的地方,全部交给罗马军。屯驻在此地的马其顿军,需在第二年春天以前撤退。

三、除保留五艘军舰外,马其顿将其他的军舰交给罗马。

四、马其顿军兵力的人数上限为5000名士兵。

五、非经罗马许可,不得在马其顿领土外打仗。

六、支付1000泰连罗马币作为赔偿金,先立即支付500泰连,其余分10年偿还。

七、不得在罗马同盟国婆高蒙及罗德斯岛打仗。

> ✤ 公元前200年,罗马一方面组织罗马军团渡过亚得里亚海与腓力五世开战,另一方面还与埃托利同盟和亚该亚同盟开展外交活动,联合他们才打败了马其顿。

八、将国王的次子迪梅多利吾斯送至罗马当人质。

九、承认雅典拥有雷慕诺斯等岛屿。

罗马承认希腊的自治

罗马帮助希腊平息了战乱、恢复了和平,那么罗马该如何处置希腊呢?自治还是吞并?

在次年,即公元前196年,罗马将军率领一队士兵参加了希腊人的奥林匹亚竞技会,并取得了可喜的成绩,同年,罗马将军与希腊各城市的执政官共聚一堂,讨论接下来罗马对希腊的治理方案。

罗马承认希腊的自治,并且希腊不需要负担贡金及租税,希腊人由本国法律治理,而且罗马不会在希腊驻兵,希腊人自此拥有了真正的自由。

❀ 公元前2世纪,罗马控制了地中海,但还是有很多国家只是称臣,并不听罗马的指挥,而且像埃及这样的国家还是独立的。

❀ [弗拉米尼努斯]

弗拉米尼努斯在担任罗马执政官期间,曾率军抵抗腓力五世,经过多年战斗,于公元前197年在库诺斯克法莱战役中将其击败。

❀ 公元前2世纪古罗马人口大约不足4000万。古罗马人口一直没有确切统计,上述数据是以前27年奥古斯都时期5680万人为基准的推算。19世纪著名的历史学家别洛赫则经过对罗马经典的大量考据及对19世纪地中海经济状况的研究,将奥古斯都时代的罗马人口估算为5400万,2世纪晚期的罗马人口则为8000万~1.2亿,其上限与推测基本一致。

❀ [奥林匹亚遗址]

✤ 攸美尼斯二世去罗马告密的事被马其顿新国王佩鲁修斯知道了，于是佩鲁修斯派兵在攸美尼斯二世回国的路上伏击了他。

此时罗马的政治决策是非常明智的，他们所走的是稳健的霸权路线。因为此时的地中海除了罗马之外，还有几个非常有实力的霸权国家，如迦太基、马其顿、叙利亚和埃及。

灭亡马其顿

公元前197年，罗马大败马其顿，希腊、叙利亚等国坚守中立，冷眼看着这一切。战败后的马其顿国王腓力五世一直小心翼翼地与罗马相处，可到了他的儿子佩鲁修斯继位后，就开始蠢蠢欲动起来。

不安分的马其顿新国王发出信息，为破产逃往者提供庇护和帮助

公元前179年，佩鲁修斯成为马其顿国王，登基之后，他奉行父亲的反罗马政策，为了巩固势力，他向周围的希腊城市发出信息，任何破产或政治流亡的人都可以到马其顿寻求庇护和帮助。那时候的希腊人散散落落地建立了多个城邦，总有些人特别厌恶罗马，这样一来，反对罗马的这股势力迅速增强。

这时候，罗马同盟中的希腊城邦国帕加马国王（今土耳其）攸美尼斯二世坐不住了，他跑到罗马元老院"揭发"马其顿新国王佩鲁修斯，还绘声绘色地讲述佩鲁修斯的狼子野心，称他要进攻罗马。

✤ [硬币上的最后一任马其顿国王佩鲁修斯]

佩鲁修斯是马其顿安提柯王朝最后一任国王。由于上任之前和罗马人看好的候选人德米特里间一番斗争，这位不被罗马人喜爱的继任者上台之后，重修了与罗马人的条约（反罗马政策），这让罗马更加的不安。

✤ [帕加马国王攸美尼斯二世]

攸美尼斯二世是小亚细亚帕加马王国阿塔罗斯王朝的统治者（公元前197—前159年在位）。他延续父亲对罗马共和国的合作政策，使得该国一直与罗马利益绑定。他的一生最大的成就是建立了帕加马图书馆，这是当时最庞大的图书馆之一。

告密者往往不会被尊重，在罗马元老院，攸美尼斯二世被人嘲笑，说他自己在亚洲也干这事儿，这让攸美尼斯二世有些尴尬，但好在他与罗马人的关系不错，罗马人相信了他的告密。

皮德纳之战：马其顿王国被解散，成了罗马的一个省

罗马获知佩鲁修斯的野心后，立刻召集了一支由 24 500 名步兵和 4000 名骑兵组成的军队，由罗马执政官埃米利乌斯·保罗指挥，朝马其顿进发。

获知罗马来犯，佩鲁修斯亲自点兵 44 000 人，其中骑兵有 4000 名左右（这些是马其顿最精锐的部队），前去迎战罗马大军。

公元前 168 年 6 月 22 日，双方在马其顿的城市皮德纳相遇，随即爆发大战。佩鲁修斯指挥士兵组成马其顿方阵，用尖锐的长矛进攻强悍的罗马士兵，罗马军队的战斗队形一下子被打乱了，罗马主帅埃米利乌斯·保罗命令士兵后退，以避免与马其顿方阵在平坦的地方对决，并将马其顿方阵引入崎岖的小路和山坡。

佩鲁修斯指挥着战士一路追击，落入罗马人的圈套，因为地形崎岖，马其顿士兵组成的方阵发生混乱，罗马骑兵乘机攻入马其顿方阵中，导致整个战斗队形被打散。佩鲁修斯见到这番情景，带着骑兵慌忙逃走，而在战场上的其他马其顿士兵被罗马人疯狂屠杀，阵亡超过 2 万，剩余 2 万不到全部被俘虏。

佩鲁修斯的这一次战败，不仅失去了自己最精锐的部队，还使得整个国家毫无屏障，不久之后，罗马将逃亡的佩鲁修斯抓获并幽禁了起来。

[硬币上的埃米利乌斯·保罗]

> 公元前 167 年，皮德纳之战中的罗马主帅埃米利乌斯·保罗带兵攻击了曾经的马其顿附属国伊庇鲁斯，导致 15 000 名伊庇鲁斯人被奴役，仅仅只是因为伊庇鲁斯在战争时帮助了马其顿国王佩鲁修斯。公元前 146 年，伊庇鲁斯被并入罗马共和国版图。

> 马其顿方阵是步兵界的神话，此战中，罗马军团为了诱使佩鲁修斯离开其设防良好的基地，埃米利乌斯·保罗策划了一次侧翼迂回行动，企图分兵夹击马其顿军队。但计谋被识破，罗马人只得使用自己发明的军团战术靠肉搏将其击败。

[皮德纳之战后的罗马盛况－油画]
此画描绘的是罗马将军埃米利乌斯·保罗在皮德纳之战击败马其顿人后，罗马人一路狂欢迎接他们的英雄回家的场景。

之前逃往马其顿的反罗马者，被希腊人民谴责，约有30万马其顿人被驱逐，马其顿大部分土地被分成若干部分，被罗马殖民者分配给了罗马的盟友。

马其顿王国被解散，成了罗马的一个省。

灭亡迦太基

第二次布匿战争后，迦太基的经济受到了重创，但是腓尼基人有着天生的贸易才能，经过50年时间的休养生息，迦太基的经济一天比一天强。经过历年征战的罗马，看到了迦太基一天天地恢复元气，认为迦太基过于危险了，于是罗马元老院的一些激进派认为"应该灭了迦太基，消除隐患"。

努米底亚王国有出色的骑兵队伍，当年汉尼拔就是征用了努米底亚王国的骑兵赢得了早期多场战争的胜利，后来也因努米底亚骑兵投向罗马而战败。这次罗马大战马其顿，努米底亚王国的骑兵更是罗马人队伍中不可忽视的一股战斗力。

罗马袒护，使得努米底亚得寸进尺

努米底亚与迦太基比邻，曾是迦太基的盟友，也是迦太基重要的骑兵来源地。第二次布匿战争期间，努米

[复原的迦太基城]

底亚新国王马西尼萨倒戈，这也是迦太基在扎马之战失败的原因之一。第二次布匿战争后，在马西尼萨的精明统治下，努米底亚从游牧国家变成了富裕的农耕国家。迦太基在被罗马打败后，一直安分守己，努米底亚却对它虎视眈眈。

恩波里亚城是迦太基境内一块最肥美的地方，努米底亚人经常入境骚扰，试图将它占有。彼此争夺了30余年，一直悬而未决。

迦太基一直遵循着第二次布匿战争后与罗马之间的协议，即"迦太基今后不得与罗马的同盟国及同盟城市交战"。于是迦太基向罗马方面申诉，希望罗马能制止努米底亚人入侵恩波里亚城。然而罗马以一贯护犊子的作风，做出一边倒的判决，不仅要迦太基放弃恩波里亚城，还要向努米底亚赔款。

努米底亚倚仗罗马的祖护，更是得寸进尺，顺便又占据了迦太基的另一块地盘。

迦太基城的由来

公元前814年，腓尼基人建立的泰尔王国（位于现今黎巴嫩南部西南海岸）的国王死后，公主狄多为免遭其兄庇格玛里翁迫害，带着财宝与仆人乘船漂洋过海，在突尼斯湾登陆，来到现被称作迦太基的地方。她在看到这里地势险要又可控制地中海交通要道后，决定在此建城。然而她的举动触犯了土著人的习俗，土著人禁止外来人占有超过一张牛皮大小的地方。聪慧的狄多把牛皮剪成一根根又细又薄的皮条，用皮条围圈，在紧靠海边的山丘上围起一块地皮，建起了迦太基城。故而迦太基城的卫城又叫柏萨，意为"一张牛皮"。

海洋与文明：地中海三千年 | 107

迦太基人愤怒了，迦太基打赢了努米底亚，却激怒了罗马

努米底亚的欺凌和罗马的不公，引起了迦太基人的愤怒，爱国派领袖哈兹德巴鲁、迦达洛，被推举执掌了迦太基的政权。迦太基人决心以武力抵御努米底亚人的侵扰，把他们赶出迦太基，迦太基很快就召集了 6 万名雇佣兵。

公元前 150 年，努米底亚再次挑衅并进攻迦太基，迦太基人奋勇抵抗，不仅打退了入侵者，并且派遣雇佣军进入了努米底亚人的地界。这次虽然迦太基打赢了努米底亚，但却激怒了罗马元老院的众议员们。按照第二次布匿战争后签署的条约规定："没有罗马的许可，迦太基不得对他国行使交战权。"迦太基私自出兵攻打努米底亚，显然违反了条约。

迦太基灭亡，罗马将 60 万名迦太基人贩卖到地中海地区

罗马提出极其苛刻的惩罚条件，让迦太基赔偿努米底亚的巨额损失，并且公开保证不再违反签署的条约规

❖ 迦太基政府由少数贵族掌权，其中商业奴隶主与农业奴隶主这两个统治阶级间则往往有利害冲突，这造成了日后与罗马作战时出现和战不定的问题。

❖ 迦太基跟罗马一样，也有着由 300 人组成的元老院，元老院拥有立法权和决策权，成员任期终身。并设有公民大会，但权力有限。此外，还设有百人会议，共有成员 104 人，负责监察和做出审判。

❖ 努米底亚在马西尼萨时期和罗马维持了长久的同盟关系，公元前 148 年，马西尼萨去世，他的儿子米奇普萨继位，他在位 31 年，公元前 118 年去世前将王国留给了三位继承人：自己的两个儿子阿德盖巴尔、西耶姆普萨尔和侄子朱古达，朱古达以重金贿买了罗马元老院的支持后，先后杀死前两人，成为努米底亚唯一的王。之后朱古达与罗马的关系破裂，罗马入侵努米底亚，爆发了"朱古达战争"，努米底亚战败，朱古达被押到罗马绞死。努米底亚被交给了朱古达先天低能的同父异母兄弟伽乌达，直到公元前 46 年被恺撒灭国，成为罗马的北非行省。

❖ [公元前 800 年腓尼基人制造的象牙雕像]

定，另外，迦太基的爱国派领袖哈兹德巴鲁、迦达洛二人必须被放逐。

面对罗马如此苛刻的条件，迦太基拒绝了，这给罗马创造了派兵的借口。公元前146年，强大的罗马军团跨海登陆北非，围困了迦太基城。

这场围城战进行了3年，迦太基人爆发出强烈的爱国热情，几乎所有居民都参与了战争，连妇女也捐出了宝贵的头发，用来制造弓弩的弓弦。

然而由于此时的罗马过于强大，迦太基还是被攻陷了，罗马人在城中到处屠杀，酿成了惨烈的人间悲剧。从此迦太基不再是一个国家，而成为罗马管辖的非洲行省。

[罗马海军及战舰，来自梵蒂冈博物馆的壁画]

❀ 努米底亚有出色的骑兵队伍，他们帮助罗马东征西战，是罗马的功臣，所以努米底亚人骚扰迦太基时，罗马做出了袒护。

[迦太基古城遗迹]

迦太基古城位于突尼斯城东北17千米处，是迦太基的首都。今天看到的迦太基残存的遗迹多数是罗马占领时期重建的。从残存的遗迹可知当时工程之浩大，设计之精确。

❀ 传说中罗马为了表达对迦太基的恨意，将迦太基城焚毁，这场火足足烧了1个多月，罗马人还在废墟上用耕地的犁翻过，撒上盐，使人畜无法生存，从而宣示迦太基城的彻底灭亡。另外，他们还对这块土地进行最恶毒的诅咒，说不管是谁，凡是想要重建迦太基城的，都会受到上天的惩罚。

第4章 第一个地中海帝国：罗马

海洋与文明：地中海三千年 | 109

罗马元老院下令把迦太基城和其郊区夷为平地，迦太基城的城墙、神殿、房屋、市场等建筑物全部被毁坏，石头、泥土堆积的地面被耒耜犁平。

罗马人还诅咒这块土地，使它上面不再出现房屋或作物。随后罗马人将 60 万名迦太基人贬为奴隶，打包装上船只，送到意大利去贩卖，使得整个地中海奴隶的价格降了一半。

❈ 持续 118 年的布匿战争以迦太基的灭亡而告终。战争的持续时间之长、规模之大，两国人民蒙受的痛苦和灾难之深，都是历史上空前的。虽然罗马最后取得了战争的胜利，但罗马成年男子也因为这场战争损失近一半。

我们的海——第一个地中海帝国

至此，迦太基、西班牙成为罗马属省，希腊在事实上也成为罗马属省，小亚细亚西岸一带的婆高蒙王，因没有继承人，留下"死后将王国托付给罗马"的遗嘱后去世，这也就意味着小亚细亚西岸一带也成为罗马属省。

此时的罗马占领的土地已经非常之广，罗马已成为地中海世界中屹立不摇的霸权国家。对罗马人而言，地中海已变成"我们的海"。

❈ [罗马元老院 - 剧照]
罗马元老院存在于罗马共和国和罗马帝国的政府之中。这是个兼有立法权和管理权的国家机构。传统认为，元老院最初为罗马城的建造者罗慕路斯所建立，作为他咨询的会议，包括 100 个家族的头领，称为 Patres（"父老"）。

第 5 章
罗马帝国巅峰时刻

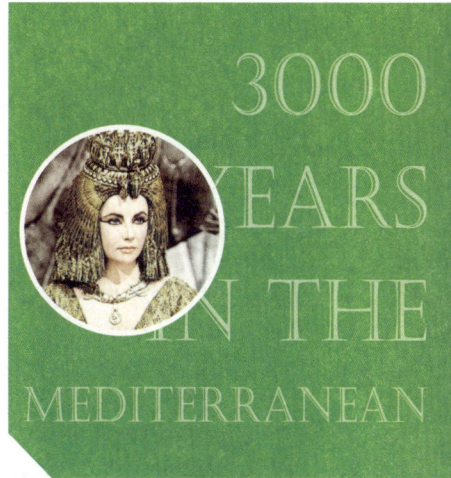

公元前1世纪前后，罗马已扩张成为横跨欧洲、亚洲、非洲大陆，称霸地中海的庞大帝国。此时罗马已经不再是共和国了，共和制被元首制取代，罗马共和国变成了罗马帝国，罗马共和时代宣告结束。

罗马前三巨头间的角逐

公元前1世纪，克拉苏、恺撒和庞培成了最早的罗马三巨头（也称"前三巨头"）。

克拉苏

年龄稍长的克拉苏出生在一个显赫的家族中，他的父亲普布利乌斯·克拉苏是罗马首富、元老院议员，而且曾经因军功在罗马城举行过"凯旋仪式"。由于普布利乌斯在政治上偏向于元老院权贵苏拉一派，因此在苏拉的对手马略统治时期曾遭到压迫。马略死后，独掌大权的执政官卢修斯·科尔涅利乌斯·秦纳继续实施对苏拉派的压迫，在罗马实行独裁，当苏拉发动政变上台时，克拉苏从旁协助，因此获得了苏拉的重用与信任。

苏拉隐退后，克拉苏和庞培、恺撒合作，组成三头政治同盟。相对于其他两巨头，克拉苏控制的军队

[克拉苏－剧照]

最多，拥有的财富也最多，但是在战功方面却有所不足。此后他因嫉妒庞培、恺撒立下的较多战功，于公元前53年发动了对安息帝国的战争，然而在卡莱战役中克拉苏遭到了彻底的失败，他在试图前往敌营议和时因中了安息军的埋伏而阵亡。

克拉苏这个人很复杂，他首先是一个很贪财的人，为了发财全然不顾廉耻地从事黑市贸易、矿产经营、投机地产买卖，而且还通过接受贿赂、剥削平民等手段迅速积累了在贵族当中也属罕见的巨大财富。同时，他又有着精明的政治头脑，苏拉政变的时候他从旁协助；斯巴达克起义的时候虽然他一败再败，但还是毫不吝惜地掏腰包加大对战争的投入，因为他深信自己必然会取得最后的胜利；当他发现军队中的后起之秀庞培和恺撒后，他想到的是把他们的才能变成为自己服务的工具，他支持庞培在军队中的发展，也为恺撒当选抛出数以万计的金钱，因此有了"前三头同盟"的诞生。

庞培与恺撒

庞培出生在罗马城的一个贵族家庭，父亲斯特拉波·庞培不仅是罗马共和国的一名杰出的统帅，而且也是贵族派的代表人物之一，公元前89年曾任执政官，但在公元前87年遭雷击身亡。父亲死后，庞培继承了他在皮凯努姆的地产。在马略和苏拉内战的时候，庞培看到豪门贵族纷纷投靠苏拉后，意识到投靠苏拉才能飞黄腾达，因此他利用父亲的影响力，在皮凯努

❧ 克拉苏出生于武将贵族家庭，却有着灵活的头脑，为了钱财，他会摒弃成见像商人一样去从事奴隶贸易、矿产经营、投机地产买卖，由此而迅速积累了在贵族当中也属罕见的巨大财富，成为既不靠贪污受贿，也不靠当官压榨百姓，而是靠自己的经营发家致富的贵族第一人，这使他在贵族当中蒙受污名，但也赢得了相当部分基层民众的赞赏。

❧ [庞培]

庞培是罗马共和国末期著名的军事家和政治家。他勇敢善战，军功显著，在"前三头同盟"中势力最强。

❧ 庞培曾为了密切与苏拉的关系，抛弃了自己的妻子，和苏拉的女儿结婚。和克拉苏、恺撒订立"前三头同盟"时，为了更好地利用和勾结恺撒，年近50岁的庞培娶了恺撒之女、年仅14岁的茱莉亚。在和恺撒的内战中失败后，庞培逃到了埃及，被埃及国王托勒密十三世的侍从阿基拉斯刺死，这天正好是庞培58岁生日。

姆招募了一个军团投靠苏拉，在战争中崭露头角，被苏拉看重。苏拉夺取罗马政权后，庞培得到了重用，奉苏拉之命先后征服西西里和北非，公元前70年，庞培和克拉苏当选为年度执政官。

恺撒出身贵族，历任财务官、祭司长、大法官、执政官、监察官、独裁官等职，是罗马共和国末期杰出的军事统帅、政治家，并且以其卓越的才能成为罗马帝国的奠基者。公元前60年，庞培争取安置他的退伍老兵的土地遭到失败；克拉苏也正在为获得对抗安息帝国所需的军队控制权而犯愁；而恺撒此时正在争取成为罗马的执政官，也正好需要庞培的声望和克拉苏的金钱。因此，恺撒成功地使两人言归于好（庞培和克拉苏在公元前70年那次共掌执政官之后结怨）。三人于公元前60年订立盟约，目的是使"这个国家的任何一项措施都不得违反他们三人之一的意愿"，这就是历史上有名的"前三头同盟"。公元前59年，恺撒在庞培和克拉苏的支持下当选为执政官。

❧ [恺撒]

❧ [硬币上的法西斯]

经过"二战"之后，"法西斯"这个词是个贬义词，事实上"法西斯"是一个古老的名词，起源于罗马。当时，罗马的每一个执政官都有12名侍卫官。侍卫官肩上荷着一束打人的答棒，中间插着一把斧头，象征着国家最高长官的权力。这种答棒就叫"法西斯"。

❧ 恺撒曾被奇里乞亚海盗劫持，后者要求以20塔兰特作为赎金。恺撒嘲笑他们不知道自己捉到了什么人，并要求海盗索取50塔兰特。在等待赎金的38天里，他不得不同海盗们待在一起，他对他们开玩笑说，获释后一定要将他们统统送上十字架。当他获释之后做的第一件事便是组织一支舰队，捕获了所有劫持他的海盗。也许是因为那些海盗对其不错，恺撒为了减轻其痛苦，在把他们钉上十字架之前，割开了他们的喉咙。

❧ 恺撒在被刺杀后以一句"还有你吗，布鲁图斯？"结束了自己的生命，而布鲁图斯在杀死恺撒后发表了一场著名的演讲《我爱恺撒，我更爱罗马》。

第 5 章　罗马帝国巅峰时刻

海洋与文明：地中海三千年 | 113

❋ "法西斯"还是用来处人以死刑的一种刑具。倘若有人犯了严重罪行，罗马执政官便宣判："用'法西斯'对他处以死刑。"侍卫官立即从肩上解开笞棒束——"法西斯"，狠狠地抽打罪人，直到把他打得皮开肉绽时，再拉他跪在地上，从"法西斯"中抽出斧头，当场砍下他的头颅。这就是"法西斯"的来历。后来的"法西斯主义"也是由此而来的。

❋ 相传克拉苏注意到罗马的房屋鳞次栉比，很容易失火，就组织了一个当时还非常罕见的消防队，一旦有房子失火，他就趁房主们恐惧不安之时，以极低的价格买下正在着火的房子及其相邻的房屋，然后才开始扑火。就这样，克拉苏获得了数以千计的房子和住宅，然后再以高价出租。

❋ 政见变化无常的克拉苏，更像一个商人，他善于收买一切有价值的东西，尤其是人心。罗马上下，他都拥有无数的债务人与支持者。"他不是一个忠实坚定的朋友，也不是一个冤仇难解的敌人，一旦涉及他的切身利益，他可以毫不迟疑地摆脱个人恩怨。"

公元前 53 年，克拉苏死后，罗马共和国开始内乱，庞培联合元老院反对恺撒。公元前 49 年，庞培被恺撒打败后离开了罗马，逃到埃及后被杀，恺撒因此夺取了政权。此后几年间，他获得无限期的独裁权力，集执政官、独裁官等大权于一身，成为一个名副其实的军事独裁者。罗马共和国名存实亡，罗马元老院权力日渐削减。

恺撒实行的一些措施，如将行省土地分给 8 万老兵，减轻负债者的债务，惩治贪污勒索官吏等，触动了元老们的利益，引起元老贵族们的不满。公元前 44 年 3 月 15 日，在庞贝城剧院的台阶上，恺撒被以布鲁图斯和卡西乌斯为首的反对派刺杀，身中 23 刀之后，气绝身亡。

❋ [埃及艳后 - 剧照]

克利奥帕特拉七世通称为埃及艳后，是古埃及的托勒密王朝最后一任女法老。她才貌出众，聪颖机智，擅长手段，一生富有戏剧性。特别是卷入罗马共和国末期的政治漩涡，同恺撒、安东尼关系密切，并伴以种种传闻逸事，使她成为文学和艺术作品中的著名人物。但丁、莎士比亚称她为"旷世的性感妖妇"；萧伯纳说她是"一个任性而不专情的女性"。

🌱 罗马后三巨头间的争斗

前三巨头克拉苏战死、庞培离开罗马后被杀、恺撒被暗杀身亡，使得罗马执政官的位置空置，令罗马又陷入另一番内斗之中，此时参与权利争夺的人，分别是恺撒的义子（也是甥孙）、其3/4财富的继承人屋大维，恺撒在军队中的两个副手——安东尼和雷必达。

罗马后三巨头间的势力划分

公元前43年，屋大维、安东尼和雷必达在波伦尼亚附近会晤并达成协议，正式结盟并约定了彼此的势力范围，史称"后三头同盟"。在分割方案中，恺撒军权的直接继承者安东尼看上去得到了最大份额，包括希腊半岛、的黎波里及其以东地区的东地中海地区；恺撒姓氏和大部分财产的继承人屋大维，得到了意大利半岛及高卢地区；西班牙及西北非的马格里布地区（迦太基故地）则被分给了雷必达。

显然，三方共管的一国注定无法持久，所以他们面临着一个共同的选择：要么彻底将罗马分裂，要么合并在一起磨合（其实就是战争）之后，在地中海稳定形成三国鼎立的态势。但是这些都有个前提，那就是先"分"再"和"。

雷必达与安东尼联合了起来，屋大维从舆论上先占了上风

恺撒在征讨埃及时，认识了美丽的埃及艳后克利奥帕特拉七世，与之缠绵了很久，埃及艳后还为恺撒生下了儿子，之后由于高卢叛乱，恺撒不得不起程前去征讨，这才离开美丽的埃及艳后。恺撒死后，安东尼继承了埃及这块土地，同时也继承了恺撒的女人克利奥帕特拉七世，还休掉了自己的妻子奥克塔维娅。

❦ [马克·安东尼]

马克·安东尼是古罗马著名的政治家和军事家，但是关于他最广为流传的就是与埃及艳后的故事。世人总感叹他英雄难过美人关，导致一生的霸业毁于裙钗。但是他真的如世人所见的那般没有政治能力，而仅仅是个好色之徒吗？他与埃及艳后的婚姻是否存在一定的政治考虑呢？这些疑问仁者见仁、智者见智，这里就不做评论了。

❦ [硬币上的雷必达]

❦ 布鲁图斯和卡西乌斯刺杀恺撒的行为引起众多在恺撒掌权时得到好处的民众的愤怒，安东尼趁机进行煽动，引起平民和老兵暴动，迫使阴谋者逃离罗马。之后布鲁图斯在雅典组建罗马军团企图打回罗马，最终战败，在留下"我是要逃跑，但这次是用手而不是用脚"这句名言后在疯狂和狂热中自杀了。

第5章 罗马帝国巅峰时刻

海洋与文明：地中海三千年 | 115

❋ 雷必达的妻子尤尼娅是布鲁图斯的妹妹，他让自己的妻子免于在剿灭布鲁图斯残党的行动中被牵连。他后来被屋大维剥夺了军权，只保留了最高祭司的头衔，这也让他远离了是非，得以在屋大维统治期间安度余生。

❋ 许多西方学者相信，弩炮的出现对古罗马共和制的瓦解产生了不可忽视的推动作用。一种武器，改变了社会格局。

❋ 安东尼的妻子奥克塔维娅是屋大维的姐姐，也就是说他是屋大维的姐夫。

❋ [弩炮]
发明弩炮的是希腊人，真正把弩炮推向巅峰的却是罗马人。最早建立正规军事体制的罗马帝国极为重视弩炮的制造。

继承了恺撒一部分"遗产"的雷必达选择了追随安东尼，这样，原本三足鼎立的局面，就变成了安东尼与屋大维两军的对决。

雷必达与安东尼联合了起来，这对屋大维来说是个坏消息，然而聪明的屋大维索性利用恺撒、安东尼和埃及艳后的故事大做文章，将安东尼搞臭，同时宣称"安东尼越来越像个埃及人而非罗马人"，从舆论上先占了上风。

安东尼与屋大维的多次较量中，"飞爪"让人心惊胆战

罗马陆军军团的战斗力非常强悍，而安东尼和埃及艳后掌握着一支精锐的海军舰队。屋大维决定打造一支海军，利用意志与技术优势打败安东尼。

安东尼的舰队中，那些埃及船要比屋大维的舰船更高大、坚固，远程攻击能力也更强（有体型较大的抛石机），但屋大维的舰船更为机动、灵活，像第一次布匿战争时那样，屋大维也通过技术，把海战演变成自己占优的"陆战"。屋大维研制出被称为"飞爪"的新武器，把原来用弩炮发射的标枪，去掉枪头换成"飞爪"，同时在尾部系上绳索。当"飞爪"依靠机械力，射落在对手的甲板上后，向后拉动绳索就能够将"飞爪"牢牢的锁定在对方船帮之上。为了避免对手砍断"飞爪"，甚至在枪杆上包上了铁皮。

另外每次作战过程中，屋大维总会命令舰队尽量挑选较弱的对手，特别是不善近战的埃及船，朝其发射"飞爪"，然后拉近两船，让罗马士兵跳上敌舰屠杀对手。

往往是双方战斗一打响，安东尼一方的战舰们总是小心地躲避着，害怕自己成了屋大维新式武器

的屠杀对象。而屋大维则指挥战舰用"飞爪"捕获安东尼一方的战舰，然后大肆屠杀。此情此景，安东尼军中不管是埃及人，还是本来就无心战斗的罗马人，都没有再战下去的勇气了。

阿克提姆海战

公元前32年，安东尼率领6万步兵、1.5万骑兵、15万海军水兵、500艘战船（其中一半是埃及海军）直扑雅典。而此时屋大维也已做好了充分准备，他动员所有的军队和船只，总计步兵8万人、骑兵1.2万人、战船400艘。公元前31年9月2日，屋大维的舰队在希腊西海岸的阿克提姆与安东尼和埃及艳后的舰队爆发了一场决定性的战争。

在希腊西海岸，夏季的风上午总是从海上吹向大陆，到中午就转为西北风，风力相同。安东尼根据这个

❈ [机械投石器]

安东尼的士兵使用的机械投石器，是根据一种野驴的强大弹踢能力命名的，这种武器采用有弹性的动物肌腱，是威力更强的弹弓，用来发射装满圆石头或者易燃土球的桶。虽然它们没有弩炮那么精准，但是它们威力更强。

❈ [阿克提姆海战]

第 5 章　罗马帝国巅峰时刻

❖ [屋大维]

盖乌斯·屋大维，罗马帝国的开国君主，元首政制的创始人，统治罗马长达 40 年，是世界历史上最为重要的人物之一。

他是恺撒的甥孙，公元前 44 年被恺撒指定为第一继承人并收为养子。恺撒被刺后登上政治舞台。

公元前 30 年，他平息了企图分裂罗马共和国的内战，后被元老院赐封为"奥古斯都"，并改组罗马政府，给罗马世界带来了两个世纪的和平与繁荣。公元 14 年 8 月，在他去世后，罗马元老院决定将他列入"神"的行列。

规律制订了作战计划。他把实力最强的舰队集中在右翼，利用转向的风力迂回到敌人的左翼抢占上风，利用上风和舰船的优势与屋大维的舰队进行决战。他认为屋大维的舰船较小，而且又是逆风作战，这样就可以迅速击败屋大维。一旦屋大维的舰队被击败，他的陆军就会因缺少运输船只和粮食而不战自乱。这样安排，安东尼认为万一失利也可顺风逃跑。为此他命令各舰携带风帆（当时作战都是划桨进退，一般不带帆），甚至连战争费用也一同装在船上。

然而这个美好的作战计划，由于一个逃兵的出现而全部落空了。正当安东尼高兴地打着如意算盘时，屋大维听到了这个逃兵的报告。之后他决定将计就计，他把舰队在海面上分左、中、右三部成一线展开，各由阿格里帕、阿伦提和自己指挥。他们面对普雷佛扎海峡，等待着安东尼的舰队驶出港湾。

公元前 31 年 9 月 2 日正午，海上刮起了常见的和风，大战也随风而至。安东尼的右翼和阿格里帕的左翼同时向对方侧翼迂回。不一会儿开始交战，安东尼的士兵不断用机械或手投掷巨石、弩箭和带倒刺的铁标枪。阿格里帕率领左翼战船，充分发挥船体轻、机动性好的优点，避开安东尼舰队的远程矢石攻击，猛烈撞击敌舰，将其击沉。

最成功的还是屋大维舰队的"飞爪"。士兵们随心所欲地选择较弱的对手，然后用弩炮把"飞爪"投射出去，铁钩死死拖住敌舰，敌人砍不断跳板，够不到绳索，船上的步兵则趁机踏着跳板跳到对方甲板上，用长矛、短剑杀死敌人，海战顿时变成了陆战。船上、海上血肉横飞，到处是漂泊的船板和断残的肢体，鲜血染红了海面。

就在安东尼指挥右翼仍在苦战之际，他的中央和左翼舰队感到胜利无望，竟然掉头向港内逃跑。埃及艳后急忙指挥她的预备队阻挡，可是哪里知道她的预备队不但没有截住逃跑的战船，反而转舵回身，举起他们的船桨，直接向屋大维投降了。安东尼眼睁睁地看着逃跑的战船一筹莫展，他最害怕的事终于发生了。安东尼知道败局已经无可挽回，除了撤退没有其他办法可想。于是，他挂起了事先约定好的信号旗，通知克利奥帕特拉七世准备逃跑。安东尼和埃及艳后的舰队因为统帅的逃跑而溃不成军，安东尼的旗舰也被敌舰的"钳子"死死钩住了，他急忙爬上另一艘战船，带着残存的40艘战船逃走了。第二天，安东尼的陆军看到海军失败也投奔了屋大维。

阿克提姆海战是古代地中海发生的最重要的海战，结束了罗马后三巨头间的对峙，让罗马从分裂的边缘重新整合。公元前30年8月，屋大维率军攻入埃及，安东尼和埃及艳后先后自杀身亡，决定罗马共和国命运的这场内战正式宣告结束。

帝国罗马化的推进

屋大维打败了安东尼后，于公元前28年被元老院授予"奥古斯都"的称号，并被确认为终身保民官、宗教事务中的大祭祀长，获得了国父、大元帅等崇高荣誉。他还谦虚地称自己是罗马的第一公民，即元首。罗马的帝国时代也随之到来。

在帝国建立之前，罗马人这一概念仅限于意大利半岛，甚至半岛北部的内高卢地区，以及南部的西西里岛，都只是在恺撒时期才被授予罗马公民权。至于半岛之外的那些行省，只是罗马用来当作可以榨取经济利益的殖民地而已，并没有将之变成罗马的想法。

如今屋大维的罗马帝国体系，使得罗马征服的每一片土地都开始了拉丁化，罗马公民权开始逐步向罗马治下的所有地区开放，这使得那些被征服地区的土著也可以成为罗马人，乃至跻身最高统治阶层（进入罗马元老院，甚至成为皇帝）。

当只有意大利是罗马时，罗马军人退役之后，绝大部分都会希望回到意大利。而在罗马帝国体系下，公民

第5章 罗马帝国巅峰时刻

❦ 根据托勒密王朝的规矩，女王必须嫁给弟弟才能执政。公元前51年，埃及艳后和她的异母兄弟托勒密十三世共同执政。但这对真姐弟、假夫妻却斗得你死我活。公元前48年，埃及艳后在斗争中失败，被赶出亚历山大里亚，这时候她碰到了追击庞培的恺撒，在恺撒的帮助下，她击败了弟弟，成了埃及的实际统治者。

❦ 安东尼兵败逃回埃及后自杀身亡，面对率领大军进逼的屋大维，埃及艳后再施美人计，不过却没有成功，屋大维完全不吃这一套，计划把她像个动物一样带回罗马展览，绝望之下的埃及艳后只好选择自杀，体面地结束了生命。

❦ 屋大维满足了埃及艳后最后的要求：与安东尼合葬，而她分别与恺撒和安东尼生的孩子则被屋大维处死。长达300年的埃及托勒密王朝宣告结束，埃及并入罗马，成为元首的私产。

权全面放开，罗马士兵在退役之后所获得的土地，被有意安排在了半岛之外，不用担心自己不是罗马人了。

随着罗马帝国国家意识的形成，地中海的拉丁化被加快，促使整个地中海地区享受了近200年的和平。当然，国家内部不可能没有权力斗争，但这些斗争仅局限在国家上层，不再是那种割据式的战争。这种和平稳定的环境，对于促进经济文化发展是有很大好处的。

如果一定要说有什么坏处，那就是曾经强大无比的罗马海军，蜕变成了一支海岸警卫队。由于罗马在地中海的对手仅仅只剩下一些海盗了，所以也就没有必要再供养大量的海军了。

罗马大道及繁忙的地中海运输

❖ 罗马公共道路系统背后有明显军事目的，道路建设可团结受罗马统治的人民及巩固被征服区的统治。

❖ 罗马法及传统上禁止在市区使用交通工具，除特定情况外，只有已婚妇人及管理商业的官员可以使用交通工具。有些城市法还限制商业手拉车，夜间只能在城市内的道路和城墙外一里内行驶。

公元前3世纪，就在我国秦始皇忙着修建长城的时候，罗马帝国也开始大兴土木。秦始皇修建的长城是为了阻挡外敌入侵，而罗马却在修建帝国的动脉——罗马大道。

世上本没有路，走的人多了也就成了路

鲁迅曾说过："世上本没有路，走的人多了也就成了路。"罗马最早的道路就是靠双脚走出来的。

比如，萨拉里亚大道意为"盐道"。在早年，台伯河口一带出产的食盐是装在袋子里，利用小船逆流而上运至罗马，再改由驴子驮运，经由"盐道"前往内陆，之后再贩卖到意大利半岛。对于早期的罗马人来说，食盐几乎是唯一一种有多少就能卖出多少的商品。这条贩卖食盐的道路，自然而然地被称为"盐道"，可想而知，这条道路对于当时的罗马人来说有多么重要。

再比如拉提那大道，这是一条由人们踏出来的道路，随着道路的兴盛，道路两侧有

❖ [萨拉里亚大道路牌]

了为行人提供便利的商店、客栈，随后越来越繁华，渐渐地变成了城镇。

条条大道通罗马

"条条大道通罗马"这句谚语很多人都听说过，我们要说的就是这句话真正的历史。

随着罗马版图的扩张，统治者为了更好地联系管理各地方行省，于是大兴土木，同时将罗马大道一直延伸到各行省。道路网络覆盖帝国的内陆各省份，但超越国界就没有罗马大道了。然而仍有些人行道和污垢道路的密集网络允许对外通行。

[罗马大道遗址]

当罗马国力达到鼎盛时期，有超过 29 条大型军事公路由首都罗马以辐射式向外扩散，接上罗马帝国内 113 个省份的 372 条大道，总长超过 40 万千米，其中 80 500 千米的道路已经铺石。仅在高卢，就有超过 2 1000 千米道路，在不列颠岛也有至少 4000 千米的罗马大道。

罗马大道道路平坦，而且路面由石板铺设，便于人车往来，可以缩短行程、增加货车的运输量，活跃了周边的商业活动，也提升了周边的居民生活水平。

❖ 在帝国之初，罗马是不缺水的，他们饮用雨水，生活用水则依靠水道，为此他们修建了高高的石筑的高架桥引水，用来实现虹吸式的供水，比如长达 16 千米的阿庇亚水道，流过山丘、谷地，而且有河流注入。
罗马水道虽然解决了供水问题，却是需要交纳水费的，为此罗马人更习惯使用雨水，所以家家都在地下出水槽。

❖ **罗马帝国的粮仓**
　　埃及位于非洲东北角，西临利比亚沙漠，东濒红海，北临地中海，南接苏丹地区（古代的努比亚），包括亚洲的西奈半岛。这片广阔的大陆有很大一部分是沙漠。埃及人的母亲河——尼罗河，在这里纵贯南北。
　　尼罗河是地球上最长的河流，形成于东非高原，自南向北流经超过 6600 多千米，穿过世界上最干旱的地带，注入地中海。每年 7—8 月，随着气温升高、降水增多，尼罗河水流量剧增，埃及进入"泛滥季"。泛滥季之后，随着河水逐渐退去，水流从上游裹挟来的大量泥沙在两岸淤积，留下了富含营养的沉积土壤。一层层的淤泥沉积在狭窄的河谷地区，形成了今天的河泛平原。在尼罗河入海口处，是由泥沙的淤积而形成的肥沃的三角洲。
　　除了尼罗河河谷和三角洲地区，在开罗西北大约 100 千米处的法尤姆绿洲也是一个重要的粮食产区，出产的粮食大约占埃及粮食总产量的 1/10。从托勒密王朝后期开始，埃及作为罗马的附庸国，就已经开始源源不断地向罗马及其行省输送粮食。根据犹太历史学家约瑟夫斯的记载，恺撒时期，罗马城每年有 4 个月的时间依赖埃及的粮食供应，埃及每个月向罗马提供的粮食能赶得上犹太行省一年上缴的贡赋。古罗马历史学家塔西佗也认为，内战时期，罗马城的生存依赖于非洲，非洲的粮食供应在内战中的重要性是毋庸置疑的。罗马帝国建立后，埃及继续源源不断地向罗马输送财富和粮食，成为罗马帝国的粮仓。

海上航路、内陆河道、陆上通道和古老商道都成了内外贸易的动脉

　　随着帝国的强盛，罗马城人口的增长，也为罗马带来了不少麻烦。有资料上说，巅峰时期的罗马城人口高达 100 万，这个数据肯定有些夸张，但人口众多则是不争的事实。而意大利本土的粮食很难供养这么庞大的人群，于是罗马在行省中选择了 3 个粮食供给地。

　　罗马帝国有 3 大产粮区，依次是西班牙、北非、埃及，不用看地图都应该知道，这些地区分布在地中海沿岸，所以罗马人不得不组织海上船队运输粮食。

　　尤其在罗马将军团派驻各行省之后，罗马的运输补给线变得更加冗长，除了粮食之外，他们还需要输入水、猪肉、牛肉和羊肉以及蔬菜等食物。地中海成了帝国的内湖，地中海各地之间的交通畅通无阻，海上航路、内陆河道、陆上通道和古老商道都成了内外贸易的动脉，商旅往来络绎不绝。从此时开始，罗马人骄傲地称地中海为"我们的海"。

🌱 繁荣的地中海贸易

　　随着罗马帝国政局的稳定，罗马城日益繁荣，使得它成为世界货源的中心。无论是东方的奢侈品，还是香料、调味品和宝石，都经由地中海源源不断地运往这里。看看当时罗马的港口以及进出口商品的情况，我们就可以想象得到当时地中海贸易的繁荣。

红海亚丁湾区域的海港

罗马帝国在这片区域主要有阿尔西诺伊港（即今天的苏伊士港）、由伦尼斯港（即今天埃及的巴纳斯港）和米奥斯赫尔墨斯港（即今天埃及的库赛尔港）。

随着罗马帝国在红海海域的扩张，随后兴建了阿杜利斯港，这里逐渐成为阿克苏姆最重要的贸易中心，主要出口黄金、象牙、香料、犀牛和玳瑁，进口来自埃及的睡袍、衣服和棉布以及铁制口、橄榄油等商品。

阿拉伯半岛南海岸

罗马帝国在这片海域主要有艾夫泽蒙阿拉伯（即今天的亚丁港）和坎纳港。艾夫泽蒙阿拉伯由于地处印度洋和红海的交界处，并且海港状况极好，所以是早期埃及和印度贸易的中转港，这里主要中转的货物是没药和乳香。

坎纳港则是当时印度洋上最大的乳香出口港，商人们将骆驼运来的乳香经由大船运至罗马帝国。

印度西海岸

主要有巴巴里贡港、婆卢羯车港和穆泽里斯港。巴巴里贡港（即今天巴基斯坦的卡拉奇港）是最主要的对外贸易港，主要进口薄衣服、亚麻布料、黄玉、珊瑚、乳香、玻璃以及其他商品。

婆卢羯车港（即今天印度的布罗奇港）是主要的出口港，将内陆地区的小麦、大米、芝麻油、纯奶油和棉花等商品装船，

❉ [坎纳港]

❉ [没药]

没药为橄榄科植物，又名末药。主产于非洲索马里、埃塞俄比亚以及印度等地。采集由树皮裂缝处渗出的白色油胶树脂，于空气中变成红棕色而坚硬的圆块。打碎后，炒至焦黑色应用。主治胸腹瘀痛、痛经、经闭、症瘕、跌打损伤、痈肿疮疡、肠痈、目赤肿痛。有活血止痛、消肿生肌等功效，是一种活血化瘀药。

第 5 章 罗马帝国巅峰时刻

海洋与文明：地中海三千年 | 123

[纳巴泰人钱币]
纳巴泰人是在约旦、迦南的南部和阿拉伯北部营商的古代商人。

[纳巴泰人的石像]

> 现在的印度洋航线以运输石油为主,另外还有不少大宗货物的过境运输。

运往罗马帝国各地。

穆泽里斯港(即今天的印度喀拉拉的巴达那)曾是印度西南部最大的贸易市场,商船会在这里卸下珊瑚、布料和少量黄玉等商品,然后将散装的胡椒粉、三条筋树叶装上船运往意大利。

印度洋主要的运输线路

在当时的地中海上,腓尼基人依然是络绎不绝的贸易商之一;纳巴泰人在罗马帝国时期成为最成功的海商群体;还有老牌海商——精明的阿拉伯人在此游弋。由于罗马城庞大的需求,贸易商将东方的货物从印度半岛西海岸运送到地中海有两条路线:

> 安息帝国是历史上的帕提亚帝国,是亚洲西部伊朗地区古典时期的奴隶制帝国。这是一个由不同文化组成的国家,它在很大程度上吸纳了包括波斯文化、希腊文化及其他地区文化的艺术、建筑、宗教信仰及皇室标记。

印度-波斯路线:这条路线是从印度半岛西海岸,通过海运将货物运送到波斯与两河的交汇处(哈拉克斯或阿坡洛古斯),之后通过陆运方式途经安息帝国的国境、巴米尔拉,到达安提俄克,再转运到地中海沿岸,最终集散到罗马及西欧各地。

印度-科普托斯路线:由于前一条路线受控于波斯及其他中间商,在罗马人掌握了季风规律之后,他们便开发了此条路线。即从印度经过印度洋、曼德海峡、红

124 | 海洋与文明:地中海三千年

第 5 章　罗马帝国巅峰时刻

海抵达贝伦尼斯，经由陆运将货物运输到科普托斯的罗马帝国货仓中，再由尼罗海驳船转运至亚历山大港，最后分销到地中海沿岸。

货运商船每年 7 月出发前往印度，航行 2 个月的时间到达印度半岛，开始采购货物，然后从 11 月开始，从上述两条路线中选择一条回程。大约于次年 1 月到达波斯湾与两河交汇处，经由陆运（即骆驼）转运，然后经过 6～7 个月的时间开始集散；而选择第 2 条路线的运货于 8 月到达亚历山大港。

❖ [那不勒斯博物馆古画中的庞贝柱]
"庞贝柱"是亚历山大城遗留下来的最著名的遗迹。它本来立在亚历山大城的祭祀庙中。如今立于一座阿拉伯墓地附近的小丘之上，它有 30 米高，柱子由磨光的红花岗岩组成，基部直径约 3 米，顶部约 2.5 米。

❖ [亚历山大港]
公元前 300 年，马其顿国王亚历山大大帝征服了埃及，在这里建立了亚历山大城。
希腊人统治时期，亚历山大城一直作为东部地中海重要的国际贸易和文化交流中心而驰名世界。对内，由它进入稠密的运河网和发达的公路网，连接了尼罗河三角的主要城镇；对外，它连接了亚、欧、非三大洲的海上交通，由这里集散到各地。
到了罗马帝国时期，这里更加繁荣，成了连接南、北地中海的主要海港。

海洋与文明：地中海三千年 | 125

第 6 章
地中海上的信仰之争

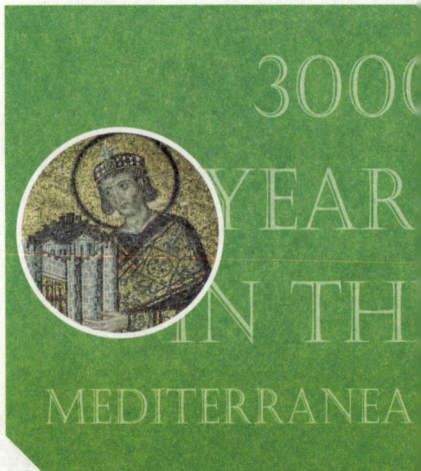

地中海独特的地理位置孕育了沿岸多种文明,被称为"西方文明的发源地"。这里也是多种信仰交汇之地,各种信仰之间彼此融合,也产生了各种摩擦。

🌱 动荡不安的巴勒斯坦

巴勒斯坦地区是约旦河岸地区的统称,早在石器时代这里就有人居住。大约在公元前 11 世纪,早期的犹太人(又叫希伯来人)在此建立了国家。到了后来国家分裂,出现了北部的以色列王国和南部的犹太王国。以色列王国的国都在撒马里亚,犹太王国的国都则在耶路撒冷。后来腓尼基人、波斯人、马其顿人都先后征服过这里,到了公元前 141 年,犹太人在耶路撒冷建立了哈斯蒙王朝。

公元前 63 年,罗马将军庞培攻占了耶路撒冷,在屠杀了 12 000 多名犹太人后,灭亡了哈斯蒙王朝,这里成为罗马的属地,归叙利亚总督管辖。

犹太人自诞生之后就有着无尽的苦难,早在公元前 597—前 538 年间,巴比伦王国先后两次征服犹太王国,将大批工匠、祭司和王室成员掳往巴比伦,这就是著名的巴比伦之囚。直到波斯人攻占了巴比伦之后,这些人才被释放回国。到了后来,

以色列-犹太王国创建之后，犹太人平民与贵族间的矛盾日益加深。在罗马入侵时，本以为犹太人能摒弃前嫌、共同御敌，可事与愿违，犹太人平民与贵族间的矛盾，使得罗马人很轻松地就攻下了犹太王国。在罗马统治期间，更加加深了捐税剥削和民族歧视，把犹太人推向了苦难的深渊，所以这片地区的局势变得非常敏感而脆弱。

罗马人对征服的土地并没有过多的歧视，他们会向这些地方输出自己的文化，可当罗马人遇到犹太人时，这招就没用了。文化的影响是一点点渗入的，而犹太人的信仰却能够抵抗这种渗入。

❋ [约旦河]
约旦河源于叙利亚境内的黑门山，向南流经以色列，在约旦境内注入死海，全长360多千米，它是世界上海拔最低的河流。

❋ 在上古时期，罗马公共宗教的核心结构基于三神：朱庇特（Jupiter）、玛尔斯（Mars）和奎里纳斯（Quirinus）。

❋ [罗马壁画中的朱庇特-左]
朱庇特是来源于印欧的大神，他是天空与天象之神，同时也是至高无上的权力掌管者。

❋ [硬币上的玛尔斯]
玛尔斯是罗马神话中的国土、战争、农业和春天之神，是朱庇特与朱诺之子，贝娄娜之丈夫，维纳斯的情人，他是罗马军团最崇拜的神明之一，其重要程度仅次于朱庇特。

第 6 章 地中海上的信仰之争

海洋与文明：地中海三千年 | 127

❧ [硬币上的奎里纳斯]

奎里纳斯是罗马神话中的战神。在罗马万神殿中占据第三的位置，位居朱庇特（Jupiter）和玛尔斯（Mars）之下。

❧ [《亚伯拉罕献祭》]

该画取材于《圣经》旧约中的故事，上帝耶和华要求亚伯拉罕将爱子以撒作为牺牲献给耶和华，笃信上帝的亚伯拉罕甘愿忍受这一残酷的天命，带着孩子和祭具到摩利亚山上去行祭。这幅画描绘的是亚伯拉罕准备杀他的儿子时被天使拦下的场景。

犹太战争

从庞培率领罗马大军攻下圣地耶路撒冷的那天开始，犹太人对罗马就一直有敌意，这是因为庞培所做的一件事。

庞培在攻破耶路撒冷的时候，就径直独自参观了犹太人的教堂。即便他是只身前往，这个行为还是惹恼了犹太人。庞培以为他只要不带侍从、不带武器，就算是遵守了犹太人的礼仪了，但是在犹太人的眼里，他是个亵渎上帝的罪人。

对于犹太人的敌意，罗马一直是比较宽容的，如此情况之下，犹太人对罗马的敌意才得以缓和。

恺撒是犹太人喜欢的第一位罗马执政官

到了公元前48年，恺撒战败了庞培，来到了埃及的亚历山大城，结束了与这里长达47年的战争，并且与犹太人进行了和谈。他接纳了犹太人的请求：第一，原本在亚历山大大帝之后，希腊人统治这里，犹太人是二等公民，对此，恺撒赋予了他们在经济上与希腊人同等的权利；第二，恺撒还免除了犹太人从事军务等公务责任。所以当恺撒被刺杀后，除了罗马人之外，犹太人是最为伤心的民族，因为他们失去了一位可以承认自己特殊性的庇护者。

犹太人的第一次暴动

公元38年，在第三位罗马皇帝卡利古拉上任一年之后，犹太人发生了暴动，原因是希腊人借着卡利古拉自封神为名，点燃了犹太人的敌对情绪。

紧接着，叙利亚的总督为了讨好新皇帝，摒弃了之前的民族政策，开始站在希腊人这边：首先，原来根据犹太人的宗教习惯所制订的星期六是安息日的制度被废除；随后犹太人经营的工厂被封闭，通商被停止，就连犹太人贩售日用品的商店也被关闭。在这种情况下，原来号称第一大城的亚历山大城，经济陷入了停顿状态。

> 罗马十二主神由6位男神和6位女神组成，是古罗马万神殿中的十二位最重要的神灵。十二主神的说法最先出现在公元前3世纪恩尼乌斯的诗中。值得一说的是，罗马神话中的十二主神都是以古希腊神话中的奥林匹斯十二主神作为原型。李维亚斯的《罗马史》中把他们分成6对，分别是：朱庇特－朱诺、尼普顿－密涅瓦、玛尔斯－维纳斯、阿波罗－狄安娜、伏尔甘－维斯塔、墨丘利－克瑞斯。

第 6 章　地中海上的信仰之争

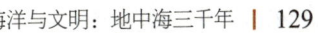

❈ 盖乌斯·恺撒·奥古斯都·日耳曼尼库斯（12年8月31日—41年1月24日），为罗马帝国第三任皇帝，后世史学家常称其为"卡利古拉"。

❈ 卡利古拉是他自己童年时起的外号，意为"小军靴"，源于他儿时随其父屯驻日耳曼前线时士兵为他穿上的小军靴。

犹太人派出了以斐洛为首的代表团直奔罗马，希望罗马皇帝能够调停这场动乱，然而罗马皇帝卡利古拉对此事并未有明确的态度。

时隔不久，莱恩河畔为了迎接卡利古拉的到来，举行了一场规模盛大的仪式，希腊人故意设置供奉卡利古拉的祭坛准备祭典。犹太人看到这个情况后非常愤怒，将希腊人准备的大理石造的祭坛打得粉碎。

卡利古拉对犹太人本来就没有好感，此事一出，更加激怒了他，于是他下令要造一个以自己为原型的神像，竖立到耶路撒冷的神殿中去。耶路撒冷的神殿是犹太人眼中的神圣之处，连罗马皇帝都没有资格进入，现在要竖一个新的皇帝神像进去，犹太人极不情愿！

❈ [卡利古拉]
卡利古拉被认为是罗马帝国早期的典型暴君。他建立恐怖统治，神化王权，行事荒唐。由于他好大喜功，大肆兴建公共建筑，不断举行各式大型欢宴，帝国的财政急剧恶化。后来他企图以增加各项苛捐杂税来减缓财务危机，引起所有阶层的怨恨。公元41年，卡利古拉被近卫军大队长卡西乌斯·卡瑞亚刺杀身亡。

❈ [斐洛]
斐洛全名斐洛·尤迪厄斯，是希腊化时期重要的犹太思想家，他的思想是联系希伯来文化、希腊文化、基督教文化的纽结。

❖ [犹太人的暴动（壁画）]

于是，罗马帝国的整个犹太地区进入抗议状态，犹太人不分男女老幼，聚集在行政官的官邸前，要求他应该想尽办法，避免亵渎上帝的行为发生。

另外，在亚历山大城和安提阿等海外居住的犹太人对这个消息，也表现得非常担忧。

就在犹太人忧心忡忡的时候，卡利古拉被刺杀身亡，新上任的罗马皇帝又重启了之前对犹太人的管理策略，犹太人与希腊人享有同样的平等权利，另外还让犹太国王自己管理犹太人事件，这样安抚之后，亚历山大城总算恢复了平静。

第一次犹太战争：耶路撒冷古城惨遭蹂躏

公元 66 年，罗马总督弗洛鲁斯有意进行挑拨，以总督府所在地恺撒里亚的犹太教堂附近进入教堂的道路为希腊人地

❖ [卡利古拉的继任者：克劳狄一世]

克劳狄一世是罗马帝国朱里亚·克劳狄王朝的第四任皇帝，公元 41—54 年在位。克劳狄一世是因意外而登基为帝的。公元 41 年，卡利古拉遭到刺杀后，近卫军拥立克劳狄一世，并受到元老院的承认而继位为罗马皇帝。

海洋与文明：地中海三千年 | 131

❀ [硬币上的尼禄]

尼禄在内政的措施上是向平民大众所倾斜的。不但降低了贵族对平民不平等的剥削，还降低了许多间接税收，并公开政府的税收记录以防止官员贪污舞弊。尼禄压低粮食价格，让贫穷的罗马公民也能够得以温饱。

❀ 公元 68 年底，罗马首都发生动乱，尼禄自杀，伽尔巴成为新的皇帝。正在进行犹太战役的韦帕芗，暂时停止军事行动。公元 69 年初，伽尔巴被奥托所杀，奥托成为皇帝。但日耳曼军团不服，自行拥立维特里乌斯为帝。维特里乌斯进军罗马，与奥托展开争雄会战。韦帕芗此时则是静观形势变化，并未表态支持任何一方。公元 69 年 4 月，维特里乌斯战胜，奥托自杀，维特里乌斯受元老院承认为罗马皇帝。随即，韦帕芗在获得各属国支持后带兵攻下罗马杀死了维特里乌斯，韦帕芗成了唯一的罗马皇帝。

产为由，唆使希腊人阻挠犹太人进入教堂。他接受了犹太人贿赂后，虽然允许了犹太人进入教堂，但又唆使希腊人在教堂附近侮辱犹太人，于是双方发生冲突。

耶路撒冷及巴勒斯坦各地的犹太人奋起抗争。抗争者遭到残酷镇压，仅恺撒里亚就有 2 万犹太人被杀害。新仇旧恨促使全巴勒斯坦地区的犹太人举行武装起义，第一次犹太战争爆发。

犹太人起义的主力是城市贫民、中层市民和农民，狂热党徒杰罗特和短刀党徒西卡里领导了这次起义。起义军消灭了耶路撒冷城的罗马军和地方贵族并占领了该城。

罗马远征讨伐军和诸属国国王的军队均被起义军击败。公元 66 年 11 月，此时的罗马皇帝尼禄派大将韦帕芗统领大军 6 万人征讨犹太起义军，遭到 6.5 万犹太起义军的顽强抵抗，未获成功。公元 68 年，罗马发生帝位之争，韦帕芗按兵不动，起义军获得喘息之机。期间，起义军内部以约翰为首的"西卡里"派和以西蒙为首的"杰罗特"派发生内讧，削弱了起义军的实力。

公元 69 年，韦帕芗当上罗马帝国皇帝，命令其子提图斯全力进攻犹太人。公元 70 年 4 月，罗马大军围攻耶路撒冷城。为保卫这座圣城，起义军民英勇战斗，做出巨大牺牲。提图斯竭尽全力始得破城，接着对犹太人进行残酷镇压，被钉在十字架上处死的起义者不计其数，被卖为奴隶者达 7 万之众。据说整个犹太战争中起义者死伤达 110 万，耶路撒冷古城惨遭蹂躏，圣殿被洗劫一空，七宝烛台等圣物被运往罗马。罗马为纪念这次胜利建立凯旋门。

即便如此，犹太人起义、反抗斗争仍未中断，即使在公元 73 年最后一座犹太人堡垒马萨达要塞陷落之后的数十年间，犹太人的起义仍不时发生。

132 | 海洋与文明：地中海三千年

基托斯战争

第一次犹太战争结束后,为了惩罚支持暴乱的犹太人,罗马帝国强迫所有犹太人将此前交给圣殿的税收转交给罗马帝国当局,不允许他们上圣殿山,并对在人群中传播"弥赛亚"的任何行为保持戒备。

犹太人的反击

公元113年,新任罗马皇帝图拉真,为了实现征服东方宿敌帕提亚(安息帝国)的野心,将几乎所有的东方驻军都抽离驻地。身处罗马帝国广大东方腹地的犹太人,突然发现自己身侧再无罗马军团的掣肘。这给了犹太人无以复加的好机会。

公元115年10月13日,昔兰尼行省的犹太人突然向交恶已久的希腊人邻居发难,短时间内即将后者击败,掀起了基托斯战争的序幕。幸免于难的其他希腊人被迫逃往亚历山大城,当地完全落入叛乱者之手。

疯狂的犹太人:约有22万希腊人被杀

犹太人随后选举了一位名叫卢库亚斯的首领,不仅如此,随着叛乱程度的加剧,基托斯战争的触角逐渐向亚洲延伸。

到了公元116年夏,朱迪亚、塞浦路斯甚至罗马人刚刚征服的美

🌱 自公元前1世纪中叶以来,帕提亚一直是罗马帝国的劲敌,两国之间战争不断,疆界时有变动。罗马皇帝图拉真一方面不满意罗马东边的边界被局限在幼发拉底河上游;另一方面也受帕提亚的富庶和广袤的土地诱惑,渴望如亚历山大大帝一般,吞并这个国家。

🌱 [前去平叛的罗马军团]

海洋与文明:地中海三千年 | 133

索不达米亚都不同程度地遭到犹太人的攻击。犹太人长期被压抑的怒火，随着一次次的胜利宣泄得淋漓尽致，昔兰尼的犹太团体对当地的非犹太族裔犯下了一系列骇人听闻的罪行，罗马历史学家狄奥称："他们吃受害者的肉，抽他们的筋，甚至用他们的血涂抹全身，穿他们皮做的衣服；许多人被从头到脚锯为两半。另一些人被扔给野兽，或被迫像角斗士一样互相搏斗，一共有22万人被杀"。

罗马开始平乱，犹太人被屠杀

面对犹太人的恶迹，公元116年夏，罗马皇帝图拉真派麾下悍将卢西乌斯·昆图斯带领两个军团去往美索不达米亚平叛。与此同时，图拉真还任命海军将领马尔西乌斯·图尔波为米塞努姆舰队指挥官，从帕提亚战场上抽调了一支精锐步骑兵混编部队交给他指挥，去攻击被犹太人占领的萨拉米斯。图拉真本人则率领陆军部队直扑战争的始发地——昔兰尼和埃及。

卢西乌斯·昆图斯带领两个军团干脆利落地击败了当地的叛乱势力，重新占领尼西比斯和埃德萨两城。当地的犹太人无论是否支持叛乱均被屠杀。

图尔波带大军到达萨拉米斯后，就下令攻城，很快就击溃了犹太人的主力，图尔波屠杀了不计其数的犹太人，一举巩固了此前因连吃败仗而人心惶惶的埃及诸城镇对罗马帝国当局的信心。

公元116年底，图拉真由于年老体弱、心力交瘁病倒了，随后病情恶化，突然瘫痪。公元117年8月，图拉真驾崩之前，塞浦路

❦ [硬币上的图拉真]

图拉真生于西班牙贝提卡的伊大利卡，是第一位意大利以外出生的罗马皇帝。在位期间，对内巩固了经济和社会制度，对外发动战争，将罗马帝国的疆域扩张到历史上最大范围。由于其功绩卓著，获得了罗马元老院赠予的"最佳元首"称号。

❦ 图尔波屠杀了不计其数的犹太人，主要来自昔兰尼和埃及各地。他在北非杀死的犹太人是如此之多，因此被犹太人视为屠杀同胞的又一个刽子手。

❦ 图拉真临咽气之前将帝位传给了表侄哈德良。有传说由于其皇后对哈德良怀有好感，哈德良的继任很大可能出于皇后的安排。

❦ 在几百年前的萨米拉斯海战中，波斯人大败，而如今战争又在这个地方开始。

斯和朱迪亚的叛乱已经平息。埃及和昔兰尼大部分地区也已经实现和平。只有最后的、扫尾性的战斗尚在持续。这场疯狂而徒劳的基托斯战争终于在持续两年后走向了终点。

第二次犹太战争，犹太人成了没有国家的流浪民族

大量的屠杀并未终结战争，相反，激起了一轮新的动乱。在基托斯战争结束仅仅10余年后，朱狄亚又再次爆发了巴尔·科赫巴之乱，史称第二次犹太战争。

> ❉ 教会史学家奥罗西乌斯称叛乱者杀光了萨拉米斯的居民，并且把该城彻底摧毁。

公元131年，罗马皇帝哈德良禁止犹太教徒举行割礼和阅读犹太律法，要在耶路撒冷建立罗马殖民地和罗马神庙，并把犹太人赶出圣城。犹太人面对国家被灭、圣城被占的局面忍无可忍，终于在牧师叶列萨尔和绰

[哈德良金币]

哈德良生于西班牙一个富裕的移民家庭，是图拉真的表侄。罗马帝国安敦尼王朝的第三位皇帝，五贤帝之一，公元117—138年在位。在位期间，停止东方战争，与帕提亚国王缔结和约，改革官僚制度和法律。又在不列颠岛北部建造了横贯东西的"哈德良长城"，以防御那些居住在现今苏格兰的"蛮族"的入侵。世人历来对他评价较好，他个人爱好也很丰富，是一位博学多才的皇帝。

哈德良是一位博学多才的皇帝，在所有的罗马皇帝中他是最有文化修养的一位，在文学、艺术、数学和天文等领域都造诣颇深。在他统治时期的许多建筑被保留了下来，著名的有哈德良长城和哈德良别墅等。

号为巴尔·科赫巴（意为"星辰之子"）的西门领导下揭竿而起。起义群众达20万之众，他们占领罗马殖民地，杀死殖民者，攻城陷镇，势头迅猛。哈德良派大批军队疯狂镇压，最终犹太人不得不咽下沉重的苦果，被迫从耶路撒冷迁出，流散至全世界，从此成为没有国家的流浪民族。

第二次犹太战争中罗马以毁灭性的军事行动征伐3年，毁灭了犹太人城市50余座、村庄近1000个，屠杀犹太人达58万人。

随着海洋贸易带来的全新宗教——基督教

从巴勒斯坦地区被罗马占据开始，这个地方的人们的反抗就未曾间断过，从反抗托勒密王朝的统治，到罗马大道钉死了6000多名斯巴达克奴隶；再到犹太人的起义，生活在巴勒斯坦地区的人们一直在寻找光明的出路。

这里的人们幻想着，在一个有着天堂和地狱的世界，能够将受苦受难的人民接引到平和而美好的天堂。

在公元1世纪左右，一个名叫耶稣的人带着一种新的宗教——基督教，四处奔走、宣扬教义。

基督教承认自己是犹太人先祖亚伯拉罕（也有称为亚伯兰）一脉的后裔，但是基督教认为耶稣是上帝的儿子，由他完成去天堂的接引，这与犹太人有区别了，犹太人只信上帝，而基督教的神多了一位上帝的儿子。

136 | 海洋与文明：地中海三千年

犹太人期待的是现实生活制度的改变，他们约束自己，以获得新的环境，但是在如今的生活中，罗马人以及沙漠另一边的东方民族反复蹂躏他们，已经没办法改变。而基督教宣扬此时的受苦都是为了将来获得在美好天堂生活的机会，此时的受难是要洗脱曾经的罪恶，这样才能获得上帝的救赎。

基督教不需要进行割礼，这使除了犹太人之外的异族人接受起来变得更加容易，于是基督教慢慢成形，变得十分受欢迎。

尼禄大火造成了数千人死亡，约 20 万人无家可归

经过几十年的发展，公元 1 世纪下半叶，基督教传播到叙利亚、小亚细亚、马其顿、希腊、罗马和埃及，在各民族中赢得了无数教徒。此时的基督徒大多是贫民和奴隶，对罗马统治和社会压迫有强烈的反抗情绪，因而受到罗马帝国统治者的大规模迫害。

比如罗马皇帝尼禄，在其政权稳固之后，随即开始了一系列针对基督教的疯狂迫害行为。

公元 64 年 7 月 18 日晚，罗马城的马克西穆斯竞技场附近的商业街突然着火，引发了一场可怕的城市火灾，这就是著名的"尼禄大火"。时值盛夏，暑热难当，大风连连，风助火威，烈火蔓延，这场

❦ [《救世主》－达·芬奇]

耶稣（公元 1—33 年）出生于伯利恒（今巴勒斯坦中部城市），是基督教里的核心人物，30 岁左右时开始传道。约在他 33 岁时在总督本丢·彼拉多执政时被钉在十字架上。

❦ 《救世主》是意大利文艺复兴时期著名画家列奥纳多·达·芬奇创作的绘画作品。纽约时间 2017 年 11 月 15 日晚间，唯一可售的列奥纳多·达·芬奇作品《救世主》以 4 亿美元落槌，加佣金以 4.503 12 亿美元（约人民币 29.577 亿元）的价格在纽约佳士得夜拍上成交，成为史上最贵的艺术品，整个拍卖过程仅持续 20 分钟。

[尼禄大火]

❋ 马克西穆斯竞技场是古罗马时代第一个竞技场,也是最大的一座,位于今意大利罗马市,坐落于阿文提诺山与帕拉蒂尼山之间。

❋ 尼禄最为人不齿的就是他嗜杀。第一位被杀的就是助他成为国王的母亲。有一次,他在海滨举行宴会招待母亲阿格里庇娜,然后派一条动过手脚的船送她回家,结果这条船在大海上破裂成了碎片。谁知阿格里庇娜没有被淹死,游到了岸边,并派人给尼禄送信。尼禄在和信使讲话时,偷偷在地上放了一把匕首,然后脸色一变说,他母亲派人来刺杀他。有了这条罪状,他心安理得地派人将母亲杀死。没有了母亲的管制,之后的尼禄开始了胡作非为的日子。

大火燃烧了整整7天。全城14个区中有3个区完全被火烧毁,只有4个区被保存下来,其他7个区部分被火严重损坏,火灾面积占罗马城的2/3。大火造成了数千人死亡,约20万人无家可归。

谁是纵火者?两种不同的可能

看到这里,我们可能会问,谁是纵火者?

对于这个问题,笔者无法给出确切的答案,但可以给出2种思考:

一种是受迫害的基督徒所为,由于基督徒大部分是贫民和奴隶,所以反罗马的情绪一直很高,加之罗马皇帝尼禄是第一位迫害基督教的君主,基督徒因憎恨他而放火。

另一种则是尼禄所为,这种说法有两个理由:一个是罗马帝国是希腊文明的延续,他们信奉的神都是人手所造的偶像,而基督教中的真神只有一位，这种文明的冲突，令罗马帝国统治者对基督教有着极深的误解与敌意。皇帝需要一个正大光明的惩治基督徒的借口，所以人们便怀疑这场大火是罗马皇帝尼禄自导自演的结果。另一种理由则是因为罗马大火之后，尼禄建造了著名的华丽"金宫"。所以很多人认为尼禄放火的原因是想扩建皇宫，但当时的罗马城满是平民搭建的小屋，拆迁成本太高，于是干脆放火烧掉。

尼禄本想将火势控制在某个区域，但是当时正巧刮强风，最后不幸烧掉了整个罗马城。

[尼禄金宫遗址]

公元68年，金宫建成时的建筑总面积达到了80万平方米，比北京的紫禁城还要大出8万平方米。在遗址现存的9290平方米的面积内，有300多个房间，现已发掘出150间，开放给游客参观的只有32间。

基督徒被迫害的200年

尼禄对基督徒的迫害

罗马城发生大火之后，罗马皇帝尼禄把大火发生的原因归咎在基督徒身上，罗马当局开始大肆迫害基督徒，杀死了众多基督徒，手段极其残忍。比如，尼禄命令将很多基督徒投进竞技场中，罗马权贵们则在看台上大笑着看着这些教徒被猛兽活生生地撕裂咬死。

尼禄甚至吩咐手下把很多信仰基督的人与干草捆在一起，制成火把排列在花园中，然后在入夜时点燃，照

专制暴君、极度荒淫无耻、杀害亲生母亲的冷血刽子手、冷酷无情而又厚颜无耻的利己主义者、嗜血成性者——古代历史学家和作家们所描述的罗马皇帝尼禄就是这样一个人。

第 6 章　地中海上的信仰之争

海洋与文明：地中海三千年 ｜ 139

> 三世纪危机是指公元235—284年罗马帝国所面临的危机。由于奴隶制经济的衰落，从公元3世纪开始，罗马帝国陷入严重危机之中，农村枯竭，城市衰落，内战连绵，帝国政府全面瘫痪，这种全面化混乱现象，历史上称为三世纪危机。

亮皇帝的园游会。还有的教徒被绑在野牛后面拖曳致死。据传说，彼得和保罗的殉道都在尼禄逼迫期间。尼禄的残杀只限于罗马城，还没有扩展成全国性的迫害。

马可·奥里略对基督徒的迫害

罗马皇帝马可·奥里略下令将基督徒的产业归于告发他们的人。这激发了告密者的热情，迫害随即在全国范围蔓延。史学家沙夫曾这样描述："殉道者的尸首，满布街头；那些尸首被肢解后焚烧，余下的骨灰则撒入河中，以免他们所谓的'神的仇敌'玷污大地。"

图拉真区别对待了基督徒

在罗马皇帝图拉真的统治时代，由于犹太民族起义，引起局部地区对基督徒的迫害，但一些地方也因基督徒未参与起义而被加以区别对待，没有参与暴动的基督徒未受到株连。

[马可·奥里略]

马可·奥里略是罗马帝国五贤帝时代最后一个皇帝，于公元161年3月8日—180年3月17日在位。他统治的时期不是平静的时代，有战争、瘟疫和地震，尽管如此，历史学家仍把这个时期评为最适合人类生活的年代之一。他的逝世意味着罗马帝国历史上黄金时代的结束。

哈德良禁止匿名控告基督徒

公元123年，罗马皇帝哈德良曾批复小亚细亚行省总督：禁止匿名控告基督徒，诬告者应予以严惩，基督徒犯罪应公开审讯，按罪量刑，不能以群众叫喊为依据。显然这个批复的精神实质是保护基督徒。

瓦勒良发布了两道敕令

到了公元3世纪时，罗马内部各种矛盾日趋尖锐化，帝国统治基础发生严重动摇，并且当时社会上流传着这样一种说法：由于过去人们敬拜古罗马诸神，国家日臻强盛。但是现在部分人不信奉这些神祇，灾难将会接踵而来。随后罗马政局还下令：人人都要崇拜国神，一切基督徒必须放弃他们的信仰，否则将没收其财产，并施以酷刑，甚至处以死刑。

公元257—258年，罗马帝国皇帝瓦勒良发布了两道敕令，直接针对基督徒进行了残酷迫害。公元257年，

[瓦勒良迫害基督徒 – 中世纪手抄本]

第 6 章 地中海上的信仰之争

他禁止基督徒聚会，教堂、教会公墓被没收，许多主教、神父和执事被流放。公元 258 年，他直接下令，只要确定了基督徒的身份，便可以直接逮捕，有官位在身的教徒，除了没收财产和权位之后，如果还信仰基督教，就会被处死，妇女们会被流放，若是罗马皇族，则会被罚为奴隶。

就这样基督教饱受打压，经历了 200 多年的迫害，不但没有被消灭，反而发展越来越快。从公元 4 世纪开始，基督徒的数量在不断增加。罗马帝国境内信奉基督教的人数达 600 万。

[瓦勒良被俘]
瓦勒良在罗马帝国的三世纪危机中，经由内战胜利而成为皇帝。但是由于他被敌军俘虏，也给罗马帝国带来许多的后遗症。

[硬币上的瓦勒良]

海洋与文明：地中海三千年 | 141

✤ [戴克里先]
戴克里先结束了罗马帝国的三世纪危机,建立了四帝共治制,使其成为罗马帝国后期的主要政体。其改革使罗马帝国对境内各地区的统治得以存续,最起码在东部地区持续了数个世纪。

✤ [四帝共治 – 剧照]
由戴克里先提出并实施,将帝国分为东西两部分,每部分由一位皇帝管辖,称为"奥古斯都",每位奥古斯都再指定一位助手和继承人,称为"恺撒"。四帝共治制在戴克里先在位期间运行良好,但他退位后便迅速崩溃。

✤ 戴克里先虽然细化了版图管理,但不可避免地增加了机构的花销,在帝国的不同地方建立起了三四个宏大的朝廷,因而同时有三四个皇帝,在一味追求虚荣的排场和奢侈方面彼此争强斗胜。安插在国家机关各部门的大臣、行政官、一般官员和奴隶的数目成倍增加,已非昔日可比。因此赋税和对人民的压榨相对加重。

❀ 从"米兰赦令"到罗马皇帝的受洗

公元4世纪,罗马的四帝共治制出现了新的危机,说到四帝共治制就不得不从推崇这种制度的戴克里先说起。

从亚历山大·塞维鲁被杀至戴克里先即位期间,罗马帝国命运多舛,几乎面临灭亡:曾为罗马帝国卫戍边境的日耳曼人开始在帝国边境闹事;高卢与不列颠形成了新的高卢帝国;叙利亚和埃及建立帕尔米拉帝国……

从两帝共治到四帝共治时期

公元285年,戴克里先成为罗马帝国唯一的皇帝。戴克里先继位之后,认为罗马帝国的疆域实在太大了,一个人难以管控。于是他任命了他的战友马克西米安为

共治者,将帝国分为东西两部分,同时给予他"奥古斯都"的称号。没过多久,戴克里先觉得两人共治如此大的罗马疆域还是很吃力,于是决定每人再各选出一名副手或者说是继承人,并给予他们"恺撒"的头衔,共同管理整个帝国,这就是著名的四帝共治时期。

戴克里先规定,奥古斯都满20年任期后,必须交卸权力,他的继承人"恺撒"继任奥古斯都,同时任命新的"恺撒",即新的继承人。这是罗马历史上皇位继承的第一个明确规定。

四帝共治实际上已经崩溃

公元 305 年，戴克里先和马克西米安同时退位。君士坦提乌斯一世在西部、伽列里乌斯在东部各自继承了奥古斯都的位置，接着任命了两个新"恺撒"。

公元 306 年，君士坦提乌斯一世去世，在不列颠和高卢的罗马军团拥立君士坦提乌斯一世的儿子君士坦丁为奥古斯都，另一政敌马克森狄则管意大利与北非。

公元 307 年，伽列里乌斯入侵意大利，双方相持不下。公元 308 年，伽列里乌斯任命李锡尼接替死去的塞维鲁斯的位置，成为罗马的奥古斯都，而后又任命马克西米努斯为奥古斯都。与此同时，马克森狄在近卫军的支持下，将其父马克西米安赶下台，自称为奥古斯都。马克西米安拒绝放弃其皇位，逃往高卢，求助于君士坦丁。此时，自称奥古斯都的已经多达 6 人，包括马克西米安、伽列里乌斯、君士坦丁、李锡尼、马克西米努斯、马克森狄。四帝共治制实际上已经崩溃。

公元 308 年，在戴克里先仲裁下，6 个相互争夺奥古斯都称号的人中有 5 个得到调解，在卡南敦达成协议，停止战争。马克西米安放弃帝位。

❧ [君士坦丁大帝]

君士坦丁一世是罗马帝国皇帝，史称君士坦丁大帝。他结束了复杂的四帝共治制，又将拜占庭重建，取名君士坦丁堡，还为基督找到了合法的身份。

❧ [硬币上的君士坦丁大帝]

第 6 章 地中海上的信仰之争

海洋与文明：地中海三千年 | 143

❦ [老画上的米里维桥]

君士坦丁曾经在米里维桥与马克森狄大战，而在意大利作家费德瑞克·莫恰的畅销小说《爱是如此孩子气》中，主人公将同心锁挂在被称为"爱之桥"的罗马米里维桥上，并将钥匙抛进了台伯河，以此表示两人的爱情忠贞不渝。随着这部小说的畅销，将同心锁挂在米里维桥上的风潮从罗马席卷了整个意大利。

❦ [硬币上的李锡尼]

李锡尼，罗马帝国东部的皇帝，最后被君士坦丁大帝打败。君士坦丁一直都在努力破坏他敌人的形象，尤其是针对李锡尼为人残暴这一方面。因为李锡尼曾将旧主伽列里乌斯的儿子、同僚塞维鲁斯的儿子，甚至是戴克里先家族的多位成员处死，君士坦丁就将其描绘成残暴的人。

罗马坊间的传说：基督教上帝的帮助

之后，马克森狄为了满足其统管整个罗马西部的野心，开始公开与君士坦丁为敌。君士坦丁在马克森狄动手之前果断出手，进攻了意大利，但是马克森狄却带着3倍于君士坦丁的军队出现在萨克沙卢拉。

根据罗马坊间的传说，在大战前一夜，君士坦丁看见了西沉的日头之上有个十字架，写着光耀的希腊文"HocSigno Vinces"，意思是"靠这记号，就必得胜"。次日，即公元312年10月28日，两军交战。马克森狄虽然有为数众多的并且非常优秀的军队，仍然全军覆没，马克森狄本人也在过河逃命时淹死在台伯河中。

这次战役（米里维桥之役）是世界史中很知名的战役之一，这是君士坦丁成为西罗马主人的一次决战，然而更为深远的影响是：君士坦丁认定这次得胜是由于得到了基督教上帝的帮助，这一点非常重要。

144　海洋与文明：地中海三千年

颁布米兰赦令

公元 313 年，君士坦丁与罗马帝国东部当时的最大统治者李锡尼在米兰会晤，并共同发布赦令，此赦令宣布罗马帝国境内的人们有信仰基督教的自由，并且归还了没收的教会财产，基督徒在罗马帝国内和其他宗教信徒一样，可以享受法律面前平等的地位。

之后，李锡尼在东方打败了占据小亚细亚、埃及和帝国亚洲部分的奥古斯都——马克西米努斯，控制了东方各行省。至此，整个罗马世界只控制在两个奥古斯都手中，虽然他们俩都想成为罗马帝国唯一的皇帝，此后战争不可避免。但是由李锡尼和君士坦丁所颁布的米兰赦令在罗马帝国内传播开来，基督教从此成为帝国的合法宗教，变成了国家政权的精神支柱之一。

> 基督教合法化之后，其内部的手抄本得已流传出来。它们用羊皮纸装订成册，内文抄写完成后，再由插画师开始工作。这些复杂的设计往往需要预先进行策划，或许是使用衬有耐热耐腐蚀的金属板的蜡版草图，然后再影描到皮纸上（可能使用针孔或者其他的手段进行辅助）。在整个中世纪，福音书（彩饰手抄本）被认为是至上的最重要的事物。

第 6 章 地中海上的信仰之争

君士坦丁垂死前完成洗礼

经过漫长的内战，公元 324 年，君士坦丁统一了罗马帝国，君士坦丁成为罗马帝国唯一的皇帝，为了巩固东部各行省的宗教事务，他强调了基督教的真理性，并

[4—13 世纪的君士坦丁堡复原图 - 安托万·赫尔伯特]

海洋与文明：地中海三千年 | 145

[君士坦丁堡中心广场复原图-安托万·赫尔伯特]

且下令释放所有被强制劳动的基督徒，让所有被流放的基督徒重返家园，归还所有基督徒被没收的财产，不论是个人的，还是团体的财产。他鼓励主教整修损坏的教堂，有必要的话，就建造新教堂。后来他更进一步禁止向异教诸神献祭、询问神谕或供奉新的异教神像……这时候的基督教虽不是罗马国教，但其地位是相当之高的。

随着罗马帝国疆域扩大，公元330年，君士坦丁为了便于统治，从政治上摆脱罗马诸势力的牵制，将罗马帝国的首都从罗马城迁到拜占庭，并将该地改名为新罗马，在这里大兴土木，兴建了一系列的城市建筑，为之后的君士坦丁堡打下了蓝图。

公元337年，君士坦丁的生命走到了尽头，在他生命的后半段，他致力于基督教的传播，不仅修建了许多教堂，自己还成为虔诚的基督徒，终于在他死前完成了受洗。

> 君士坦丁虽然一直宣称自己是基督徒，但直到临死前才接受洗礼，给他施洗的是尼西亚大会上亚流主义的支持者、伊兹米特的尤西比厄斯。

[君士坦丁受洗]

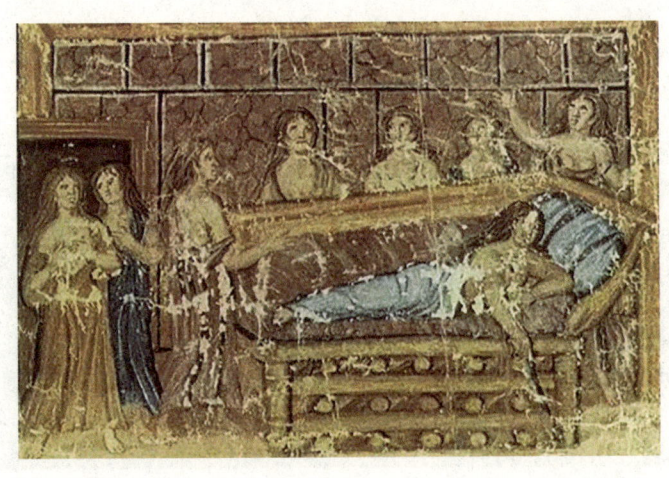

146　海洋与文明：地中海三千年

中 篇

地中海上宗教贸易之争

第 7 章
罗马帝国的分裂

君士坦丁死后，罗马帝国疆域被瓜分、掠夺，经过几十年的皇权争夺，直到狄奥多西一世时期才重新统一成一个整体，但是在他死后，帝国再度分裂，罗马一分为二，东、西罗马走上历史舞台。

君士坦丁死后，罗马帝国由他的三个儿子瓜分。他们分别是君士坦提乌、君士坦丁二世和君士坦斯。君士坦提乌统治东部，包括埃及、希腊及亚洲一些国家。君士坦丁二世和君士坦斯则瓜分西部，君士坦丁二世统管英国、法国和西班牙，君士坦斯统治意大利、部分非洲和东欧。君士坦丁二世是长子，他试图罢黜他的弟弟君士坦斯，自己独占整个西部地区。两兄弟之间爆发战争，结果君士坦丁二世在战场上阵亡。君士坦丁二世死后，整个罗马由东、西两个皇帝统治。罗马的这一分治局面直到狄奥多西一世时代才结束。公元 379 年，狄奥多西一世被皇帝格拉提安任命为共治皇帝，统治罗马帝国东部地区。公元 388 年，狄奥多西一世发兵讨伐西部的弑君者马克西姆斯，将其杀死，拥立瓦伦提尼安二世，但却以后者年幼为借口，将实权下降于法兰克将领阿波加斯特手中。公元 392 年，由阿波加斯特和尤吉尼厄斯发起的提倡异教运动在罗马影响日益扩大，狄奥多西一世发兵讨伐西部，在冷河战役取胜，使得整个罗马帝国再次归于统一统治，狄奥多西一世也是最后一位统治统一的罗马帝国的皇帝。

🌸 罗马的分裂

公元 395 年 1 月，虔诚的基督徒、罗马唯一皇帝狄奥多西一世驾崩了。这位皇帝在欧洲被称为"大帝"，他在公元 392 年宣布基督教为罗马国教。

原来的四帝共治时期，四位统治者只能分别盖以"奥古斯都"或"恺撒"的名号（在资料中也只称为罗马西部统治者），但是自狄奥多西一世之后的统治者，在罗马资料上称为东、西罗马帝国的皇帝。

按狄奥多西一世的遗嘱，罗马帝国的版图正式分为东、西两部分，其 18 岁的长子阿卡狄乌斯统治东罗马帝国，以君士坦丁堡为首都（它就是后来的拜占庭帝国）；年仅 10 岁的次子霍诺利乌斯则统治西罗马帝国，以拉韦纳（位于今意大利东北部）为首都，名义首都仍是罗马。由于他的两个儿子都较年幼，没有带兵的经验，狄奥多西一世还委任了当时的将军斯提利科为两个儿子的监护人。

当时的斯提利科绝对是对罗马帝国忠心耿耿的人，因为在受托之时他正指挥着罗马军中最精锐、数量也最多的部队，扫荡帝国西侧的敌人。换句话说，公元 395 年时，全罗马帝国最精锐的部队正掌握在斯提利科手中。若是他有反心，大可以把两名少年踢下龙椅自己登上皇

🌸 [狄奥多西一世]

狄奥多西一世统治期间，在罗马国内禁止一切异教形式，从而确立了基督教的正统地位，为后来历史的发展确立了基督教化的路线，使基督教成为罗马帝国后期及中世纪欧洲的优势宗教。他也因此被后世冠以"大帝"的称号，成为为数不多的获得"大帝"称号的罗马统治者。

第 7 章　罗马帝国的分裂

海洋与文明：地中海三千年 ｜ 149

[斯提利科与妻儿]

> 拜占庭帝国（公元395—1453年）即东罗马帝国，是一个信奉东正教的帝制国家。核心地区位于欧洲东南部的巴尔干半岛，领土曾包括亚洲西部和非洲北部，极盛时领土还包括意大利、叙利亚、巴勒斯坦、埃及、高加索、西班牙南部沿海和北非的地中海沿岸，是欧洲历史最悠久的君主制国家。

位。如果说18岁的阿卡狄乌斯不好摆弄，至少拿下10岁的霍诺利乌斯的西罗马，可以说是十拿九稳。可是斯提利科不但没有这样做，甚至没做出观望局面的小动作。

由于西罗马帝国的皇帝太过年轻，于是斯提利科果断带着妻子举家搬迁到当时皇帝居住的米兰，开始了对西罗马帝国的管辖。

阿提拉踩躏东、西罗马

分裂后的东、西罗马，依旧处于被外族入侵的阴云之下，匈人、高卢人、日耳曼人等异族的入侵，令罗马帝国苦不堪言。尤其是来自亚洲高原地带的匈人，他们抢完就走，走了又来，反复踩躏着东、西罗马。

最让东、西罗马头疼的就是匈人阿提拉

匈人中最让东、西罗马头疼的就是阿提拉，说到阿提拉，对我们亚洲人来说非常陌生，但他在5世纪时的

欧洲被称为"上帝之鞭"。因为他的军队就像鞭子一样狠戾,横扫欧洲。他曾率领匈人军队两次入侵巴尔干半岛,包围君士坦丁堡;也曾远征至高卢(今法国)的奥尔良地区,最后终于在沙隆之战后停止向西进军。

阿提拉出生于公元406年,年幼时曾作为人质被送到罗马宫廷生活。在此期间,他了解了罗马人的传统习俗以及罗马的政治、外交政策。罗马人希望通过阿提拉将罗马文化带回亚洲;而匈人则希望透过人质交换,能使他们获取更多罗马内部的情报。

公元432年,匈人部落在阿提拉的叔叔鲁嘉的领导下完成统一,后来阿提拉回到了匈人部落,叔叔鲁嘉死后,他和胞兄布莱达继承了他的地位,统治整个匈人部落。公元436年,阿提拉谋杀了胞兄布莱达,成为匈人唯一的首领,之后便开始了他建立帝国的征程。

阿提拉抢劫东罗马

公元441年,阿提拉发动对东罗马的大规模战争,一路攻陷了东罗马在多瑙河边境上的许多要塞和城市。此时东罗马军队主力因为尚在远方无法及时赶到巴尔干半岛对抗匈人,因此君士坦丁堡当局不得不向阿提拉求和,答应每年缴纳635千克的黄金作为保护费。阿提拉接受了这份和约,然后回到自己的根据地。东罗马人自然对此十分不甘,等待雪耻。

公元442年,狄奥多西二世从西西里岛召回了自己

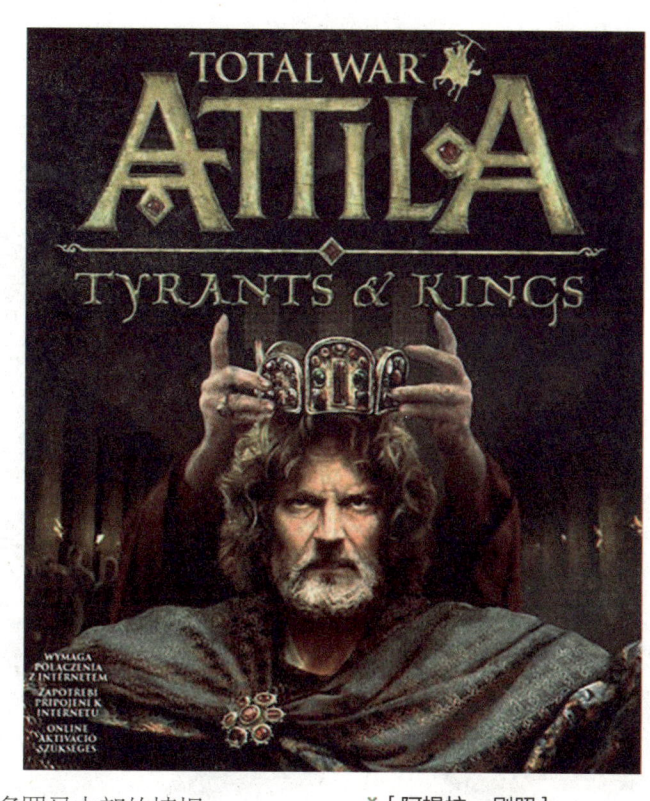

[阿提拉-剧照]

阿提拉(406—453年),古代亚欧大陆匈人的领袖和皇帝,欧洲人称之为"上帝之鞭"。

匈人是一支生活在东欧、高加索和中亚地区的古代游牧民族,最早关于匈人的记载出现在公元2—3世纪的里海沿岸,他们在4世纪迁到了欧洲东部,连续击败了阿兰人、哥特人、日耳曼人等,并入侵东、西罗马帝国,导致西罗马帝国的灭亡和欧洲奴隶制度的崩溃。匈人和匈奴人是否有血缘关系或系同一民族尚无定论。

第 7 章　罗马帝国的分裂

海洋与文明:地中海三千年 | 151

[西方人画笔下的阿提拉]

[狄奥多西二世]

狄奥多西二世是阿卡狄乌斯（东罗马皇帝）的长子，狄奥多西一世（皇帝）的孙子。公元402年1月10日被阿卡狄乌斯封为共治皇帝。公元408年起独掌东罗马皇权。在其统治期间，协助西罗马帝国进行防御，并将女儿许配给西罗马皇帝瓦伦提尼安三世。

的军队，东罗马人的腰杆子便硬了起来。他们撕毁了与阿提拉的和约，拒绝向其提供保护费。此时的阿提拉忙于统一匈人内部，无暇顾及，因此东罗马人着实嚣张了几年。但是好景不长，5年后，阿提拉解决了匈人内部矛盾后，便迅速挥师巴尔干。在乌塔思河地域，东罗马大军与"上帝之鞭"大战了一场，虽然东罗马人表现得很勇敢，但是依旧战败了，甚至连指挥官都战死了。

大获全胜的阿提拉决意挥师东罗马的首都君士坦丁堡。吓破胆的东罗马人立刻答应交出2000千克的黄金作为违约金，同时将每年的保护费上升到700千克黄金。得到了丰厚回报的阿提拉心满意足地撤退了。

不放过西罗马：沙隆之战阿提拉惨败

在东罗马赚了个盆满钵满后，阿提拉将目光投向了西罗马帝国。

阿提拉率军从匈牙利出发，直奔高卢，一路上接连攻克西罗马人的城镇与要塞，先是科布伦茨，然后是梅斯，接着是特里尔。很快匈人便兵临奥尔良城下。

正当阿提拉准备着手攻打奥尔良之际，西罗马最高指挥官埃提乌斯率领着一支由罗马人和日耳曼人组成的联合军队攻向阿提拉。由于这支军队突然逼近，阿提拉不得不取消围城，撤退到沙隆平原，诱使埃提乌斯在开阔地带与他决战。

沙隆平原无险可守，历来是兵家必争之地。阿提拉并非有勇无谋，相反，他工于心计，仗着平坦的地形有利于匈人骑兵的展开，想把埃提乌斯率领的联军一举歼灭在这里。

公元451年6月20日，埃提乌斯全军，包括西哥特友军、法兰克人及其他日耳曼盟军，集结在沙隆附近的一片旷野上，与阿提拉的大军展开了一场斗兵斗将、斗智斗勇的阵地战。

经过两军厮杀，埃提乌斯的大军在沙隆之战中击败了入侵的匈人大军，并把阿提拉围困在营地里。面对垂死挣扎的阿提拉，埃提乌斯突然犹豫起来，迟迟没有对负隅顽抗的匈人发动最后一击，反而让阿提拉带领残部撤走了。

阿提拉卷土重来，东、西罗马联手对抗

沙隆之战令阿提拉遭受了他人生中最大的一次失败，不甘失败的阿提拉第二年卷土重来，他们一路上焚毁了许多意大利

❦ [弗拉维斯·埃提乌斯]

弗拉维斯·埃提乌斯（公元391—454年），罗马护国公，对瓦伦提尼安三世皇帝具有左右一切的影响力，曾统兵先后击败过匈人、法兰克人、勃艮第人和哥特人，被称为"最后的罗马人"。

❦ [瓦伦提尼安三世]

瓦伦提尼安三世（公元425—455年在位）在位时间虽长却从未亲理朝政，早期由母亲普拉西狄亚摄政，后期则由埃提乌斯主持政府。公元454年9月21日，他在皇宫中谋杀了号称"最后的罗马人"埃提乌斯。不过半年，佩特罗尼乌斯·马克西穆斯串通亲兵杀死了他，篡位称帝。

❧ 公元 433 年起，埃提乌斯权势日重。公元 454 年，埃提乌斯被杀，原因是皇帝瓦伦提尼安三世怀疑其有谋反之心。

❧ 狄奥多西二世于公元 438 年将帝国的法律汇编成《狄奥多西法典》。在狄奥多西二世以后，拉丁文地位不断下降，逐步被希腊文所取代。

城市，许多难民逃亡海上，移居威尼斯，成为那里最早的居民。

阿提拉入侵意大利的前一年，意大利的农业大规模歉收，本来指望来年好些，结果阿提拉大规模入侵，毁灭性的掠夺了这里，意大利人为了保护自己仅有的口粮，没有投降，每个城池都顽强地抵抗着匈人，而且这次是东、西罗马联手对抗匈人，使阿提拉每前进一步都要付出巨大的代价。

由于粮草补给出现了严重问题，阿提拉的大军在意大利举步维艰，他只得带着疲惫的大军打道回府。

西罗马帝国灭亡

匈人的入侵成为压死西罗马帝国的最后一根稻草，到了 4 世纪 50 年代，日耳曼人开始入侵西罗马帝国，之后的 20 年间西罗马帝国的皇帝不断被蛮族所俘、驱逐或是被杀。皇帝几经变换，西罗马帝国已经连喘息的力气都没有了，最后在公元 475 年，欧瑞斯特赶走西罗马皇帝，扶持自己的儿子为王，西罗马帝国灭亡。

🌱 着手建设的东罗马帝国

西罗马是讲拉丁语的，然而东罗马以希腊人为主，会说拉丁语的人不多，虽然早期东罗马的皇帝仍然还是坚持一些罗马的传统，并且坚持官方使用拉丁语，甚至将国家的一些法典的编撰都使用拉丁语。但是令人十分无语的是，在东罗马不管是皇帝还是大臣学者，几乎都不会说拉丁语。

东罗马人之间除了拉丁语和希腊语的矛盾之外，还有很多需要改革的问题，这个问题只能交给刚上任的查士丁尼一世了。

❧ [查士丁尼一世]

公元 518 年，在外甥查士丁尼建议下，身为禁卫军首领的舅舅查士丁，策划利用形势登上了东罗马帝国皇帝宝座（登基时 68 岁）。此后查士丁指定查士丁尼为继承人，任命他为恺撒，公元 527 年授予他"奥古斯都"尊号，使之成为共治皇帝。同年 8 月，查士丁去世（因无子嗣），查士丁尼成了东罗马帝国唯一的君主。

查士丁尼一世改革

持续两个世纪之久的民族大迁徙，摧毁了罗马帝国西部（西罗马），但是帝国的东部（东罗马，也就是拜占庭地区）却顽强地生存了下来。为实现自己的宏图大业，东罗马皇帝查士丁尼一世采取了一系列的改革措施。

经济政策主要是调整税收制度和发展国内外商业贸易与手工业两个方面，由此国内的经济收入得以增加，外部的经济资源空间得以拓展。

东罗马的法律法规也在查士丁尼一世时代得以完善，《查士丁尼法典》《法学汇编》和《法理概要》均是重大的成果。东罗马帝国各城市也修葺一新，宏伟的圣索菲亚大教堂矗立在帝国首都君士坦丁堡。

查士丁尼一世"再征服"，地中海再次成为罗马的内湖

查士丁尼一世在即位的那天起，就把恢复

❦ [圣索菲亚大教堂]

公元530年，在查士丁尼一世的统治下，圣索菲亚大教堂（其原名 Hagia Sophia 是希腊语"神圣智慧"之意）开始动工。这座教堂后来成为拜占庭帝国宗教生活和东正教的中心。

❦ [美国国会众议院会客厅中的查士丁尼头像浮雕]

❦ 公元381年，罗马帝国皇帝狄奥多西一世为了巩固自己的统治地位召开了大公会议，这次会议提升了君士坦丁堡主教的权位，而君士坦丁堡也提升成总主教区，仅次于罗马。

第 7 章 罗马帝国的分裂

罗马帝国作为终生奋斗的目标。为实现这一目标，在军事上他东征西讨，花了20年的时间打败波斯帝国，击溃汪达尔族，从哥特人手中收复了意大利、北非和西班牙的一部分，地中海再次成为罗马的内湖。可以说，他收复了西罗马帝国灭亡后留下的主要地方。

通过不断地征服，地中海已然成为拜占庭人的内湖，似乎昔日的罗马盛况将要再次重现。但是他连年不断地征伐并没有取得彻底的成功，罗马复兴也只是昙花一现罢了。

❦ 汪达尔人为古代日耳曼人部落的一支，曾在罗马帝国末期入侵过罗马，并以迦太基为中心，在北非建立一系列的领地，成为地中海沿岸一股不可小觑的势力。

❦ 查士丁尼一世在位期间也曾遇到一次危机，那便是公元532年的尼卡叛乱。被吓破胆的他妄图逃跑，但是妓女出身的皇后迪奥多拉拦住了他，一句"皇权永远是最好的坟墓"使得查士丁尼一世震撼不已。他冷静下来，调动贝利撒留、纳尔西斯等人平定了叛乱。

❦ 哥特人是东日耳曼人部落的一支分支部族，公元410年，日耳曼的西哥特人在领袖阿拉里克率领下进入意大利，围攻罗马城。

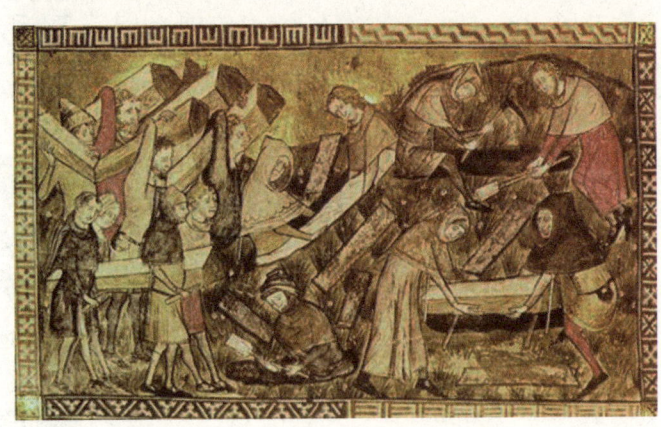

❦ [查士丁尼瘟疫场景]

❦ 对于查士丁尼一世最终失败的原因，最先为人所想到的便是以他本人名字来命名的"查士丁尼瘟疫"。这次瘟疫是鼠疫首次在地中海世界大规模爆发，死亡率相当惊人。到处都是无法处理的尸体，人们闭门不出，各个行业停业，帝国的政府也难以正常运行下去，帝国的军队人数更是锐减，从65万直降至15万，这显然难以使帝国在军事层面保持长期的优势。除了瘟疫以外，还有地震。帝国的主体部分处在地中海地区的地震带上，数次地震使得诸多城市遭受着不同程度的破坏。可以说，接二连三的灾难挫伤了这个"罗马帝国"的锐气。最后就是人祸，战争本身就是一种劳民伤财的行为，查士丁尼一世为了自己的梦想，使得整个帝国都陷入了泥潭之中，人力和物力也逐渐地走向了枯竭。查士丁尼一世死后，他的继承人查士丁二世在清理了国家财政后，绝望地哀叹道："国库一贫如洗，我们负债累累，到了极端贫困的地步。"

🌱 罗马教会的分裂

公元 330 年，罗马帝国迁都拜占庭，在新城里教堂、教会一应俱全，这就是第一次分裂。

随着公元 395 年罗马皇帝狄奥多西一世将国土拆分成东、西罗马，分别交由两个儿子管理。教会也随着国土被分成了以罗马为根据地的西方教会和以君士坦丁堡为总部的东方教会，东西教会逐渐分道扬镳。

西方教会是天主教，首领被称为教宗，也就是我们俗称的"教皇"；而东方教会是东正教，首领被称为牧首，当时最有威望的牧首就是君士坦丁堡牧首。

公元476年，西罗马帝国在蛮族的侵袭下灭亡后，西方教会并没有随着帝国的灭亡而一蹶不振，相反，他们吸收了入侵的蛮族，让这些人先后归信了罗马教会。新成员的加入让西方教会不断壮大，整个欧洲世界都成为其麾下之臣。

再反观东方教会，虽然有拜占庭帝国庇佑，但是由于受希腊化和东方阿拉伯人的挑战，东方教会并没有得到太多发展。

🌿 [以弗所公会议]

大公会议（或称公会议、普世公会议、普教会议）是传统基督教中有普遍代表意义的世界性主教会议，咨审表决重要教务和教理争端。上图记述的是发生在公元431年的以弗所公会议。

第 8 章
东地中海上的阿拉伯人

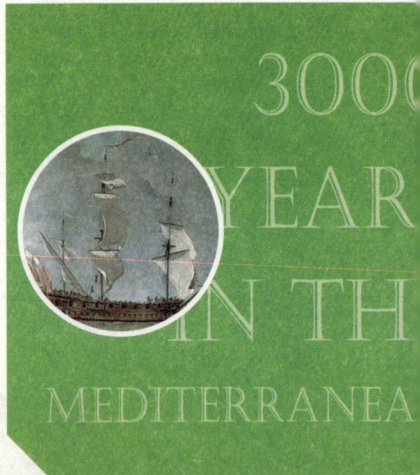

拜占庭帝国内部的动乱，使帝国元气大伤，也让阿拉伯人有机可乘，他们驾驶着战船闯入了地中海，在一次次的劫掠之中，慢慢地蚕食着地中海周边的城市，使得拜占庭帝国的疆域日渐萎缩。

希拉克略与拜占庭帝国

在拜占庭帝国，因为查士丁尼一世大兴土木及应付战争耗资巨大，导致税收加重，酿成许多地方叛乱，几乎推翻了查士丁尼一世的统治。之后祸不单行的是，几场猛烈的瘟疫袭击了拜占庭帝国的领土。公元541年，鼠疫开始在拜占庭帝国属地中的埃及爆发，接着便迅速传播到了首都君士坦丁堡及其他地区。这次鼠疫引起的饥荒和内乱，彻底粉碎了查士丁尼一世的雄心，也使拜占庭帝国元气大伤，走向崩溃。公元565年，查士丁尼一世去世，不久拜占庭帝国再度走向衰落。

百夫长福卡斯一步登天成为帝国新皇帝

自查士丁尼一世起，所有查士丁尼王朝的皇帝均没有子嗣，因此帝位并非在直系血亲间传承。帝国一片混乱，拜占庭帝国皇位几经更替，公元582年，

[阿瓦尔骑兵和斯拉夫附庸 – 插画来自英国插画家安格斯·麦克布莱德]

公元 6—7 世纪，阿瓦尔人席卷了从乌拉尔山区到匈牙利平原之间的广袤领土。无论是北意大利的伦巴底国王，还是君士坦丁堡中的拜占庭皇帝，都被其接连击败。至于原始的斯拉夫部落民众，更是成为其奴隶与附庸。

第 8 章 东地中海上的阿拉伯人

上一任皇帝提比略二世的女婿莫里斯，继承了拜占庭帝国的皇位，即莫里斯一世。

　　莫里斯一世在位期间，战争几乎燃遍了帝国全境，帝国岌岌可危。公元 602 年，莫里斯一世派百夫长福卡斯率军出征多瑙河流域的阿瓦尔人，福卡斯沿途招募游兵散勇，队伍日益壮大，在到达多瑙河流域时，福卡斯没有去对付对岸的阿瓦尔人，而是带兵哗变，南下折返君士坦丁堡，将皇帝莫里斯一世围困在都城之内。

　　福卡斯的人军大喊反对皇帝的口号，煽动了君士坦丁堡内的群众对皇室贵族的不满，于是福卡斯在君士坦丁堡群众的支持下，迅速攻下首都，除了太子提奥多西化妆成修道士逃亡萨珊波斯外，皇帝莫里斯一世和他的其他子女以及政府中敌视军队的代表人物都被推上断头台，查士丁尼王朝宣告结束。

["暴君"福卡斯]

[改革拜占庭帝国军制的莫里斯一世]

公元 6 世纪的莫里斯一世，鉴于查士丁尼时期的教训以及东罗马军队的孱弱，不得不改革帝国军队。他打散了原本的骑兵编制，解决了原本将领私兵泛滥问题，但对于军队的整体战斗力没有多大的提升。

> 莫里斯一世是拜占庭帝国著名的军事理论家，曾经著有海陆军协同作战理论的军事著作《战略》。他的诸兵种协同作战理论，甚至直到第二次世界大战之前，都可以算是先进的。

海洋与文明：地中海三千年

❧ 萨珊波斯是波斯第二帝国，是最后一个前伊斯兰时期的波斯帝国，国祚始自公元224年，公元651年灭亡。

萨珊波斯的居民称萨珊波斯为埃兰沙赫尔或埃兰。萨珊波斯取代了被视为西亚及欧洲两大势力之一的安息帝国，与罗马帝国共存了超过400年。

❧ 奇迹撰述者、圣者吉米特里曾对由于福卡斯篡位掀起的这场几乎断送拜占庭帝国的内战做了专门记载。他说道："魔鬼在他（莫里斯一世）的继承者的国土上掀起了一片乌烟瘴气，在整个东方，在吉里基亚、亚细亚、巴勒斯坦扑灭了欢爱，挑起了仇恨，甚至波及帝都……吉莫已经不满足于在广场狂饮同族人的血……他们好像蛮族一样劫掠了自己的同胞。"

福卡斯带来 8 年的血腥内战

福卡斯一步登天成为帝国新皇帝，他给拜占庭帝国带来的是 8 年的血腥内战。

福卡斯用哗变的办法夺得了拜占庭帝国的皇帝宝座，但是他坐得并不太安稳，帝国元老院、贵族和行政官激烈地反对他，这些反对者在拜占庭帝国的各省（比如叙利亚、巴勒斯坦、西里西亚、小亚细亚、埃及等）不断挑起事端。

同时，老皇帝莫里斯一世的女婿、萨珊波斯帝国皇帝库斯鲁二世，在拜占庭帝国内乱之际，乘机发动对拜占庭的战争。

面对外敌压境，国内各方势力不服调配，福卡斯的政府只能采用残酷的杀戮来对付帝国的名门贵族，结果杀人越多，敌人也越多。

❧ [库斯鲁二世钱币]

❧ [硬币上的希拉克略]

希拉克略是拜占庭帝国希拉克略王朝第一任皇帝（公元610—641年在位），被认为是军区制的缔造者。

希拉克略砍了福卡斯的脑袋，同年称帝

在福卡斯的残酷杀戮之下，贵族们纷纷开始反对他，公元608年，拜占庭帝国的北非总督希拉克略，宣布放弃效忠于皇帝福卡斯，首先起兵反对福卡斯，内战爆发。福卡斯派兵去讨伐希拉克略，但被希拉克略之子尼斯塔斯击败。而此时萨珊波斯攻陷了叙利亚

❧ 萨珊波斯国王是死去的拜占庭帝国皇帝莫里斯一世的女婿

公元591年，波斯传奇名将白赫兰·楚宾（巴赫拉姆·楚宾）被逼反叛，霍尔米兹德四世被杀，王子库斯鲁二世流落到拜占庭帝国求助。莫里斯一世尽管深深惊讶于波斯皇帝的落魄，但经过再三的利弊权衡后，他还是决定给予库斯鲁二世援助，条件是对方割让亚美尼亚和德拉要塞给拜占庭帝国。为了加强复辟后两国的友谊，莫里斯一世还将自己的女儿西琳公主嫁给库斯鲁二世。库斯鲁二世在拜占庭帝国的帮助下夺回了皇位。

❖ 军区制的实质就是地方军政合一，地方军事长官兼有行政管辖权，一身二任，类似于中国历史上的节度使制度。实际上使全国都处于军事管制之下。由于拜占庭帝国容易受攻击的地理特点，战争已成为国家和政府的经常性职能，军区制对拜占庭帝国来说显然是合理而且必要的。

❖ 希拉克略同教会的关系是十分微妙的。在危机年代，希拉克略得到教会的资助。他利用教会的物质和精神力量号召全国军民同仇敌忾。但战后教会的追债使双方矛盾顿起。

希拉克略曾经策划通过丝绸之路向中国遣使，其死后第二年，公元643年使者来到唐朝长安，拜占庭帝国正式和唐朝建立外交往来。

和美索不达米亚的大部分东方行省，并深入安纳托利亚半岛。

公元610年，希拉克略大军抵达君士坦丁堡城下，福卡斯的城防部队向希拉克略倒戈，希拉克略未遇抵抗便占领了首都，抓获福卡斯并砍了他的脑袋。同年希拉克略称帝，由此开始了拜占庭帝国希拉克略王朝。

极端危险的拜占庭帝国

希拉克略即位之时，拜占庭帝国处于极端危险的状态之中，由于当时福卡斯从多瑙河边境撤军哗变，致使阿瓦尔人可以随意进出巴尔干半岛。

作为莫里斯一世女婿的萨珊波斯皇帝库斯鲁二世，则借口莫里斯一世遇害，大举进攻拜占庭帝国。安条克、叙利亚、耶路撒冷相继陷落，公元616年，波斯大将巴尔兹侵入埃及，至公元619年征服了整个埃及，萨珊波斯达到了极盛。

希拉克略改革军制抵御萨珊波斯的入侵

初登帝位的希拉克略当务之急是抵御萨珊波斯的入侵，他着手改革军制，很快便取得成效。希拉克略率领大军，绕开萨珊波斯大军，乘舰船突袭萨珊波斯后方，不仅打败了萨珊波斯，还趁机收复失地，一路占领了科尔奇斯、亚美尼亚、美地亚。

此时，多瑙河流域的阿瓦尔人也伙同萨珊波斯与拜占庭帝国为敌，不过拜占庭帝国的军队所向披

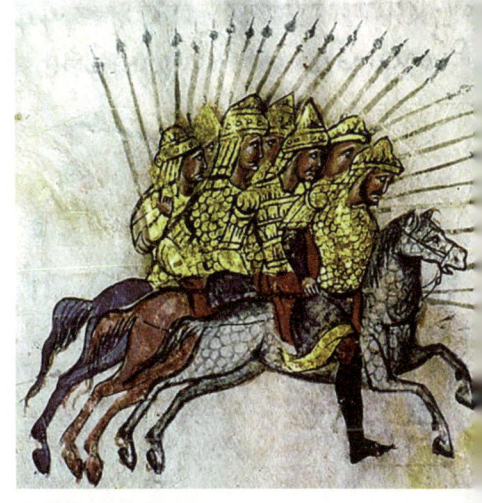

❖ [阿瓦尔人战士]

阿瓦尔人是古代欧亚大陆游牧民族之一。他们约在6世纪时迁徙到欧洲中部和东部。原居高加索，后来介入日耳曼人的部落战争。6世纪下半叶以匈牙利平原为中心建立帝国，6世纪末达到极盛时期。7世纪初参加反拜占庭帝国战争，公元626年几乎占领君士坦丁堡。7世纪后半叶发生内讧，约9000名反对派被赶出帝国。后来又发生起义，使帝国更加衰落。公元805年被查理曼大帝征服。

靡，萨珊波斯不得不于公元 631 年同拜占庭帝国议和，并归还土地、释放俘虏。

经此一战，萨珊波斯王朝的元气被打垮，仅 10 年后，庞大的波斯帝国便被阿拉伯人灭亡。此后阿拉伯人便在很长一段时间内，成了拜占庭帝国的噩梦。

6—7 世纪时的阿拉伯半岛

阿拉伯半岛位于亚洲的西南部，这里北邻美索不达米亚平原，南接阿拉伯海，西临红海，东濒波斯湾，面积达 300 多万平方千米，在地图上是一只巨大的靴子形状。

阿拉伯半岛虽然遍布沙漠，气候干旱，但是在古代这里是连接东亚和欧洲的重要贸易线路，著名的丝绸之路也经过这里。在拜占庭帝国控制这里的时候，红海贸易非常兴旺，令人垂涎的利润引来无数海盗，随着拜占庭帝国逐渐衰落，对付不了海盗，贸易版图也逐渐萎缩。

[宇航员从太空拍摄的阿拉伯半岛夜景]

阿拉伯半岛的城市

5、6 世纪时的阿拉伯半岛，因为海盗猖獗，大量的商人选择走陆路，于是陆路贸易线路更加重要了，这条线路经过今天阿拉伯半岛西南部的麦加、麦地那和半岛的北部。这就形成了当时阿拉伯半岛上最重要的城市：麦加、麦地那和塔伊夫。其中，麦加地处商路的交叉路口上，能够为过往的商旅补充淡水和提供食物，因而格外重要。

在这里生活的是专门从事商业而不从事畜牧业和农业的部落，即古来氏人。古来氏人大约有 20 多个部落，他们都被统一称为古来氏阿拉伯人。

部落战争时期

公元 500—622 年，在阿拉伯诗歌中被叫作"阿拉伯人的日子"，即部落战争时期。这时候各部落为争夺牲畜和水源而引发争端，有迹可循的大大小小的争斗就有1700多次。

最早且最有名的部落战争是"白苏斯战争"，起因是台格利卜部落酋长射伤伯克尔部落的一只母骆驼，双方战争延续了40年。

还有著名的"菲贾尔战争"，发生于公元575—590年间，因为战争发生在禁月期间，又叫违禁的战争。战争的一方是当地的古来氏人和克那奈人，另一方是入侵的海瓦精人。

在这样动荡的年代，部落间不断的战争让人们苦不堪言。就像当年的犹太人一样，对于战争的厌倦，引发了人们对安宁的向往。

🌱 沙漠雄狮阿拉伯帝国

公元632年，阿拉伯半岛上的各部落民众建立了一个统一的阿拉伯帝国。特别是在四位哈里发长达30年的

> 白苏斯战争是5世纪末至6世纪初，阿拉伯半岛部落间的一场"血亲复仇"战争。双方互相袭击，互相掠夺，延续40余年，几至同归于尽。约公元525年，在希拉国王孟迪炙三世调解下才结束战事。

❋ [四位哈里发]

最初的四位哈里发依次为阿布·伯克尔(632—634在位)、奥马尔·伊本·哈塔卜(634—644在位)、奥斯曼·伊本·阿凡(644—656在位)、阿里·伊本·阿比·塔利卜(656—661在位)。他们四位前后执政29年，原以麦地那为都，阿里执政时迁都伊拉克库法。这个时期随着大规模的对外军事扩张，伊斯兰教开始向阿拉伯半岛以外广大地区传播，史称"阿拉伯的开拓时代"。

第8章 东地中海上的阿拉伯人

海洋与文明：地中海三千年 | 163

[阿拉伯轻骑兵]

统治时期，阿拉伯帝国的疆土不断扩大。

尽管当时拜占庭帝国的军队还是非常强悍的，但是阿拉伯远征军并不怵，不断地进攻，打得拜占庭帝国军队差点全军覆没。此战令拜占庭帝国皇帝希拉克略恼羞成怒，于是很快便又派出了由他的弟弟所带领的一支更为庞大的军队，依靠着有利地形，才勉强将阿拉伯远征军击败。

阿拉伯帝国的反扑——攻占叙利亚

阿拉伯远征军的失败，令阿拉伯帝国的哈里发不甘心，于是再次派出了有着"安拉之剑"称号的大将哈立德，带领着一支增援部队直扑拜占庭帝国。当然，阿拉伯军队此行的目的不仅仅是去增援自己正在受困的兄弟部队，还想乘机拿下拜占庭帝国的殖民地——叙利亚。公元634年3月，在做好了充分的准备之后，哈立德带领着阿拉伯大军开始向着沙漠行进，准备通过穿越沙漠实现奇袭叙利亚的战略目标。

18天后，这支阿拉伯军队便突然出现在了叙利亚首都大马士革的城下，显然这场出其不意的攻击，使得拜占庭帝国驻扎在大马士革的守军一时间手忙脚乱，很快就被击败了。而阿拉伯帝国的骑兵则在占领了大马士革之后，很快就占领了叙利亚全境。第二年，阿拉伯军队战胜了想来收复失地的拜占庭帝国正规军。曾经在过去的700年间一直是罗马帝国东部要冲的叙利亚，很快就被伊斯兰化了。

❦ 哈立德是阿拉伯帝国早期著名军事将领。原为麦加贵族艾布·苏富扬的部下，公元629年初到麦地那，在穆厄泰战役中主将战死后，他率残部突围返回麦地那，穆罕默德为表彰其英勇，赐"安拉之剑"称号。

❦ 公元641年，希拉克略病逝，之后，公元641—695年，希拉克略的4个儿子轮番做拜占庭帝国的皇帝，但时间都不长久，都是刚登基便死于非命。

沙漠雄狮的脚步

此后,阿拉伯帝国的军队马不停蹄,东向美索不达米亚地区,西向小亚细亚纵深进攻,南向埃及连续闪电进击,所向披靡。到公元641年拜占庭帝国皇帝希拉克略去世之时,巴勒斯坦、叙利亚、约旦乃至埃及等地区,已成为生机勃勃的阿拉伯帝国的一部分,两年之后,又征服了的黎波里。

公元670年,阿拉伯势力在现今突尼斯以南150千米的地方建立了北非最早的阿拉伯人城市,取名凯鲁万。阿拉伯帝国的哈里发无疑打算把这里作为扩大阿拉伯势力的前沿阵地。

公元698年后,阿拉伯帝国又征服了迦太基的部分港口,公元710年,攻陷迦太基城。

完全称霸北非之后,阿拉伯势力渡过直布罗陀海峡,转而开始了征服伊比利亚半岛的征程。

公元762年,阿拉伯人在泰西封40千米外的地方建立了新的首都,取名巴格达。阿拉伯势力不但灭掉了波斯帝国,还强大到可以扼制拜占庭帝国咽喉的程度。

[凯鲁万的清真寺]

第8章 东地中海上的阿拉伯人

✤ 凯鲁万是今天的突尼斯古都,位于突尼斯中部偏东地区,现为突尼斯第四大城市。这里的清真寺星罗棋布,因此有"三百清真寺之城"的美誉,其中最负盛名的是位于城东北隅的奥克巴清真寺,又称为"大清真寺"。它不仅是北非历史最悠久、规模最大的清真寺,也是与麦加圣寺、麦地那先知寺、耶路撒冷阿克萨清真寺齐名的世界四大清真寺之一。

海洋与文明:地中海三千年 | 165

❋ [中世纪的巴格达]
巴格达是阿拉伯世界中的一座历史文化名城。巴格达这个名称来自波斯语,含义为"神的赠赐"。

❋ 威尼斯城下是海水,所以制盐就成了他们乔迁他处第一个学会的技能。

❋ [泰西封千年的古城遗址 – 亚历山大博物馆藏画]
泰西封是伊拉克著名古城遗迹,也译为"忒息丰",位于巴格达东南32千米处。

进攻基督教世界的阿拉伯海盗

对于阿拉伯人来说,如果想出海获取粮食,有两条路可以选:要么做商人,要么做海盗。

做商人,就像威尼斯人那样,但是当时食物保存的方法只有干燥和盐渍两种。阿拉伯人没有威尼斯人制盐的手艺,所以从事商人并不是一条好的出路。

那么就只剩下海盗这一种没得选地选择了。阿拉伯人守着自古就有"罗马帝国粮仓"之称的北非,那里失去和平与安全之后,成

❋ 威尼斯是由潟湖中央的大小117座岛屿组成的,潟湖最终流入亚得里亚海。公元452年,最早的威尼斯人为了躲避匈人王阿提拉的入侵而来到潟湖的岛屿上。从此以后,水——这道天然的屏障,使得他们世代在岛上安全地繁衍生息。

166 | 海洋与文明:地中海三千年

了阿拉伯人、柏柏尔人、摩尔人，以及一些流浪的海上民族获取粮食的主要"产地"。

除了粮食之外，阿拉伯人也喜欢来自东方的陶瓷、丝绸……面对着地中海来往的商船，他们成了地中海南岸广袤地区的"主人"。不仅如此，他们所信奉的宗教将加害异教徒的行为视为正当行为，所以阿拉伯人做海盗的就越来越多。

第一次袭击基督教世界

早在公元 652 年，就有阿拉伯船只从埃及的亚历山大城出发，袭击了西西里岛最大的城市叙拉古，他们大肆破坏、掠夺并绑架了 800 名男子和妇女，在亚历山大城的奴隶市场上出售。这里就是此后戕害地中海千年的阿拉伯海盗源之所在。

此后随着阿拉伯人的进攻，基督教世界笼罩在杀戮与恐惧之中。

出于确保海上交通线的目的，屠杀了全部基督徒

公元 700 年，兰佩杜萨和潘泰莱里亚两个岛接连遭到阿拉伯海盗的袭击。这两个小岛现代都属于意大利领土，但当时和西西里岛都属于拜占庭帝国。

这里居住着当年迦太基被罗马灭亡后逃亡的人们，海盗们杀害了这里的基督徒，然后从北非移民在此居住。

❦ 兰佩杜萨岛是欧洲的南大门，距非洲大陆仅 110 千米，该岛面积仅 20 多平方千米。
因 2013 年一艘来自利比亚的偷渡船在兰佩杜萨岛附近海域沉没，300 多人葬身深海而为人熟知。

❦ 潘泰莱里亚岛是一座火山岛，由于其位于地中海，在西西里岛和北非突尼斯之间，具有重要的战略位置，因而为其惹来了不少战火。

❦ [叙拉库萨古希腊剧场]
叙拉库萨即历史上的叙拉古，公元前 734 年由希腊城邦科林斯移民所建，曾为西西里岛东部霸主，第二次布匿战争中曾抵抗罗马入侵，公元前 212 年被罗马所灭，成为西西里行省的一部分。这里也是阿基米德的故乡。

第 8 章 东地中海上的阿拉伯人

[西西里岛]

当时这两座小岛无粮、无地、无财富,阿拉伯海盗征服这里大概只是出于确保海上交通线的目的。

基督教世界不仅是异教徒聚居之地,还是可以迅速致富之地

阿拉伯海盗自此开始了针对基督教世界的袭击。无论是从北非的凯鲁万出发,还是从亚历山大城出港,地中海最大的岛屿西西里岛都是其首要的目标。

公元704年,凯鲁万的地方长官穆萨亲自率领1000名阿拉伯士兵在西西里岛南岸登陆,一番杀戮掠夺之后乘船回到凯鲁万。这次抢劫所获得的收益,仅够人均得到100枚第纳尔金币,但却大大地鼓舞了阿拉伯人杀戮异教徒的情绪。因为自此以后他们懂得了基督教世界不仅是能够提供杀戮的异教徒聚居之地,还是可以迅速致富之地。

抢劫叙拉古之后,长达15年平静

公元705年,穆萨带着阿拉伯海盗再次从凯鲁万出发,突然袭击了叙拉古。这座城市自阿基米德时代以来,一直是西西里岛的首府,而穆萨这1000人的队伍想要征服这里,难度确实很大,所以他们只是打、砸、抢、烧,再掳走居民。但是这样的行为令当地居民人人恐惧。

不过自这次袭击叙拉古之后,阿拉伯人没有再发动对西西里岛的进攻,在以后长达15年的时间里,归于风平浪静。

这并不是阿拉伯人放弃了征服这里,而是此时整个拜占庭帝国出现混乱,他们需要去捞更多的油水。另外,阿拉伯人从公元710年开始侵略西班牙,并控制了西班

> ❋ 早期,由于阿拉伯帝国并未注重海军建设,当它侵占了埃及和叙利亚后,发现这里是地中海贸易往来的必经之处。位于叙利亚的港口城市,一般以希腊人为主,并且大都信仰东正教,在被阿拉伯人征服之后,有大量财富通过地中海向拜占庭帝国运送。
> 阿拉伯人看到了地中海另一边拜占庭帝国的繁荣,于是有了入侵拜占庭帝国的企图,开始萌生了建立海军的想法。

牙大部分地区，大量的精力投入在对西班牙的管理和镇压之中，所以暂时没时间顾及这里。

利奥三世勾结阿拉伯势力，取得拜占庭帝国皇位之后，不履行约定

公元716年，拜占庭帝国将领利奥三世自立为帝，但实际上未成为拜占庭帝国的真正统治者，君士坦丁堡仍然在狄奥多西三世的统治下，因此利奥三世勾结阿拉伯势力，接受阿拉伯人的条件，以争取其支持，联合出兵攻占君士坦丁堡。

公元717年，利奥三世利用阿拉伯势力推翻了狄奥多西三世，结束了自公元711—717年拜占庭帝国的无政府状态，登上皇帝宝座，开创伊苏里亚王朝。

利奥三世成为真正的拜占庭帝国皇帝之后，却不履行对阿拉伯人的承诺，于是阿拉伯人恼羞成怒，执意报复。

阿拉伯人围困了君士坦丁堡一年之久，但没能攻下，拜占庭帝国军队用"希腊火"烧毁了大批阿拉伯战舰。阿拉伯军队由于在冬季严寒和瘟疫中大量减员，军心动摇，只能暂时放弃讨伐利奥三世。

对西西里岛的掳掠均以失败告终

对于利奥三世的违约，阿拉伯人很是愤怒，但是此时正值西班牙光复运动，阿拉伯帝国的大量兵力都在那里镇压西班牙的反抗运动，几年之后，阿拉伯人腾出精力，想到了拜占庭帝国皇帝还未履行约定，于是大量阿拉伯海盗出现在了地中海……

到了公元725年，由地方长官亲自率领

❋ [狄奥多西三世]

❋ [利奥三世]

利奥三世在公元726—730年间，两度宣布反对供奉圣像的诏令，即破坏圣像运动，大大打击了基督教会的势力。公元741年6月18日，利奥三世去世，其子君士坦丁五世继位，他继承父亲遗志，采取更为激烈的手段对付修士，结果导致国内矛盾激化，内战爆发。

第8章　东地中海上的阿拉伯人

❋ [福斯塔]

阿拉伯海盗常用的船是加莱船中最小的一种，称为福斯塔，是一种小型的军用快船。这种船有一根桅杆，使用与船身长度差不多的三角帆，划桨手有 16～20 人。这种船一般只能载水手、划桨手和战士 40 人。

❋ 根据文献记载，希腊火多次为拜占庭帝国的军事胜利做出颇大的贡献，希腊火的配方现已失传，据当时受希腊火所伤士兵记述："每当敌人用希腊火攻击我们，所做的事只有屈膝下跪，祈求上天的拯救。"这段引文足以说明希腊火的威力。

❋ [拜占庭帝国军队使用"希腊火"]

希腊火是拜占庭帝国所发明的一种可以在水上或水里燃烧的液态燃烧剂，为早期的热兵器，主要应用于海战中，希腊火是阿拉伯人对这种恐怖武器的称呼，拜占庭人则称之为"海洋之火""流动之火""液体火焰""人造之火"和"防备之火"等。

的阿拉伯海盗行为逐渐少见，而是改由船主带队或者船长带队，从面向地中海的港口城市出发，海盗行为的收益也有了明确的记载：收益的 1/5 上缴地方长官，剩余的 4/5 由船主、船长和船员分配。

虽然有了方法，有了人，海盗们却没有了之前的运气，因为拜占庭帝国皇帝已经下达了抵御阿拉伯海盗劫掠的命令。阿拉伯海盗对西西里岛的掳掠均以失败而告终。

成功的抢劫行为催生了其后多次海盗行动

公元 727 年，阿拉伯海盗再一次发起对西西里岛的掳掠行动，这次取得了圆满成功，获得了大量的俘虏和战利品，催生了其后的多次海盗行动。

在利比亚、突尼斯、阿尔及利亚、摩洛哥等北非国家西面的海港，用铁锁链成队锁住的基督徒奴隶的身影越来越多。

西西里岛成为阿拉伯海盗的首攻目标，让基督世界蒙羞，也让拜占庭帝国皇帝感到耻辱。

拜占庭帝国派兵迎击海盗，却被阿拉伯人打败

利奥三世上台后，因无法兑现对阿拉伯人的承诺，隐忍并放纵了阿拉伯海盗行为 10 年之久，公元 728 年，他终于恼火了，派出一支军队去迎战阿拉伯海盗。

然而这次与阿拉伯人的交手，让利奥三世皇帝又丢了面子，拜占庭帝国的军队被打败了。

❉ [西西里岛一角]

"如果不去西西里，就像没有到过意大利：因为在西西里你才能找到意大利的美丽之源。"这是歌德在 1787 年 4 月 13 日到达巴勒莫时写下的句子，这是他为寻找西方文化的根源，第一次来到意大利。

❉ 如今的西西里岛仍然有黑手党存在。黑手党是一种起源于欧洲中世纪的组织，逐渐演变成为一种超越法律的帮会犯罪组织。它使该岛的某些部分实际上有两个政府、两套行为准则和执法系统——一个是合法政府；另一个是影子政府，是一个无所不在的社会、经济和政治网，通过暴力维持其权力。

海洋与文明：地中海三千年 | 171

[君士坦丁堡港口的船只－托马斯·阿洛姆]

[阿拉伯帝国西班牙总督阿卜杜勒·拉赫曼]

阿卜杜勒·拉赫曼一世是阿拉伯帝国的王族伍麦叶家族的直系后代。他是安达卢西亚后伍麦叶王朝的创建者，从他开始了中世纪阿拉伯政权对西班牙的长期统治。

阿拉伯人攻城战不灵，损失惨重

公元729年，阿拉伯海盗又征集了180艘船组成舰队，准备去进攻亚得里亚堡。

攻城战不像海盗抢劫，人数、补给都要有很好的规划，阿拉伯海盗显然没有做好这样的准备，所以战事起于夏天，却在你来我往中僵持到冬天临近，眼看呼啸的北风乍起，阿拉伯海盗准备撤退。归程途经地中海时，遭遇猛烈的暴风雨，180艘船中竟有163艘连同船上人员一同沉没。

这支舰队原本要前往突尼斯所在的西南方，却漂流到了南方，仅有17艘船漂流到利比亚的黎波里。

阿拉伯人大败于普瓦捷近郊

阿拉伯海盗遭遇的这次大败，并没有成为他们继续行动的阻碍。

3年之后的公元732年，在阿拉伯战士们

[普瓦捷之战]
普瓦捷之战捍卫了法兰克王国的独立，遏止了阿拉伯人向西欧的扩张，在欧洲历史上具有重要意义。

第 8 章 东地中海上的阿拉伯人

越过比利牛斯山脉攻入法兰克王国，企图占领整个高卢时，与前来迎战的法兰克王国军队作战，大败于普瓦捷近郊，这就是历史上著名的普瓦捷之战，这场胜仗对于欧洲人的意义却是不同的。

法兰克王国在普瓦捷之战中只损失了 1500 多人，而阿拉伯人则死亡人数不详。法兰克王国以极小的代价赢得了辉煌的胜利。此后法兰克人一直与阿拉伯人交战，迫使阿拉伯人撤回到比利牛斯山以南地区，阿拉伯势力征服欧洲，把地中海变成阿拉伯帝国内湖的梦想化为泡影。

阿拉伯势力在短短 20 年时间内征服了伊比利亚半岛，却止步于比利牛斯山脉南麓。阿拉伯人打消了沿内陆征服欧洲的念头，却更想从海上征服欧洲。

对于阿拉伯人来说这是一种"生意"

阿拉伯人将目光又投向了大海，他们吸取了以往的教训，不再选择攻占城市，而是征服海洋。

7 世纪末 8 世纪初，阿拉伯人为了更好地在海上航行，建立了自己的造船厂。在 8 世纪前半叶，所有基督

> 君士坦丁一世在兴建君士坦丁堡后，后来的皇帝为了防御来自陆路和海路的攻击，修建了名为狄奥多西的新城墙，加上原来拜占庭时代的城墙、君士坦丁城墙，让这个城市的历史变得更加迷人。

[君士坦丁堡城墙金币]
米海尔八世的金币，纪念重夺君士坦丁堡。

海洋与文明：地中海三千年 | 173

教世界都没有这种造船厂，而阿拉伯人却在北非面向地中海的那一面开始了这种行业。

阿拉伯海盗开着快速的小型加莱船，不断开发着新的海域，拜占庭帝国只得拿出大批钱财企图换取和平。拜占庭帝国的钱每次只能保证2、3年不见阿拉伯海盗船的踪影，但这注定不会持续太久。因为这对于阿拉伯人来说不仅是"圣战"，还是一种"生意"。

8世纪的这100年间，地中海世界东、南、西三面都被阿拉伯势力覆盖。退缩于北方的基督教世界不断遭受阿拉伯海盗袭击，拜占庭帝国的领土不断被蚕食，如今已被逼到首都君士坦丁堡西翼的希腊和小亚细亚西部之间。它正在竭尽全力保卫所剩无几的土地，再无余力向意大利伸出援手。甚至拜占庭帝国把保卫希腊西面亚得里亚海安全的责任，交给了尚在成长中的威尼斯共和国，而地中海西部的制海权悬而未决。

❋ [加莱船]

有一种船在船史舞台上堪称"长青树"，居然独霸了将近3000年，这就是人们称之为"加莱船"的地中海桨帆船。"加莱船"在地中海历史上诸国争夺霸权的斗争中扮演了一个非常重要的角色。

❋ 7世纪拜占庭帝国丧失埃及、阿非利加和叙利亚等行省后，谷物产量减少，肉类消费量开始增加，羊毛和亚麻也取代产自埃及的原棉，成为纺织的主要原料。

❋ [面包]

拜占庭人的主食基本都是面包、豆类。

❋ 不同地区的拜占庭人饮食略有不同

根据一位拜占庭佚名作家的《论食物》记载，不同地区的拜占庭人饮食略有不同，但主食基本都是面包、豆类（加入汤或菜中）。在首都君士坦丁堡，由于肉价昂贵，普通人的主食是面包、橄榄、洋葱、小扁豆、奶酪和鱼类。外地则广泛食用牛、羊、猪、马、鸡、鸭、鹅等禽畜肉类。君士坦丁堡人喜食海鱼，淡水鱼通常用来喂猫狗。其他拜占庭史料中提到的蔬菜有萝卜、卷心菜、大蒜、洋葱、南瓜、莴苣、韭菜、黄瓜，调料包括芝麻、芫荽、胡椒、丁香，水果则以苹果、无花果、西瓜、杏和葡萄为主。饮料为家酿的葡萄酒和啤酒为主。

❋ 这个时期地中海沿岸的拜占庭帝国势力不断遭受阿拉伯人的入侵。拜占庭帝国日渐衰败，而同时北欧维京势力纷纷崛起，开始南下拓展疆土，加之来自东方的阿拉伯势力，使得罗马教皇利奥三世忙于四处求援搬兵。

第 9 章
入侵基督教世界的阿拉伯势力

公元 800 年，法兰克王国进入全盛时期（查理曼帝国），阿拉伯帝国占领了欧洲的伊比利亚半岛，与法兰克王国对峙；此时的英格兰仍未统一，欧洲诸多民族开始兴起，地中海依旧处于阿拉伯人的肆虐之中。

神圣罗马帝国的诞生

面对阿拉伯势力的侵袭，作为基督教统治者的罗马教皇，虽然是宗教和政治的双重领袖，但没有军事力量，一切都是枉然。所以罗马教皇利奥三世向拜占庭帝国皇帝发出请求保障西方安全的信函，却每次都大失所望。因为此时的拜占庭帝国心有余而力不足，罗马教皇把拜占庭帝国皇帝优柔寡断的应对，解读为拜占庭帝国皇帝不想为同为基督徒居住的西方履行防卫职责。

在这种情况下，利奥三世将橄榄枝投向了一直与罗马教廷保持密切政治联盟的法兰克国王查理曼。

神圣罗马帝国的诞生

法兰克国王查理曼接受了教皇的请求，率领大军翻越阿尔卑斯山进入意大利。法兰克大军首先横跨意大利北部进入拉文纳，查理曼自己则率少量军队沿亚

[教皇利奥三世]

[利奥三世亲自迎接查理曼大帝]

得里亚海轻装南下，从安科纳进入内陆，直奔罗马。

利奥三世亲自到门塔纳将法兰克国王查理曼迎接到罗马。

查理曼和利奥三世手牵手走进罗马城门，出现在梵蒂冈的圣彼得大教堂。公元 800 年圣诞节这一天，利奥三世亲手授予法兰克国王查理曼"神圣罗马帝国皇帝"之冠。

为何要在名字前加"神圣"二字呢？或许是为了告诉拜占庭帝国皇帝，"神圣罗马帝国皇帝"才是正宗的罗马帝国皇帝。罗马教皇还提出了开除拜占庭帝国皇帝教籍的惩罚。虽说这项惩罚对欧洲来说非常之严重，但对于拜占庭帝国来说并无明显的效果。因为拜占庭帝国在自己的国内有一套完整的教会制度。虽然教皇惩罚没有损害到拜占庭帝国，但是自此以后，君士坦丁堡与罗马之间的关系恶化了（君士坦

[神圣罗马帝国皇帝标识]

176 | 海洋与文明：地中海三千年

丁堡是拜占庭帝国的首都，也代表着东罗马，而法兰克国王加冕的"神圣罗马帝国皇帝"，实则是西罗马的复辟）。

为何选择入侵者法兰克人担当神圣罗马帝国的皇帝？

法兰克人和伦巴支人、诺尔曼人一样，都是入侵罗马的外族人，罗马教皇为何单单选中了法兰克人？

在入侵罗马的蛮族中，法兰克人具有强大的军事力量、辽阔的领土以及基督教化先行者的资格。查理曼自身也是一个虔诚的基督徒。为了找到能保护罗马教廷以及教众利益的人，查理曼及其身后的法兰克王国的力量让人无法忽视，教皇利奥三世再也想不出比他更合适的人选了。

罗马教廷虽然加冕查理曼为神圣罗马帝国皇帝，但实际上整个罗马，基督教是基督教，民族国家是民族国家，查理曼本人把教士们玩得团团转，但全欧洲的教士只听命于罗马教廷，并不直接听命于他。

保卫基督教，法兰克是认真的

时年60岁的查理曼在当上神圣罗马帝国皇帝之后，模仿古罗马皇帝图拉真，在多瑙河上架起了桥梁，他认为只有击退了渡过多瑙河南下的敌人，才能确保多瑙河以南广阔土地的安全。不仅如此，他还创建了两支舰队，即阿基坦舰队和意大利舰队。从名称上推测，前者是为保卫法兰克南部不受阿拉伯海盗的袭击而建，而后者则是为了保卫意大利半岛西侧和西西里岛。

❀ 公元795年教皇利奥三世以阴谋手段登上教皇宝座，遭到罗马一些大贵族的反对。利奥三世派使者赴法兰克王国向查理曼求救，并把彼得大殿的钥匙和罗马城的旗帜呈献给查理曼，以示臣服与忠诚，因而得到了查理曼的支持，保住了地位。公元799年4月，利奥三世又被罗马贵族废黜，只身逃离罗马。公元800年，查理曼把利奥三世救出，并亲自送回罗马，扶其复位。因此这一年圣诞节，感恩图报的利奥三世为查理曼加冕，授予他"伟大的罗马人皇帝"称号。

❀ [查理曼大帝的加冕]

查理曼大帝是德意志神圣罗马帝国的奠基人。他建立了囊括西欧大部分地区的庞大查理曼帝国。公元800年，由罗马教皇利奥三世加冕为"伟大的罗马人皇帝"。他在行政、司法、军事制度及经济生产等方面都有杰出的成就，并大力发展文化教育事业。他引入了欧洲文明，将文化重新从地中海希腊一带转移至欧洲莱茵河附近，被后世尊称为"欧洲之父"。

查理曼作为神圣罗马帝国皇帝,其当时的影响是巨大的,他毁灭了伦巴底和阿瓦尔两个国家,征服了阿拉伯人,使得地中海沿岸得到一丝喘息的机会,尽管许多人在他发动的战争中丧生,但却为黑暗的中世纪开启了一束光芒。从积极的方面来看,在他统治期间出现了一个短暂的文化复兴时期(卡洛林文艺复兴)。

神圣罗马帝国的消失

神圣罗马帝国在查理曼大帝的庇佑之下,好日子没过多久,公元 814 年初,天气极为寒冷,查理曼坚持外出打猎,感染了风寒。1 月 28 日,他在首都宫中逝世,时年 72 岁。查理曼逝世后 2 年,教皇利奥三世也去世了。

查理曼死后,他的儿孙因为瓜分欧洲而争端不休,保卫地中海沿岸不受阿拉伯势力祸害的舰队也消失了,神圣罗马帝国也随之消失了,欧洲再度陷入战乱之中,地中海也回到了权力真空的状态。阿拉伯势力在销声匿迹 10 年后,又卷土重来。

🌱 洗劫罗马

查理曼死后,其帝国被瓜分,原属意大利的西西里岛失去了帝国的保护,再次被阿拉伯海盗盯上,并且成了阿拉伯海盗经常洗劫之地。岛上民众期盼基督教或者拜占庭帝国的统治者们能够关注到这里的苦难。

夺妻之恨,勾结阿拉伯人,煽动民众造反

西西里人左盼右盼,终于在公元 827 年,盼来了拜占庭帝国派遣的西西里总督——贵族帕拉塔。

西西里的欧赫米奥设宴为新总督接风洗尘,在招待宴会上,新总督帕拉塔对欧赫米奥的妻子奥莫尼莎一见钟情,奥莫尼莎原来是一位修女,欧赫米奥逼她还俗并娶为妻。

❖ 神圣罗马帝国皇帝是欧洲中世纪时的一个君主头衔。查理曼在公元 800 年加冕时,他的头衔是"上帝加冕的最尊贵奥古斯都,伟大和平的皇帝,罗马帝国统治者",当中包含了"神圣"和"罗马"两个元素。这是自公元 480 年西罗马皇帝尼波斯死后一直悬空的皇位的第一位继承人。

❖ 由于查理曼多次战争的胜利(法兰克人在查理曼的 45 年的统治期间,进行了 54 次出征),成功地使西欧大部分地区都归属于他的统一领导之下。他的帝国实际上包括今日的大部分法国、德国、瑞士、奥地利和低地国(荷兰 Niederland,在德语中"Nieder"是"低"的意思),以及意大利的一个地区和许多的边界地区。自从罗马帝国衰亡以来,欧洲还没有这么广阔的领土被一个国家控制过。

❖ 查理曼死后不久,帝国就出现了分裂。公元 843 年,他的三个孙子各自为王,帝国一分为三。东法兰克王国成了以后的德国,西法兰克王国成了以后的法国,东、西部之间的地区则成了以后的意大利。

此后奥莫尼莎被新总督帕拉塔夺取，愤怒的欧赫米奥煽动长期被阿拉伯人欺负的西西里岛民众，使得民众对拜占庭帝国的不满情绪借由此事开始蔓延。

欧赫米奥还与凯鲁万的阿拉伯人暗中勾结。不仅如此，欧赫米奥还煽动民众投靠阿拉伯势力，共同抵抗拜占庭帝国的统治，但是大多数西西里人在拜占庭帝国和阿拉伯人之间选择了拜占庭帝国，追随欧赫米奥的人并不多。

西西里岛战火纷飞，教皇四处奔走，寻找救兵

阿拉伯人看到了西西里岛上的内讧，他们很快便集结部队来到西西里岛，当然这也包括了愤怒的欧赫米奥。

这一次攻防战打了近1年，西西里岛的城镇中仅叙拉古就打了10个月，两方僵持不下。基督教地盘再度被阿拉伯人攻打，罗马教皇格里高利四世见拜占庭帝国已无实力赶跑阿拉伯人，于是他向负责意大利防卫的神圣罗马帝国（法兰克王

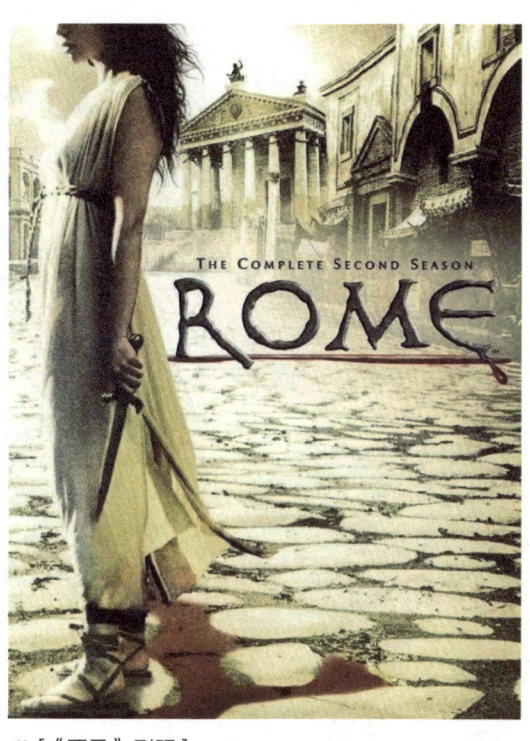

▼ [《罗马》剧照]

罗马在欧洲拥有无可比拟的历史地位，若要欣赏罗马曾经恢宏的建筑及风情，可以看看《罗马》这部电视剧。

▼ [巴勒莫大教堂]

巴勒莫是西西里岛首府，是一个位于西西里岛北部的港城，拥有大量诺曼、拜占庭及阿拉伯风格的建筑物，歌德曾称这里是"世界上最优美的海岬"。

第 9 章　入侵基督教世界的阿拉伯势力

※ [格里高利四世]

格里高利四世是意大利籍教皇（公元827—844年在位）。

※ 根据修昔底德的记载，肥沃的西西里岛的殖民纪元开始于公元前750年前后，希腊人开始在西西里岛生活，并建立了许多重要的定居点。

※ [比萨斜塔]

比萨位于意大利中部，因其拥有著名的景点比萨斜塔而闻名。公元1590年，伽利略在比萨斜塔上做了"两个铁球同时落地"的实验，使得比萨名声远扬。

国）请求派遣援军。但是当时的法兰克王国国内纷争不断，加上北方的维京势力光顾法兰克属地，如今根本顾不上西西里岛，因此对教皇的请求充耳不闻。

罗马教皇见法兰克也无法给予帮助，于是他转而向正成长为海洋国家的比萨和威尼斯请求合作。

教皇说服了博尼法乔伯爵，然而援军并未到达西西里

务实的威尼斯人觉得威尼斯的利益与支援西西里岛无甚关系，所以置之不理。只有比萨给教皇提供了攻打阿拉伯人的船只。然而虽然有了船只，却没有士兵，于是教皇把眼光投向了神圣罗马帝国的家臣，负责第勒尼安海防卫的博尼法乔伯爵。

教皇格里高利四世成功说服了这位托斯卡纳的贵族博尼法乔伯爵，并将以教廷名义征招的士兵一并交由博尼法乔伯爵指挥。

本以为博尼法乔伯爵指挥的这支援军会赶到西西里岛，可教皇实在是没有想到，他们却去了另外一个地方。

博尼法乔伯爵的大军突然出现在阿拉伯人的城市凯鲁万

博尼法乔伯爵效仿迦太基将军汉尼拔与罗马之间的那场布匿战争的思路,没打算去支援西西里岛,而是转去进攻阿拉伯海盗的根据地凯鲁万。

博尼法乔伯爵从突尼斯东部登陆的近道攻打凯鲁万,他除了攻打凯鲁万之外,还有一个解救突尼斯基督徒的任务。博尼法乔伯爵的大军突然出现在凯鲁万,使得阿拉伯人措手不及,因为此时此地大部分军队都在攻打西西里岛的战斗中,犹如一座空城,博尼法乔伯爵很轻松地结束了这场战斗,而且赢得漂亮。此战虽然没能解决西西里岛的困境,但是却打击了阿拉伯人的气焰。

阿拉伯人寻仇罗马首战,打了2个月才攻破一个陈旧的港口

阿拉伯人在地中海西边的城市凯鲁万遭到攻击,而且被基督徒打得一败涂地,阿拉伯人当然要报仇。

愤怒的阿拉伯人在罗马以北50千米的奇维塔韦基亚港登陆,想将这个港口作为攻打罗马的跳板。让阿拉伯人没想到的是,这个陈旧的港口却有着非同一般的抵抗能力,这里的守军坚持了长达2个月的保卫战,因为没有基督教的军队前来支援,港口才最终被攻破,此地的居民则向内陆逃去。

❖ 比萨是中世纪比萨共和国的首府,因其繁盛的海洋贸易而成为当时意大利著名的地区。与当时的阿尔马菲、威尼斯和热那亚并称为中世纪4个海洋共和国。如今随着陆地的扩展,比萨距海越来越远了,但这并不能使人遗忘比萨曾作为海上共和国威震八方的历史和它作为连接东西方纽带曾起的重要作用。

❖ 第二次布匿战争期间,迦太基名将汉尼拔曾率军翻越阿尔卑斯山远征意大利,出现在罗马的腹心,是世界军史上著名的战例。

第9章 入侵基督教世界的阿拉伯势力

❖ [奇维塔韦基亚港船舷标识] 奇维塔韦基亚建于公元2世纪初,是一个历史悠久的港口城市。这里交通便捷,离罗马仅有半小时的路程,而且地处意大利半岛沿海的中部,有着理想的地理位置和优良的海洋气候条件。

海洋与文明:地中海三千年 | 181

阿拉伯人洗劫了罗马多处圣地，教皇身先士卒成功守住了罗马城

到了第二年，也就是公元830年，阿拉伯军队在奇维塔韦基亚港留下少数守军后，向罗马进发。他们兵分两路，一路沿奥莱利亚大道南下；一路沿海岸从海上到奥斯提亚港，后通过沿台伯河的道路去罗马。

阿拉伯士兵沿途洗劫了圣保罗大教堂，之后就连君士坦丁大帝建造的梵蒂冈圣彼得大教堂也没逃过被洗劫的命运。

罗马境地多处圣地被阿拉伯士兵洗劫，眼看罗马城岌岌可危，教皇格里高利四世在罗马城的圣拉特拉诺大教堂做演讲，鼓动基督教世界和阿拉伯世界战斗，格里高利四世身先士卒，激励全体市民行动起来，成功地守住了罗马城。之后阿拉伯士兵在距格里高利四世居住的拉特拉诺宫只有50千米的地方停止了前进。

[圣彼得大教堂内景]

圣彼得大教堂又称梵蒂冈大殿，建于1506—1626年，由伯拉孟特、米开朗琪罗等建筑师不断设计并完善，是位于梵蒂冈的一座天主教宗座圣殿。根据天主教会圣传，这里是宗徒之长圣彼得的安葬地点，历任教宗也大都安葬于此。

攻战西西里岛上的巴勒莫

同样是公元830年，另外一支由300艘船只和20 000多名阿拉伯士兵组成的舰队向西西里岛进发，目的是攻陷西西里岛上的巴勒莫。

在中世纪前期，巴勒莫只能算是西西里岛的主要城市之一。但是巴勒莫与叙拉古相比，其位置更有利于阿拉伯人。因为巴勒莫似意大利那只伸向地中海的皮靴上的足球，是地中海最大岛屿西西里岛上的第一大城。

公元830年秋至次年9月，巴勒莫一直被阿拉伯士兵围困，惨烈的攻防战持续了整整1年，城内弹尽粮绝，

巴勒莫原来有 6 万多人，城市陷落后，城内仅剩 3000 多人，而且多数人都已衰弱到了极点，阿拉伯人觉得这些人就是送去做奴隶也没有什么价值，就将还能走动的男女和儿童装上了船，其余的人全部就地处死。

巴勒莫城空了，这里成了阿拉伯人的定居地。

被投入监牢的西西里总督

公元 831 年，拜占庭帝国在东有阿拉伯势力的入侵，北有斯拉夫民族的逼迫之时，派出了一支军队救援西西里岛，拜占庭帝国皇帝狄奥斐卢斯任命女婿亚历克西斯为常驻西西里岛总督，命他组建救援西西里岛的大军。

亚历克西斯来到小亚细亚西部，成功地招募到相当数量的士兵和船只，狄奥斐卢斯却心怀不安，担心女婿率领大军叛变，于是找借口召回了亚历克西斯，并直接将其投入了监牢。亚历克西斯在监牢中宣布舍弃公职、地位和妻子后被释放出来，之后他便在社会上彻底消失了。

被阿拉伯势力控制西地中海海域

北非突尼斯与西西里岛之间的海域，在现代欧洲被称作西西里海峡，因为西西里岛是意大利领土，但古罗马人却称同一片海域为阿非利加海。与西西里岛隔海相望的北非，曾经与

[拜占庭帝国皇帝狄奥斐卢斯]

狄奥斐卢斯又称狄奥菲洛，拜占庭帝国第 36 位皇帝（829—842 年）。他是阿摩里奥王朝的第二位皇帝，也是最后一位支持破坏圣像运动的皇帝。

狄奥斐卢斯登基以后，立即严厉惩处了当初与他父亲同谋杀害皇帝利奥五世的人。由此他树立了法官的声誉，而这一声望持续了很久，以至于在文学作品中他甚至被列为冥府的判官之一。

[巴勒莫教堂顶的马赛克绘画]

第 9 章　入侵基督教世界的阿拉伯势力

海洋与文明：地中海三千年　| 183

[特里纳克里亚陶盆]

特里纳克里亚陶盆烧制于公元前650—前600年。图案由象征西西里岛三个点的三条腿和三个小麦滑车轮构成，三条腿沿着美杜莎的头向外曲展。农业是西西里岛经济的主要来源。

西西里岛同属一个文明圈，而如今以北非为主的西地中海海域已经完全被阿拉伯势力所控制。

被阿拉伯势力控制的地中海东岸

阿拉伯势力从小亚细亚东部逐渐侵入到叙利亚、巴勒斯坦和埃及，征服所有包围东地中海的陆地后，已经过了两个世纪，地中海东岸完全成了阿拉伯人的天下。

此时的地中海东部，阿拉伯势力已有了相当规模，比如在伊比利亚半岛，在以科尔多瓦为根据地的埃米尔的中央集权统治之下，相当程度上确立了阿拉伯势力的指挥体系。比如他们会这样分配抢劫所得：掠夺来的物品和绑架来的基督徒，在市场上出售后，所得金额的1/5会自动上缴给地方长官。

[科尔多瓦的大清真寺和罗马桥]

184　海洋与文明：地中海三千年

不得安宁的意大利半岛

海对岸的西西里岛正在被攻占，对于意大利半岛上的那不勒斯来说，情况不容乐观。那不勒斯地处意大利半岛著名的丰饶之乡，耕地辽阔，古罗马人称之为"幸运的坎帕尼亚"，而且它地处拜占庭帝国和伦巴底各公国统治圈的边缘，直到9世纪一直是权力的真空地带。

公元835年，那不勒斯受到了伦巴底公国之一的贝内文公国的进攻。在海上有阿拉伯人、陆地有伦巴底人的情况下，那不勒斯与巴勒莫的"酋长"（此时这里已经是阿拉伯人的天下）缔结了友好同盟条约。有了巴勒莫这样的盟友，就等于有了阿拉伯人的帮助，很快伦巴底人被打退了。那不勒斯也成了阿拉伯人的势力范围。

维京人血统的伦巴底人，未能阻止阿拉伯势力的扩展

随着阿拉伯势力的大涨，阿拉伯人已经不满足于做海盗，他们想要继续占领土地，就像占有西西里岛那样，于是他们把目标锁定在以良港而闻名，背后又是广阔麦田的塔兰托和布林迪西。

此时，拜占庭帝国的军队已经不值

> 那不勒斯是一座历史悠久的古城，地处地中海中央部，是南意大利最大的港口城市，是地中海贸易的重要据点。

❋ [陶器圣坛]
刻有狮子攻击公牛和丰产女神图案的陶器圣坛，来自西西里岛的琴图里佩。
公元前550—前500年。希腊移民定居西西里岛时，带去了艺术传统和技艺高超的工匠。

❋ [第一次布匿战争后发行的金币]
金币上的图案显示罗马向它的意大利盟友证明，对迦太基的胜利是合作努力的结果。

第9章　入侵基督教世界的阿拉伯势力

海洋与文明：地中海三千年 | 185

[神庙中的石灰头像]

该头像来自西西里岛的塞利努斯,雕刻于公元前540—前510年。最初放置在西西里岛西南部塞利努斯的古希腊神庙柱子上,是雕刻的系列柱间壁画整体人物的一部分。像西西里岛大多数神庙一样,它被设计成多立克风格。头像的人物身份无法获悉,但有可能是希腊神使者赫尔墨斯或神话勇士奥德修斯——两者在希腊艺术中均有描述戴着这类头盔。

一提,只有伦巴底人还在与阿拉伯人较劲。伦巴底人源自北欧的斯堪的纳维亚(又称北欧维京人),南迁后在意大利落脚,改信基督教已有300年,已经被教化成为优秀的基督徒。但是阿拉伯势力在与那不勒斯结盟之后的5年中,伦巴底人与阿拉伯军队交手的三战均败,当初维京人善战的基因,到此时已经没有太大的作用了。伦巴底士兵没有拦住阿拉伯势力扩张的脚步。

拼死护卫制海权的威尼斯人

公元840年,拜占庭帝国向威尼斯共和国发出请求,希望它维护亚得里亚海的治安,堵住北上的阿拉伯人。其实就算拜占庭帝国不发出请求,威尼斯也会行动,看看地图就知道,因为亚得里亚海是威尼斯的大门,威尼斯人又怎么会让阿拉伯人在此横行呢?

然而在拜占庭帝国请求威尼斯在亚得里亚海堵截阿拉伯人的时候,现实的威尼斯商人立刻与拜占庭帝国谈起了条件,在拜占庭帝国答应了足够大的优惠条件之后,由时任威尼斯元首的彼得亲自率领威尼斯海军,在地中海进入亚得里亚海的入口处,与阿拉伯人对抗。

结果威尼斯士兵几乎全部战死,仅有的幸存者也都当了俘虏,只有元首彼得乘坐的船和

[水城威尼斯]

其他极少数船只成功逃入威尼斯的潟湖。获胜的阿拉伯人并未去进攻威尼斯本土，而是沿着亚得里亚海返航。

公元 841 年，阿拉伯人又一次来到亚得里亚海，威尼斯海军再次出海迎击，但再次失败。威尼斯舰队只得又一次逃回潟湖。

公元 843 年，阿拉伯人再次来到亚得里亚海，这次被威尼斯人狠狠地打了回去，并且夺回了被阿拉伯人占领的一些岛屿，威尼斯人死死地控制住了与地中海相连的亚得里亚海的制海权。

阿拉伯势力再攻罗马

阿拉伯人一直在地中海上横行，始终惦记着罗马城这块宝地。于是阿拉伯势力再次组织了一支由 73 艘战舰组成的舰队，运送由阿拉伯人、摩尔人和柏柏尔人组成的共计约 30 000 多人的阿拉伯军队再次围攻罗马城。

面对阿拉伯军队的围攻，罗马城高大而厚实的城墙不是吃素的，虽然被围得水泄不通，但却攻不进城。之后，阿拉伯军队将怒气再一次发泄在圣彼得大教堂和圣保罗大教堂上，阿拉伯军队的洗劫，让基督徒群情激奋。基督徒趁着夜幕，悄悄渡过台伯河，攻入了已经被阿拉伯军队控制的圣彼得大教堂。偷袭取得成功，阿拉伯军队被赶出了圣彼得大教堂。

[罗马帝国时代的阿奎莱亚遗迹]

❀ [亚得里亚海]

亚得里亚海在意大利与巴尔干半岛之间,是地中海的一个大海湾,通过南端的奥特朗托海与爱奥尼亚海相通。

❀ [重获国王名义的奥多亚克]

公元476年,西西里岛以拜占庭帝国皇帝的名义归还给统治意大利的奥多亚克(公元435—493年,意大利的第一个日耳曼国王)

这件事鼓舞了基督徒及欧洲人,不知是为了信仰,还是出于勇气,抑或是绝望之下的孤注一掷,大批民众不断聚集而来,阿拉伯士兵开始退缩,溃不成军,只想带着抢来的东西离开这里,于是乱成一片,四散而逃。

从陆路逃的被罗马人围剿,下场很惨;从海路逃的被加埃塔、那不勒斯,还有阿尔马菲这些意大利南部海港城的民众自发组队夹击。

就这样,公元846年,这场阿拉伯人打了7年的、以征服基督教首都罗马城为目标的战争彻底失败了。

拜占庭帝国没能打过阿拉伯人，只能赔钱

之后，在10世纪前，阿拉伯势力一直在进攻着基督教的世界。

进入10世纪以后，情况没有任何变化。从200年前就开始遭受阿拉伯海盗袭击，意大利沿岸的人们已经贫穷至极。

拜占庭帝国一直花钱免灾，阿拉伯人拿了钱后总是过几年又会卷土重来，花钱雇佣的军队也不怎么顶事，阿拉伯势力在持续推进对意大利南部的渗透。

公元941年，拜占庭帝国派出军队与阿拉伯人作战，可是拜占庭帝国却没有了罗马的幸运，在和阿拉伯人的战斗中屡战屡败，只得又派出特使与阿拉伯人签订和约并赔钱。

来自北欧的野蛮人，让阿拉伯势力有点压力

终于解决了阿拉伯势力问题，可是拜占庭帝国依旧没有精力顾及地中海上肆虐的阿拉伯人。因为这时候，来自北方的势力——维京人开始对拜占庭帝国的君士坦丁堡和西欧的土地虎视眈眈。来势汹涌的北方民族骁勇善战，不仅让拜占庭帝国以及整个西欧震惊，同时也让在地中海上劫掠的阿拉伯势力感到了压力，因为这些来自北欧的野蛮人实在太凶残了，他们走到哪里，哪里就被死亡笼罩。

[镀金的铜猎鹰]
制造于公元1200—1220年，发现于西西里岛或意大利南部。诺曼人攻占西西里岛期间，类似的猎鹰装饰被诺曼人用在军旗之上。

[金手镯]
发现于西西里的潘塔里克山，制造于公元650年左右。当时的西西里岛贵族穿戴的珠宝与拜占庭帝国首都君士坦丁堡上层人士的一模一样。

第 9 章　入侵基督教世界的阿拉伯势力

海洋与文明：地中海三千年 | 189

维京人其中的一支在法国境内建立了诺曼底公国。

诺曼征服

公元 1016 年，一队由 40 人组成的诺曼骑士（维京人）从巴勒斯坦朝圣回来，路过加尔加诺山时，正好遇到了与阿拉伯海盗作战的意大利人，这些意大利人向诺曼骑士提出，请他们来意大利南方，赶走拜占庭帝国和撒拉森（这里指阿拉伯海盗）这两股势力，然后统治意大利南部。这些诺曼骑士接受了他们的请求，但是 40 个人太少了，他们提出一个条件，回到故乡斯堪的纳维亚半岛后再带伙伴回来。

勇猛善战的诺曼骑士

公元 1017 年，一队由 250 人组成的诺曼骑士从意大利南部出发，一路与拜占庭帝国势力作战，到公元 1019 年的两年之间，他们与拜占庭帝国军队进行了 4 次战斗。因为参战人数少，战斗只能算小打小闹，但是这 4 次战斗的结果是诺曼骑士取得了三次胜利，拜占庭帝国军队只获得了一次胜利。

这队诺曼骑士也伤亡惨重，人数由 250 人减少到 10 人。这样少的人数，想把拜占庭帝国和阿拉伯人的正规军赶出意大利，似乎有点痴人说梦。但是这 10 个诺曼人分散到意大利各地，帮助意大利人防御阿拉伯海盗，直到公元 1037 年结束，这 20 年间意大利南部再也没有阿拉伯人攻破意大利城防的消息了。

[诺曼底]

历史上的诺曼底公国是一个独立的公国，其疆域包括今天法国北部塞纳河下游、马槽乡直到科唐坦半岛。

[诺曼底公国的国徽]

罗杰兄弟兵分两路在西西里岛上收复失地

公元 1038 年，诺曼人率领意大利联军渡过隔开意大利南部与西西里岛的墨西拿海峡，第二年攻陷墨西拿。

公元 1061 年，诺曼骑士罗杰率领 150 个诺曼骑士来到西西里岛，之后，罗杰的哥哥罗伯特·吉斯卡尔多也来到西西里岛与罗杰汇合。他们率领的诺曼骑兵尽管在数量上处于劣势，但还是分为两路，声东击西，击破了一些在西西里岛上未能采取统一行动的阿拉伯势力。

西西里岛被阿拉伯势力入侵 200 年后，又回归了基督教世界

公元 1072 年，阿拉伯人统治的西西里首都巴勒莫被诺曼骑士围困，在经过 5 个月的保卫战之后陷落了。5 年之后，与巴勒莫一样居住着众多阿拉伯人的特拉帕尼陷落。公元 1086 年，叙拉古也回到基督徒之手。

随着诺曼人在西西里岛上的捷报频传，当时的地中海上的海洋强国也纷纷加入了战斗，比如比萨和热那亚在西西里岛收复战中起到了很大作用。就这样，西西里岛在被阿拉伯势力入侵 200 年后，又回归了基督教世界。

日渐壮大的诺曼人企图蚕食拜占庭帝国的领土

诺曼人把阿拉伯人打败了，在西西里岛上日渐强大了起来，于是开始企图蚕食

[罗伯特和罗杰]

[罗伯特和罗杰的家族欧特维尔家族族徽]
欧特维尔家族是一个诺曼贵族和骑士世家，来自法国科唐坦半岛，他们通过征服地中海，特别是南意大利和西西里岛，在欧洲、亚洲和非洲名声大噪。

[底拉西乌姆会战]
底拉西乌姆曾是罗马名将恺撒登陆巴尔干半岛的著名古战场。千年后的滨海小城又再次成了两大势力的交锋战场。

拜占庭帝国的欧洲领土。

　　拜占庭帝国皇帝阿历克塞一世即位后，为抵御诺曼人对拜占庭帝国领土希腊的侵袭，和诺曼人交战，结果在底拉西乌姆会战中战败。而此时拜占庭帝国在东方还有更可怕的敌人——突厥人正在虎视眈眈。为了获得威尼斯的支援，他给予威尼斯商人在东方贸易中的许多特权，从而得到威尼斯海军的协助。最终于公元1085年击退了诺曼人的攻势，保住了拜占庭帝国的疆土。

地中海贸易财富新焦点：红海

　　9世纪时，阿拉伯商人成为西印度洋地区贸易的主导者，他们主要在西印度洋地区进行局部贸易，而以商业移民的方式在东印度洋地区进行贸易。

阿拉伯商人的贸易路线

　　与东非最早接触的阿拉伯人是阿曼的航海者，波斯

[红海沿岸]
红海位于非洲东北部与阿拉伯半岛之间，呈狭长形。其西北面通过苏伊士运河与地中海相连，南面通过曼德海峡与亚丁湾相连。红海被誉为世界三大潜水胜地之一，不仅因为这里的海水清澈湛蓝，水下也有多样的生物。红海又一独特之处在于海水与沙漠的结合，大海与沙漠相连，可谓一半是海水一半是火焰。

湾西拉夫港口与东非地区的贸易由此时开始。阿曼人主要分布在阿拉伯半岛东南部、阿拉伯海中的马西拉岛、穆桑代姆半岛尖端上的小块地区。后来由于来自亚丁的阿拉伯商人主导了东非的贸易，阿曼人被驱逐。

阿拉伯商人在东非沿岸从北印度班图商人手中获得津巴布韦的黄金、曼达的红树以及奴隶等。

这个时期从印度洋运来的货物，只能通过阿拉伯人转手才能到达地中海，然后进入欧洲。这时连接印度洋与地中海的主要通道是波斯湾，此时海洋贸易的路线是：从印度洋来的货物，先到达波斯湾西拉夫港，再进入巴士拉，最后经过巴格达和大马士革进行陆上运输，再被运转至地中海东岸的黎凡特等地区。

▼ [埃及法蒂玛王朝]

法蒂玛王朝又译法提马王朝，中国史籍称之为绿衣大食，西方文献又名南萨拉森帝国。

埃及法蒂玛王朝时，红海地区航行条件复杂，商人大多选择改道

埃及法蒂玛王朝曾主导了印度洋与地中海的贸易联系，贸易路线从波斯湾改到了红海地区，这是因为法蒂玛王朝为了确定稳定的税源，特地组建了海上贸易管理的机构，以保证商人的人身和财产安全，但是由于红海地区航行条件复杂，大多数商人都选择征用当地的船只，将货物从亚丁运到亚历山大港，之后再转运至地中海的港口。

欧洲人参与印度洋贸易的热情从未衰减

到了公元11世纪，巴格达被塞尔柱突厥人占领，并于公元13世纪下半叶最终被蒙古

▼ [埃及古城]

海洋与文明：地中海三千年 | 193

人摧毁。同时，十字军在巴勒斯坦的据点也逐渐消失，所以到公元 11 世纪之后，波斯湾的卡伊斯和霍尔木兹港口主要是将从印度洋运来的货物运输到波斯湾内陆地区，满足波斯湾内陆的消费，而波斯湾沟通地中海贸易的地位逐渐被红海取代。

通过红海的贸易线路一直保持通畅，即使是后来的十字军东征期间，萨拉丁设法阻止意大利商人与红海地区进行贸易，企图将他们限制于地中海港口之中，但是热那亚和威尼斯的船只仍然蜂拥至亚历山大港口，从公元1291年至葡萄牙发现好望角航线以前，欧洲人参与印度洋贸易的热情从未衰减。

中东和地中海地区成为财富代名词

因为红海贸易的兴盛，法蒂玛王朝成了亚洲、非洲和欧洲之间国际贸易的中心，源于苏丹的黄金在埃及被铸造成金币第纳尔，在阿拉伯和基督教地区广泛使用。来自国际贸易的稳定税收成为中东和地中海地区最重要的财富来源。亚非大陆之间的红海已经取代亚洲内陆的波斯湾，成为当时最重要的国际贸易通道，货物通过亚历山大港而进入地中海，这里也成了欧洲教廷和法、德、英皇帝和意大利商人们最关注的商业财富焦点。

❋ [萨拉丁]

萨拉丁全名萨拉丁·阿尤布·本，（1137 或 1138—1193 年），中世纪阿拉伯世界著名军事家、政治家，埃及阿尤布王朝首任苏丹，因其在阿拉伯人抗击十字军东征中表现出的领袖风范、大将风度和军事才能而闻名于基督教和阿拉伯世界，在埃及历史上被称为民族英雄。

❋ [萨拉丁时期的硬币]

正面刻的是男性人物，背面刻的是 al-malik al-nasir salah（al-dunya wa'l-din）yusuf ibn ayyub（胜利之王，世界正义与信仰）!

下 篇

血色之海

第 10 章
十字军东征

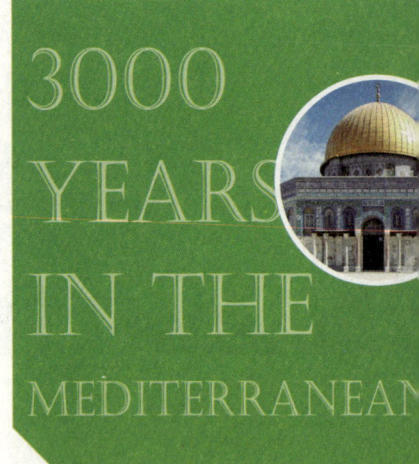

地中海以及欧洲地区很大的一片土地上，一直遭受着阿拉伯势力的侵扰，而如今阿拉伯势力开始大肆破坏圣城耶路撒冷中的基督教建筑，这使欧洲基督教势力非常不满。于是时任教皇乌尔班二世在罗马发表了群情激愤的演说，鼓动基督教世界联合起来，重开朝圣之路，夺回耶路撒冷。

🌱 圣城耶路撒冷

耶路撒冷是一座历史悠久的古城，位于犹太山区，介于死海和地中海之间，是犹太教、基督教、伊斯兰教的发源地，是三大教共同的圣地。由于耶路撒冷的位置比较特殊，复杂的宗教文明让这里自古以来就成为兵家必争之地。

耶路撒冷有着 3000 年的历史，它的前 1000 年属于犹太教文明，后 2000 年属于基督教文明和伊斯兰教文明。

基督教传说中的圣城耶路撒冷

犹太教人建立了耶路撒冷之后，公元 1 世纪左右这个地区及周边落到了希律王的手中（耶稣就是诞生于希律王的统治时期）。在基督教的传说中，

❋ [十字军东征时的耶路撒冷]

第10章 十字军东征

❋ [耶路撒冷万国教堂]

万国教堂位于耶路撒冷城东部的橄榄山，传说是耶稣被捕前晚间祷告的地方。

海洋与文明：地中海三千年 | 197

耶稣最后被钉死在了耶路撒冷,又在此地复活,并被预言还将在末日来临时重返耶路撒冷。

伊斯兰教传说中的圣城耶路撒冷

之后耶路撒冷及周边地区一直处于拜占庭帝国与萨珊波斯王朝的来回拉锯之中,直到公元7世纪,穆罕默

[耶路撒冷阿克萨清真寺]
阿克萨清真寺是伊斯兰教第三大圣寺。地位仅次于麦加圣寺和麦地那先知寺。位于耶路撒冷老城的圣殿山。阿拉伯语中的"阿克萨",意为"极远",故又称"远寺",相传"远寺"当初由古代先知易卜拉欣(亚伯拉罕)始建,后由先知苏莱曼(所罗门)续建完成。

德在阿拉伯半岛崛起并创立了伊斯兰教,在传教早期穆罕默德规定了穆斯林的朝拜方向为耶路撒冷。

被允许的朝圣之路

在罗马帝国末期,女人也可以从罗马去耶路撒冷朝圣后再返回,距离再远也是国内旅行。可是进入中世纪后,朝圣就必须通过统治者不同、信仰不同的国度。如果不是强壮而惯于使用武器的男子,便无法走完从欧洲到中东的遥远路途。

但是不得不说阿拉伯人宽容的宗教政策，即使是面对基督徒，也允许他们借由阿拉伯人的地盘前去朝圣，在此后的近 400 年中，穆斯林和基督徒基本没有因为朝圣发生过什么战争。但是在另一股势力到来之后，这一切都变了，甚至引发了一场持续近 200 年的十字军东征。

来自埃及的统治者：法蒂玛王朝

公元 10 世纪，在阿巴斯王朝分崩离析之后，来自埃及的法蒂玛王朝统治了耶路撒冷及周边区域。到了法蒂玛王朝的第六任哈里发哈基姆之后，他摒弃了一直以来的宗教宽容政策，开始残酷迫害犹太人和基督徒。

公元 1009 年 9 月，哈基姆下令拆除耶路撒冷的圣墓大教堂、犹太会堂和其他基督教堂，开始独尊伊斯兰教。

到了公元 1033 年，哈基姆更是粗暴地将耶路撒冷城内的所有教堂拆得一干二净，这件事惹得罗马教皇很不高兴，后果也非常严重。

❋ 3000 年来，耶路撒冷 37 次被征服，8 次毁于战火。难怪后人感叹：世上若有十分忧，总有九分在圣城。

❋ [朝圣之路]

顾名思义是基督徒朝圣时经过的路，它贯穿了西班牙北部的阿拉贡、纳瓦拉、拉里奥哈、卡斯蒂利亚-莱昂、加西里 5 个自治区，是一处著名的遗迹。

❋ 在中世纪，朝圣是比较神圣的事，也是被教徒和官方重视的事，比如当时圣地亚哥-德孔波斯特拉接待了一批前来朝拜的虔诚的基督徒。这些基督徒途经 5 个自治区的 166 座市（镇、村）。
沿途各城镇及乡村都修建了多处教堂，以便更好地接待和照料这些朝圣者。

第 10 章 十字军东征

> 塞尔柱突厥人是10—12世纪活动在中亚及西亚历史舞台的一个民族,曾经建立了强大的塞尔柱王朝。塞尔柱王朝分裂后,其中西亚的土耳其族又为奥斯曼帝国的兴起和强大奠定了基础。

东征舞台上海洋共和国的战绩

东、西基督大和解

经过大小数不清的战斗,拜占庭帝国好不容易将北欧维京人势力赶走,却在公元1090年迎来了阿拉伯势力,塞尔柱突厥人再一次朝着拜占庭帝国而来,前一次塞尔柱突厥人的袭击,令拜占庭帝国无力抵抗,因为一直与西西里岛的诺曼人作战,拜占庭帝国此时的军力实在无法抵挡塞尔柱突厥人的进攻,于是拜占庭帝国皇帝阿历克塞一世想到向罗马教廷求援。

当年曾经因为信仰问题,以东正教为正统的东罗马(即拜占庭帝国),一度与以天主教为正统的罗马教廷闹得不可开交。但是眼下大敌当前,为了取得西欧基督教众的支持,阿历克塞一世摒弃前嫌主动同罗马教皇和解。

罗马教皇乌尔班二世也非常高兴,因为东、西基督教会的和解一直是历届教皇想做而未能做成的事,所以他欣然接受了和解。

东征的目的逐渐演变为夺回耶路撒冷

乌尔班二世最初是应阿历克塞一世的求援,而号召西方志愿军前往拜占庭帝国抵御塞尔柱突厥人入侵。后来东征的目的逐渐演变为夺

[阿历克塞一世]

阿历克塞一世是拜占庭帝国科穆宁王朝的第二位皇帝,曾担任前任皇帝的将军,所以对于拜占庭帝国的危机非常清楚:帝国在东方的庞大土地已经被塞尔柱突厥人吞噬殆尽,西边的诺曼人不断地蚕食着西方的领土,佩切涅格人和诸多北方部落民族也骚扰不停,一时间拜占庭帝国有灭亡的迹象。然而阿历克塞一世却使出高超的手段得以力挽狂澜;通过一系列战争或外交手段,他的王朝得以强大。

回耶路撒冷，并将东方基督徒从阿拉伯人的统治中解放出来。

公元 1095 年，乌尔班二世在克莱蒙（法国）召开的高级宗教会议上发表演说，他抨击东方阿拉伯人的残暴，号召人们夺回圣地耶路撒冷，并且以东方的物质利益作引诱，鼓吹东方到处是黄金、牛奶和蜂蜜，要人们到东方去享乐。

担任反入侵主力的海洋共和国

为了响应教皇号召，阿尔马菲、比萨、热那亚以及后来热衷东征的威尼斯，成了东征入侵阿拉伯世界的主要力量。上述意大利 4 国在开展海洋贸易的时候，深刻了解阿拉伯世界的势力发展情况，同时，由于阿拉伯人在地中海上的横行，给他们的海洋贸易带来了影响，所以鉴于海洋贸易的考虑，他们卖力地为东征做准备。

除了上面所说的 4 个海洋国家，响应教皇号召的还有许多来自西欧各国的骑士和农民，他们跋山涉水，来到君士坦丁堡，而后又将战矛转向耶路撒冷。

❦ [克莱蒙会议]

公元 1095 年 11 月罗马教皇乌尔班二世在法国南部克莱蒙召开的宗教会议。主要议题是有关教会事务问题。参加会议的有大主教、主教、教士、世俗贵族和骑士等 200 余人。会议于 11 月 18 日开幕，11 月 25 日结束。

第 10 章 十字军东征

❦ [乌尔班二世]

乌尔班二世，世俗名奥托·拉普利，公元 1035 年出生在法国马恩河畔的香槟贵族家庭。是中世纪四大拉丁神父之一，他在神圣罗马帝国皇帝的重压下另辟战场，发起了十字军东征，重振了教皇的权威。

海洋与文明：地中海三千年 | 201

[安条克之围]

安条克之围发生于第一次十字军东征期间。十字军包围了穆斯林掌控下的安条克,从公元 1097 年 10 月 21 日持续到公元 1098 年 6 月 3 日。期间在十字军中发生了严重的饥荒,导致 1/7 的士兵饿死。

[十字军骑士壁画]

第一次十字军东征混乱、没有组织性、毫无规划,十字军所到之处,抢掠、偷盗,遍地焦土,使十字军的名声日渐恶化。

疯狂的十字军

十字军东征首攻安条克

安条克位于东西方必经之路上,被称为东方明珠,在罗马帝国时期,安条克是当时最繁华的城市之一,鼎盛时城市人口达到了惊人的 50 万。在基督教传播开后,这里成为基督教最初的 4 个主教区之一(其他 3 个主教区分别为耶路撒冷、亚历山大里亚和罗马)。

公元 1097 年,第一次十字军东征的主力南下,很快便来到了安条克。此时的安条克被穆斯林统治,十字军当然不会不将其"解救"。当年 10 月,他们便开始围攻这座城市,但由于该城城防坚固,十字军屡攻不破,经过几个月不懈的努力才终于破城。

之后,十字军战士对安条克城内的穆斯林进行残忍的屠杀,可是没隔几天,随后赶来的穆斯林援军对十字军再次形成了围城之势。十字军在攻城时就耗尽了精力,如何应对赶来的援军?

寻找刺死耶稣的圣枪

十字军在安条克被包围，四面楚歌，眼看就要被覆灭，这时候一位大主教站出来对各位教徒发表演说，说安条克城内有刺死耶稣的圣枪，而且天神会祝福他们找到圣枪并打赢此战。基督徒们真的在安条克城内挖出了一把枪，是不是刺死耶稣的那把圣枪并不重要，这足够激励这群狂热的教徒了，大大激发了他们的士气，他们每个人都以一当百，开始疯狂屠杀来援的穆斯林。

十字军终于在安条克站稳了脚跟。随后十字军主帅、诺曼人首领博希蒙德宣布安条克独立，成立安条克公国。

血洗耶路撒冷

有了"圣枪的加持"，十字军战士就像打了鸡血一样的亢奋，他们沿途抢劫补给，向着此战的终点——耶路撒冷前进。

公元 1099 年，在法国布伦王子布永的戈弗雷率领下，十字军包围了耶路撒冷。8 天后，圣城耶路撒冷的大门被疯狂的基督徒们打开。之后便是持续的悲剧，十字军在这里屠杀了 7 万余人，血洗全城，把这座圣城抢掠一空。十字军攻占耶路撒冷后，按照西欧的封建制度建立了耶路撒冷王国，宣布接受罗马教皇管辖，使用拉丁礼拜仪式，取消城内的希腊正教会。

> 安条克公国即使在全盛时期，其领地也比埃德萨伯国和耶路撒冷王国都要小。安条克公国位于地中海东北角，南邻的黎波里伯国，东接埃德萨伯国，拜占庭帝国和亚美尼亚王国在其西北。

❋ [杰拉尔德会晤布永的戈弗雷]

这幅画是法国画家安托万·德·法沃瑞（1706—1798 年）的作品，现藏于马耳他国家博物馆。左侧穿黑袍的是医院骑士团创始人杰拉尔德，右侧穿红袍的人则是十字军名将布永的戈弗雷。

❋ [耶路撒冷第一任国王鲍德温一世]

鲍德温一世是布永的戈弗雷的弟弟，也是公元 1098 年埃德萨伯国的建立者。公元 1100 年，布永的戈弗雷去世，他从埃德萨赶来，加冕为耶路撒冷国王。

[法国国王路易七世]

路易七世是阿基坦公爵、普瓦都伯爵，法兰西卡佩王朝第八位国王（1131—1180年在位，其中1131—1137年与父共治）。

[神圣罗马帝国皇帝康拉德三世]

> 第一次十字军东征时西欧封建贵族骑士们在西亚建立了短暂王国，其中的耶路撒冷王国仅维持了88年。十字军东征对地中海沿岸国家人民带来了深重灾难，之后十字军还在威尼斯人帮助下侵入当时奥斯曼帝国无法攻破的君士坦丁堡，成为200年后奥斯曼大军攻下此城的肇因，数次大规模军事动员也使西欧各国人民损失惨重。

这次十字军东征使得基督教势力在东方建立了4个国家，分别是埃德萨伯国、安条克公国、的黎波里伯国和耶路撒冷王国。罗马教皇把占领地分为4个大主教区和10个主教区，建立了许多隐修院。战争结束后，大批骑士带着掠夺的财物返回西欧，留下的骑士领主只有几千人。

为了巩固十字军东征成果

阿拉伯势力遭到十字军东征的沉重打击，地中海以及整个西欧的阿拉伯势力范围也被挤压得越来越小。然而阿拉伯势力却在很短时间内又渐渐地恢复了元气，开始再次骚扰基督教世界。

公元1144年，塞尔柱突厥人占领埃德萨，逼近第一次十字军东征时建立的耶路撒冷王国。埃德萨陷落的消息传入罗马后，于是便有了第二次十字军东征，这次东征由法国国王路易七世和神圣罗马帝国皇帝康拉德三世发起，大军从欧洲出发。

第一次十字军东征之后，阿拉伯势力越发团结，他们成立了联盟，抵抗第二次十字军东征，同时阿拉伯势力还收复了耶路撒冷，使得第二次和以后的第三次十字军东征相继失败。

阿拉伯势力越来越强大了，又开始不时的在地中海上游荡，而此时的拜占庭帝国已经渐渐地衰落。

蚕食阿拉伯势力的意大利人

在教皇乌尔班二世的呼吁下,参加十字军东征的各国船只在地中海穿梭如织,打击和驱逐阿拉伯势力。

在之后的大约 20 年时间内,阿拉伯势力老实了。虽然商船途经被阿拉伯势力占据的港口仍然需要交纳税金,但是巴巴里海盗捞钱的地方却不断在缩小。

到了腓力二世时期,受到比萨、热那亚等意大利海洋共和国的挤压,巴巴里海盗活动的区域更加狭窄。

12 世纪时,巴巴里海盗就像在自家院子一样,横行于地中海海域,为了抢劫更多的商船,他们增加了法兰西南部沿海、地中海中央的第勒尼安海、热那亚所在的利古里亚和比萨所在的托斯卡纳沿海的海盗人数。

对于比萨和热那亚来说,地中海中央的第勒尼安海是本国商船去任何地方的必经海域。能否确保这片海域的航行安全,甚至决定这两个国家的命运。

为了打击巴巴里海盗,法兰西南部领主与热那亚和比萨组建了联合舰队,要肃清以马略卡岛为中心的巴利阿里群岛所有岛屿上的海盗。担任主力的比萨在这一战中投入了 300 艘战舰和 4 万名战士,经此一战,海盗被歼灭,不但解救了马略卡岛上的基督徒奴隶,还把巴利阿里群岛完全置于自己的监视之下。

[马略卡岛]

> 公元 1097 年第一次十字军东征。
> 公元 1147 年第二次十字军东征。
> 公元 1189 年第三次十字军东征。
> 公元 1202 年第四次十字军东征。
> 公元 1227 年第五次十字军东征。
> 公元 1248 年第六次十字军东征。
> 公元 1270 年第七次十字军东征。
> 公元 1291 年十字军时代落下了帷幕。

> 由萨拉丁创立的埃及阿尤布王朝,到公元 1183 年已经占据了埃及、叙利亚、北部美索不达米亚、汉志、也门及西至突尼斯的北非的地中海沿岸。但到了公元 1250 年之后,蒙古人的到来使得地中海沿岸更加混乱动荡,一度强盛的阿尤布王朝面对来犯的蒙古人已无招架之力,自身难保。

洗劫拜占庭帝国

第二次和第三次十字军东征的失败，使西欧的君主们丧失了对穆斯林再一次发动战争的兴趣。当时英国和法国这对老冤家正打得你死我活，而德国人早就看不惯教皇的颐指气使，正在绞尽脑汁抢夺教皇手里的权力。

公元1198年，初登大位的罗马教皇英诺森三世号召发动新的十字军东征，目的是要通过进攻埃及的阿尤布王朝，作为日后行动的基地，来解救被穆斯林控制的耶路撒冷。

威尼斯为第四次十字军东征垫资

第四次十字军东征既定的攻打目标是埃及，向着这个目标，新一期的十字军战士开始集结。公元1201年，十字军人马如约来到威尼斯，但是集结后才发现到达的人数比预计的要少一些，随后他们在威尼斯遇到了一些麻烦。

因为庞大的十字军军队需要大量的船只和给养才能维持，于是十字军统帅和教皇使者向威尼斯借了一大笔费用，并请求威尼斯垫资为十字军制造战船。

精明慷慨的威尼斯人发动了所有的健壮劳力，为十字军建造战船，还拿出历年国库，垫付给十字军作为日常军费。

这笔费用清单如下：

桨帆战舰50艘、桨帆货船70艘、帆船240艘、平底登陆船120艘，加上3万名水手与陆战队4万人，一共7万人、5000匹马的粮草，一年的费用是85 000枚银马克。

教皇与骑士团的使者对于这个天文数字目瞪口呆，但是已经上了威尼斯的贼船了，离十字

[英诺森三世]

英诺森三世在政治上的作用相当于一个欧洲大国的君主，而他的教皇身份使他对历史有着比世俗君主更深一层的影响。

公元1199年，英诺森三世第一次向整个西欧的教会征税，这个制度后来固定了下来，成为压在人民头上的"十一税"。教皇的腰包鼓了，说话行事也更有底气了。

[威尼斯格洛索银币－正面]

206 | 海洋与文明：地中海三千年

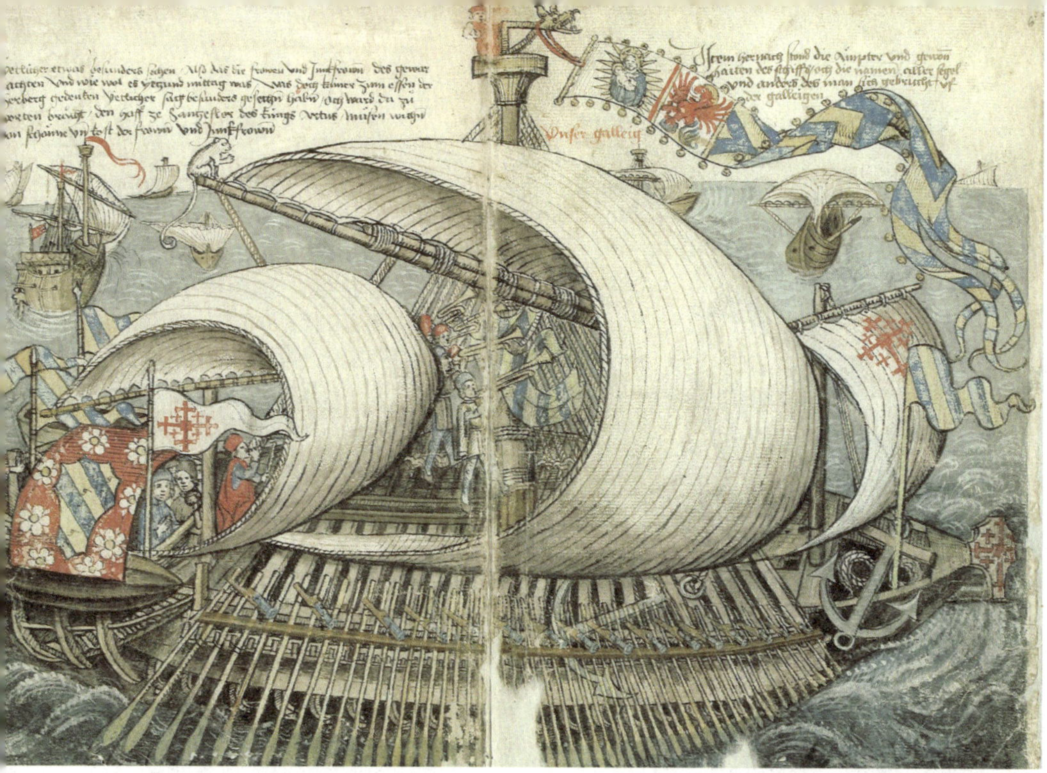

[威尼斯运送十字军的船只 - 油画]

军约定的东征日期越来越近,威尼斯元首恩里科·丹多洛这样说的:"没有钱,不开船"。

为了还债,十字军成了威尼斯的帮凶

丹多洛对十字军首领孟菲拉特侯爵布尼法修说:"没有钱支付费用也没关系,因为威尼斯人有钱,但是威尼斯缺少战士,只需要十字军帮我们夺取萨拉,即可抵消部分军费。"

马克是古代欧洲的货币计量单位,符号为£,最初相当于8金衡盎司(249克)纯银,后来演变为半磅。
"马克"作为古代货币单位名称,曾通用于古代的欧洲西部地区,包括英格兰。
公元1192年英格兰国王"狮心王"理查一世在德意志被俘后,向神圣罗马帝国支付了15万马克赎金后才被释放。

第三次十字军东征(公元1189—1192年)是在神圣罗马帝国皇帝"红胡子"腓特烈一世、法兰西国王"狐狸"腓力二世和英格兰国王"狮心王"理查一世率领下进行的,其目的是抢回被萨拉丁占领的耶路撒冷。

[威尼斯格洛索银币 - 背面]

格洛索银币的背面是威尼斯城的"保护神"马可,正在把一面长杆军旗交给威尼斯元首。元首右手接过军旗,左手拿着有关元首诺言的羊皮文件。

第10章 十字军东征

海洋与文明:地中海三千年

[威尼斯元首恩里科·丹多洛]

❧ 有人说选领袖要更倾向于年轻人，因为年轻人更勇敢更有激情，但缺乏经验也是年轻人与年长者无法相比的"短板"，所以在任命元首时，威尼斯长期秉承挑选高龄而经验丰富的人。

❧ 公元1171年，恩里科·丹多洛在出任威尼斯驻拜占庭帝国大使的时候，拜占庭帝国全面驱逐残害威尼斯人，他使尽全力与蛮横无理的拜占庭帝国进行交涉，但仍无法保全威尼斯人在拜占庭帝国的地位，有传言说丹多洛的眼盲，是被拜占庭刺客杀伤所致，但未获得丹多洛本人回应。

❧ 第四次十字军东征的主帅原定为香槟伯爵提博三世，然而他在出征前病逝，教皇希望法国的勃艮第公爵能够接替主帅职务，但是勃艮第公爵不仅不愿意担任主帅，态度还一百八十度大转变，连十字军都不愿意参加了。因为各大贵族陆续先后表态退出，第四次十字军的士气急速崩解萎缩，差点成为第一支还没出征就自行解体的十字军，最后勉强在孟菲拉特侯爵布尼法修的组织下，拼凑起1万多人的军力，于公元1202年6月24日抵达了威尼斯。

萨拉是匈牙利国王艾米利克的领土，这也是一个基督教的城市，威尼斯希望夺取萨拉的理由也很简单，这座城市仗着有匈牙利国王撑腰，截断了威尼斯所属的南、北达尔马提亚，而且还不时袭扰威尼斯商船。

虽然十字军将士们议论纷纷，但这是唯一一个可以偿还骑士们背负天文数字债务的方法。

公元1202年10月，十字军从威尼斯出发，他们带了70余艘战船和约150艘货船，由海路向萨拉杀来。

十字军轻而易举地拿下了这座城池。萨拉居民为了保护自己的家人和财产，将印有十字架图案的旗帜悬挂在城头以及各家各户的窗外，以此表明他们也是同一个上帝的子民，但是这根本无济于事，狡猾的十字军和贪婪的威尼斯人根本不管这一套。上帝在这个时候已经不管用了，屠杀、抢劫才是唯一要干的事情。

酝酿更大的阴谋

十字军攻占萨拉这事惊动了罗马教皇英诺森三世，教皇差点被气炸了，基督教战士屠杀基督教城市,这是何等的罪孽,他震怒地宣布要把威尼斯和第四次十字军战士全部逐出教门。

丹多洛一夜醒来发现自己被教皇判为异端,于是答应教皇立刻出兵耶路撒冷,这才使教皇收回了将他们逐出教门的决定。

然而,当十字军要求出兵耶路撒冷的时候,丹多洛却依旧是推诿,只说冬季不宜出海,时机未到,在此休养几星期未尝不是好事。其实威尼斯人在这背后酝酿着一个更大的阴谋。

因为威尼斯元首丹多洛、十字军统帅孟菲拉特侯爵、神圣罗马帝国皇帝正在与在宫廷斗争中落败、希望寻求外援帮助的拜占庭帝国流亡王子阿历克塞商讨一个新的战略布局,那就是攻打君士坦丁堡。

阿历克塞答应,一旦他夺回拜占庭帝国皇位之后,愿意赞助十字军1万名士兵和价值相当于20万马克的军费。这对于欠巨款的十字军来说诱惑实在太大,对于威尼斯来说诱惑更大,因为打击拜占庭帝国后,自己就可以横行地中海了。

于是信仰最坚定的基督徒们开始泯灭良心,他们向教皇解释:"这是东、西基督教会合并的最佳时机。"东、西基督教的统一是历任教皇的夙愿,对英诺森三世来说有很大的诱惑,使得他也点了头。

洗劫君士坦丁堡

公元1203年6月底,十字军联军到达了君士坦丁堡城防要处金角湾,威尼斯人从海路发起进攻,法兰克骑士们则从陆路冲击君士坦丁堡的城门。

[13世纪的十字军战士－手绘木刻画]

[十字军东征时期的货币之一]

海洋与文明:地中海三千年 | 209

❋ [公元1204年威尼斯进攻君士坦丁堡金角湾]

　　7月17日,威尼斯人率先突破金角湾,来到了君士坦丁堡的皇城之下,与法兰克骑士们汇合,很快击败了拜占庭帝国皇帝阿列克塞三世。阿列克塞三世搜刮了宫中的财宝后,带着公主爱蕾娜偷偷逃往色雷斯。7月19日,君士坦丁堡被十字军攻破,被财富冲昏了头脑的十字军蜂拥而入,冲进了君士坦丁堡,见人就杀,失守之后的君士坦丁堡迎来了最黑暗的日子,野蛮的十字军和威尼斯人在城里不分日夜地洗劫,熊熊大火燃烧了三天三夜。他们冲进了金碧辉煌的圣索菲亚大教堂,将这里的一切抢走,连门把手都不放过,甚至将镶有金银珠宝的圣坛砸碎,只为了得到珠宝,他们把圣母的铜像扔进熔炉铸成钱币。君士坦丁堡的住宅、宫殿都被踏为平地,除了抢劫,他们还到处寻找年轻的女人,甚至连修女也不能幸免……就这样,君士坦丁堡这座世界上少有的历史文化名城、原本拥有40万人口的大都市在劫后变成废墟一片,近千年的文化遗产从此万劫不复。

瓜分拜占庭帝国，威尼斯成了地中海上的强国

十字军履行了自己的承诺，为阿列克塞王子赶跑了拜占庭帝国皇帝阿列克塞三世，但是阿列克塞王子做了皇帝（即阿历克塞四世）后，却不认账了，他对自己当初的承诺百般推诿，还故意煽动君士坦丁堡的民众对十字军的仇恨，导致了许多事端发生，威尼斯停靠在金角湾的舰船也差点被付之一炬，这让十字军上下十分不满，愤怒的法兰克骑士甚至在情绪激昂下焚毁了一些城内的教堂，双方矛盾一触即发。

之后，阿历克塞三世的女婿阿历克塞·杜卡斯发动叛乱，将阿历克塞四世缢死，这给了十字军再次攻打君士坦丁堡的借口。公元1204年4月13日，十字军再次攻破君士坦丁堡，十字军将士和威尼斯一起商量瓜分了整个拜占庭帝国，城中绝大多数历史文物、黄金珠宝，统统被威尼斯、法兰西、热那亚等基督教世界的国家装上船拉回了各自国家，如今去到欧洲各国的博物馆，都能找到当年这一暴行的收获。

在精通政治的威尼斯人的算计下，公元1204年5月9日，通过贿赂选举的方式，威尼斯在君士坦丁堡扶持了一位拉丁帝国皇帝，即鲍德温一世。

这次十字军东征的结果是毁灭了拜占庭帝国，拜占庭帝国的首都君士坦丁堡成了拉丁帝国的首都，威尼斯则在这次十字军东征的整个过程中获得了大量的财富，这造就了未来几个世纪里威尼斯海洋帝国的根基。同时也给予了本就奄奄一息的拜占庭帝国一记沉重的打击。

从此以后，威尼斯走出了亚得里亚海，在地中海上畅通无阻，成了地中海上的强国。

为了保护十字军国家的地位，教皇又在西欧组织了几个军事修会：圣殿骑士团、圣约翰骑士团和条顿骑士团。骑士团是宗教性军事组织，直属教皇，不受地方政府管辖，其任务是在叙利亚、巴勒斯坦一带镇压当地居民的反抗，与毗邻的异教徒国家作战，保护十字军的领地。

骑士团是中世纪独特的组织之一，与十字军一同诞生。在这些骑士团中，当时颇具实力且在历史上也很重要的骑士团名称和建立年份如下：

骑士团	年份
圣约翰医院骑士团	公元1024年
圣葛斯默·达弥盎骑士团	公元1118年
圣殿（圣墓）骑士团	公元1174年
条顿（德意志贵族）骑士团	公元1191年
圣本笃·戴维斯骑士团	公元1162年
卡拉特拉瓦骑士团	公元1158年
圣雅可布之剑骑士团	公元1175年
阿尔坎塔拉骑士团	公元1178年
拯救基督徒骑士团	公元1218年

拉丁帝国第一任皇帝鲍德温一世是来自佛兰德斯的伯爵鲍尔温九世。1205年4月，在镇压色雷斯的希腊人叛乱时被俘且被刺瞎，不久死去，皇位由他的弟弟亨利继承。

第10章 十字军东征

第 11 章
崛起的东部大国

罗马帝国分裂后,东罗马帝国(拜占庭帝国)拥有从黑海到亚得里亚海之间的广大地区,包括巴尔干半岛大部、小亚细亚、叙利亚、巴勒斯坦、埃及和外高加索的一部分。第四次十字军东征之后,拜占庭帝国被灭,建立了拉丁帝国,后来在拜占庭帝国皇族的努力之下,公元1261年他们战败了拉丁帝国,收复君士坦丁堡,恢复了拜占庭帝国。连年征战使得一度极其强盛的拜占庭帝国最终缩小到只剩下君士坦丁堡,而他们此时的注意力一直集中在防御欧洲的敌人上,没想到却被来自亚洲的势力盯上了。

🌼 君士坦丁堡的陷落

中世纪时期,亚洲的蒙古人在急速扩张之后,首先来到了巴格达。

巴格达在波斯语中是"神赐都城"之意。阿拉伯势力入侵后,在跨底格里斯河两岸,距幼发拉底河仅30多千米、处于东西方的交通要道处,阿拉伯人新建了一座纯粹的都城——巴格达。

巴格达自公元762年建都以来,一直都是阿拉伯世界的中心,但是如今完全暴露在蒙古人面前,公元1258年,巴格达被蒙古人攻破。

随着蒙古人的西侵,阿拉伯势力只得将自己的中心不断西移。同一时期还发生了许多迁都事件:

212 | 海洋与文明:地中海三千年

❀ [被洗劫前的君士坦丁堡的繁荣景象]

塞尔柱突厥帝国把首都迁移到了小亚细亚中央的科尼亚；被誉为阿拉伯世界盟主的奥斯曼帝国则把首都迁到了布尔萨。

布尔萨位于小亚细亚西北，面前就是马尔马拉海，距离君士坦丁堡只有一步之遥，对于拜占庭帝国来说，这简直是糟糕至极的消息。

不断西侵的奥斯曼帝国

奥斯曼帝国迁都到布尔萨后，就开始四处征战，到了 14 世纪后半叶，入侵欧洲的奥斯曼帝国军队征服了色雷斯，把马其顿和保加利亚也纳入其统治之下，就连隔海相望的君士坦丁堡也不得不向它缴纳贡金才能免遭骚扰。之后奥斯曼帝国将首都迁到了色雷斯的城市埃迪尔内。

第 11 章 崛起的东部大国

❀ 自第四次十字军东征之后，拜占庭帝国的皇帝几经更替，当君士坦丁十一世于公元 1449 年继承皇位时，拜占庭帝国败落得只剩下一座穷困孱弱的都城。

海洋与文明：地中海三千年 | 213

[帖木儿雕像]

在朱元璋投奔郭子兴准备反抗元朝的这年,帖木儿出生了。后人所知的帖木儿的传奇历史,绝大部分来自《胜利书》《帖木儿自传》。其后裔巴布尔在征服了印度之后创作了《巴布尔回忆录》,流传于世。

蒙古大军入侵小亚细亚,碾压奥斯曼帝国

公元1402年,帖木儿亲率蒙古大军入侵小亚细亚中部,奥斯曼帝国虽然将首都迁至西欧,但领地的主体还在亚洲,所以奥斯曼帝国的苏丹巴耶塞特一世不得不出兵,与蒙古大军在小亚细亚安卡拉附近的平原展开决战。结果奥斯曼帝国大败,巴耶塞特一世被俘。

阿拉伯世界中最能打仗、力量最强的奥斯曼帝国军队被蒙古人打败了。奥斯曼帝国经历了立国以来首次毁灭性的失败,巴耶塞特一世被俘更让奥斯曼帝国宫廷惊慌失措,立即陷入内讧,根本无法重整败军。

奥斯曼帝国再次崛起

蒙古军打败了奥斯曼帝国,剥夺了它的"霸权"。以前一直向奥斯曼帝国进贡的国家,纷纷不再支付贡金,比如色雷斯、马其顿、保加利亚,当然也包括拜占庭帝国。

拜占庭帝国曾经四处请兵对付奥斯曼帝国,如今看到奥斯曼帝国被蒙古人打败,举国欢腾,认为本国命运时来运转。可是好景不长,仅3年后,帖木儿亡故,帖木儿帝国在他死后急剧衰退。

奥斯曼帝国乘帖木儿帝国衰退的时机养精蓄锐,到公元1425年,奥斯曼帝国恢复了元气,西欧那些曾经给

奥斯曼帝国纳贡的国家，又不得不开始给其缴纳贡金了，只有拜占庭帝国依旧幻想着奥斯曼帝国会忘了自己。

君士坦丁堡的陷落

公元 1451 年，奥斯曼帝国老苏丹穆拉德二世去世，新苏丹穆罕默德二世继位，穆罕默德二世有拓展疆土的野心，加之年幼时见过十字军的入侵，所以对西欧的基督教世界有与生俱来的仇恨。

公元 1453 年，21 岁的穆罕默德二世率领 20 万军队攻打日渐衰弱的拜占庭帝国首都君士坦丁堡，并且拒绝了拜占庭帝国皇帝君士坦丁十一世的求和请求，穆罕默德二世宣称："我只要一件东西，那就是君士坦丁堡。"

君士坦丁十一世知道无法再使用缴纳贡金的方式逃避战祸了，其实君士坦丁堡如今已经穷得根本拿不出钱来，无奈之下，君士坦丁十一世给穆罕默德二世写了一份信："一切都已昭然若揭，你所渴望的不是和平，而是战争。现在我只能转过身去，独自面对上帝。我放弃所有与你达成的誓言和条约，我将紧闭城门，为我的人民战斗到流完最后一滴血。"

于是一场改变世界历史的攻城战在这两个国家间打响了。拜占庭帝国的首都君士坦丁堡是这场争夺战的焦点。

面对奥斯曼帝国的大军，君士坦丁堡几经动员，加上在君士坦丁堡有房产的商人，一共才集结了不到 7000 人的军

[穆罕默德二世]

穆罕默德二世是奥斯曼帝国第七代君主，经常被称为"法提赫"（意为"征服者"），他在 21 岁的时候就指挥奥斯曼帝国大军攻陷了君士坦丁堡，完成了几代苏丹的夙愿。

[拜占庭帝国最后一任皇帝君士坦丁十一世]

海洋与文明：地中海三千年 | 215

❧ 在奥斯曼人来此之前，根据《罗马帝国衰亡史》作者爱德华·吉本的统计，君士坦丁堡城里有2座剧场、4座巴西利卡（公众集会大厅）、8个豪华的公众浴池、153个私人浴池、52道沿街柱廊、5座粮仓、8条高架水渠、14座教堂、14座宫殿和4388座贵族宅邸。

❧ 奥斯曼帝国占领君士坦丁堡，不仅标志着拜占庭帝国千年统治的结束，而且意味着新的世界帝国奥斯曼帝国的崛起。奥斯曼帝国在东方阿拉伯国家中的威望急剧上升，对内控制和对外侵略扩张能力随之倍增，对欧亚国际局势的发展具有越来越大的发言权。

队，不过即便如此，他们还是坚守了近2个月。

公元1453年5月29日，君士坦丁堡陷落，拜占庭帝国灭亡。君士坦丁堡内的基督徒沦为奴隶，基督教堂被改造成了清真寺，君士坦丁堡也被改名为伊斯坦布尔。

从此以后，整个地中海以及西欧土地，不得不直面奥斯曼帝国的侵扰。

占领莱斯博斯岛，挺进爱琴海

君士坦丁堡陷落后的第二年，穆罕默德二世便下令进军西方。此后不到一年，于公元1455年成功征服塞尔维亚。

公元1460年，穆罕默德二世挥师南下；公元1461年，穆罕默德二世的大军挺进小亚细亚，渡过达达尼尔海峡，攻占小亚细亚北部黑海沿岸城市特拉比松，黑海成为奥斯曼帝国的内海。

奥斯曼帝国的大军一路厮杀，又把目光投向了爱琴海……

❧ [希腊陶器上弹奏七弦琴的人]

在古希腊，莱斯博斯岛是一个文化高度发展的地区，莱斯博斯岛是著名诗人泰尔潘德罗斯的故乡。他发明了七弦琴（Lyre）。拨弹着七弦琴唱诵的诗歌就叫作Lyrik。在绝大部分欧洲语言中，抒情诗歌都被称为Lyric。

攻占莱斯博斯岛

奥斯曼帝国大军势如破竹,首先遭殃的就是热那亚的殖民地莱斯博斯岛,这是一个位于爱琴海中的岛屿,离已成为奥斯曼帝国领土的小亚细亚西端很近。

奥斯曼帝国派出 8 万大军进攻莱斯博斯岛,而作为防守方的热那亚(热那亚殖民莱斯博斯岛 200 多年)只有 5000 多名士兵,加上协助作战的市民 20 000 人,对付如此庞大的奥斯曼帝国大军根本没有胜算可言。

于是 10 年前君士坦丁堡陷落后的场景再现,奥斯曼帝国大军攻占莱斯博斯岛后,只允许老人和儿童留在岛上。身体强健的年轻人被奥斯曼人充军,女人被贬做奴隶带走,匠人和知识分子被迁往伊斯坦布尔(君士坦丁堡)。

> 莱斯博斯岛既有希腊传统,同时也有土耳其风情,是一个奇特的岛屿。当爱琴海附近的小亚细亚沦为希腊的殖民地后,莱斯博斯岛、萨摩斯等紧紧挨着小亚细亚的爱奥尼亚地区最早接触到东方文化,是希腊开放较早的地区,由于东西方文化的碰撞,这里的叙事诗和抒情诗特别发达。莱斯博斯岛成为新文化的中心,这里还产生了许多有名的文学家和画家。

占领内格罗蓬特岛

内格罗蓬特位于雅典北面,是爱琴海上的一个岛屿,面积辽阔,大小相当于克里特岛的 2/3,与希腊本土只隔着一条狭长的海峡,与其说这是一个岛屿,不如说是希腊本土的一部分。自威尼斯主导的第四次十字军东征以来的 270 年间,这里一直是威尼斯的殖民地和海军基地。

> 内格罗蓬特是第四次十字军东征后西欧封建主在拜占庭帝国废墟上建立的十字军国家之一。
> 公元 1365—1390 年,威尼斯获得内格罗蓬特的统治权,成为威尼斯海外属地"内格罗蓬特王国"。
> 公元 1470 年奥斯曼帝国夺得内格罗蓬特的控制权。

第 11 章 崛起的东部大国

[莱斯博斯岛]

海洋与文明:地中海三千年 | 217

[米诺斯王宫科诺索斯遗迹]

> 克里特岛是地中海文明的发祥地之一，是爱琴海最南面的皇冠，它是诸多希腊神话的发源地，西方文明的摇篮，欧洲第一个有文字记载的文明是克里特岛上的米诺斯文明。1900 年，米诺斯王宫科诺索斯被发现，将希腊文明史推前了 1000 年。这里曾经是东地中海地区奴隶交易中心，是海上贸易集散地。现在则是美不胜收的度假之地。

这里有定期去往希腊的威尼斯航线，船队从威尼斯出港，南下亚得里亚海后进入地中海，再绕过伯罗奔尼撒半岛南端，在内格罗蓬特港靠岸。为了应对海盗，这些商船出发时经常配有军舰护航，而这些军舰由内格罗蓬特港海军基地提供。对威尼斯来说，内格罗蓬特岛的重要性不亚于东地中海最大的贸易基地克里特岛。

穆罕默德二世选择内格罗蓬特岛作为目标，他想打一场征服威尼斯领土的战役。他投入了 12 万名士兵和 250 艘船只，比进攻莱斯博斯岛时更多。这支大军从君士坦丁堡出发，穿过达达尼尔海峡涌进了爱琴海。

威尼斯防守内格罗蓬特岛的陆军力量等于零。换句话说，即便是举威尼斯全国之力，加上老人、孩子，从人数上来说，都无法抵御奥斯曼帝国大军，所以当奥斯曼帝国的 12 万大军兵临城下时，威尼斯决定集中力量，防卫建于内格罗蓬特岛的海军基地，这是个面临狭长海峡却突入海中的城堡。

威尼斯除了人数上的劣势，其海上防卫力量虽然强大，但是军舰的数量与庞大的奥斯曼帝国随随便便就来了 250 艘船相比，还是差了很多。不过，威尼斯凭借一直以来海洋国家的优势，加上海军以一当四甚至以一当五的作战能力，以 70 艘船对付敌人 250 艘舰船，威尼斯在海战中仍能保持势均力敌的状态。几番战斗下来，双方谁都没有占到优势。后来由于间谍的出卖，内格罗蓬特岛上的威尼斯城堡被奥斯曼帝国的大炮轰开了。

内格罗蓬特岛陷落的消息传回威尼斯本土，政府震惊了，失去了内格罗蓬特岛，威尼斯海军就无法再给商船提供护航了，当地的商贸中心一时间门庭冷落，损失无法计算。

奥斯曼帝国新海盗与教廷海军的较量

奥斯曼帝国拥有强大的陆军,但和威尼斯作战后发现,其海上作战能力明显不足,要想控制广袤的海洋,没有强大的海上力量基本不可能,于是在公元1481年前后,穆罕默德二世生命的后期,他终于找到了解决办法,那就是重新启用海盗。

新时代的海盗:海盗业也开始"凭能力吃饭"

热那亚、威尼斯等海洋贸易国家,因为其海船及制度的保障,令他们有着十分灵活的养兵策略,而对于以陆军立国的奥斯曼人,没有能力,更准确地说是没有足够的军费去供养庞大的海军舰队。

穆罕默德二世分析,组建海军首先要有船,需要在各地备有建造、修理船只的造船厂,还得养着船员,各种设施、维护经费……一笔笔都是庞大的支出,但是如果把这些交给海盗,那就简单多了!

[奥斯曼帝国骑士]

在奥斯曼帝国中,骑士制度建立在封邑的基础上。他们从苏丹手中接过领地,附带接受的条件就是战时必须响应征召。随从、马匹和武器自备,年纪大的,可以用一定数量部下代替服役。无法履行义务的领主将被剥夺封地。

从15世纪开始,随着奥斯曼人的西进,有些帝国疆域内的天主教徒也成了领主。

[15世纪威尼斯雇佣军]

雇佣军靠战争赚取财富,只要有机会就会要求雇主加钱,而且战争中会保存实力以便获得更多的捞钱机会,从而消耗雇主的财富。所以威尼斯和奥斯曼帝国的战争,其不光是输给了奥斯曼帝国强大的军队,同时也输给了贪婪的雇佣军。持久的战争让威尼斯不堪重负。

海洋与文明:地中海三千年 | 219

于是穆罕默德二世决定扶植巴巴里海盗，他颁布法令："海战时，海盗不需要像以前一样将抢劫的财物上缴"，这令巴巴里海盗这个因热那亚、西西里和西班牙海军逐渐强大而急速衰落的职业，再次兴旺了起来。

在奥斯曼帝国进入地中海之前，巴巴里海盗的出身地仅限北非一带的原住民，或是流入北非的阿拉伯人，或是改信伊斯兰教的摩尔人和柏柏尔人。

但是如今有奥斯曼帝国的支持，巴巴里海盗的身份也开始有了大的变化，有希腊人、犹太人、意大利人、西班牙人等。虽然这些海盗的根据地还在北非，但他们会大摇大摆地行走在地中海的港口城市，与文化艺术相同，各地的海盗"人才"在这里汇集，不仅艺术有了"复兴"，在海盗业中也开始要"凭能力吃饭"。

> 15世纪初，威尼斯及其市辖区的财政收入约为75万杜卡特，与西班牙、英格兰不相上下，远远超过米兰、佛罗伦萨、热那亚等其他意大利城市。加上海外领地的收入，威尼斯财政总收入可达到161.5万杜卡特。在当时的西欧来说，这样的国家年收入已经是很高了，但是战争的支出还是让威尼斯有点捉襟见肘。

抵御巴巴里海盗，保护朝圣者，第一支教皇舰队成立

此时的地中海上，沿岸的基督教国家成为阿拉伯海盗活跃的集中地，于是罗马教廷不得不考虑巴巴里海盗的问题了。

前文中我们讲过朝圣是基督徒去耶路撒冷，除此之外，圣地还有相传圣彼得和圣保罗二人殉教之地的罗马。所以许多信徒从欧洲各地聚集罗马（尤其在君士坦丁堡被奥斯曼人占领之后），这时的地中海对巴巴里海盗来讲，简直成了"狩猎的猎场"。

于是为了保护来罗马朝圣的信徒不受巴巴里海盗侵袭，历史上第一支教皇舰队出现了。其实早在15年前就已经有这样的一支海军了，

[奥斯曼帝国战马头盔]

但当时保护的只是罗马外港奥斯提亚。如今随着圣年即将到来，时任教皇加里斯都三世决定建立正规海军。

这支军队一共由 3 艘大型加莱船、3 艘中型加莱船、2 艘小型加莱船、承担运输任务的 2 艘大型加里昂船和 2 艘帆船组成。

这支教皇舰队尽管只有少得可怜的 12 艘船，力量微弱，但还是足够保护公元 1500 年整个圣年没有一艘朝圣船在前往罗马途中因遭北非海盗袭击而受到损失。于是教皇舰队在圣年结束后依旧保持着。

教皇舰队疲于应付被奥斯曼帝国庇护的海盗们

在意大利与希腊之间有片海，这里也是地中海的属海，名叫爱奥尼亚海。在希腊的一侧，自北向南排列着科孚、帕克西、莱夫卡斯、伊萨卡、凯法利尼亚、扎金索斯等岛屿，是威尼斯出亚得里亚海前往东方的航路。威尼斯一直努力在这些岛上设置基地，维持制海权。

新的海盗基地：莱夫卡斯岛

有一天，奥斯曼帝国军队突然占领了莱夫卡斯岛，随后在岛上筑起了坚固的城堡，并派出常驻军把守。不久之后，这里成了奥斯曼帝国为巴巴里海盗提供的根据地，大批巴巴里海盗移居这里。另外，奥斯曼帝国还跟威尼斯学习，向

第 11 章　崛起的东部大国

❈ [教皇加里斯都三世]

加里斯都三世是历史上第一位西班牙籍教皇，于公元 1455—1458 年在位，是意大利文艺复兴时期著名的博尔吉亚家族的开创者。加里斯都三世还是第一个为圣女贞德昭雪的教皇，他指出"法兰西女信徒贞德是无罪的"。公元 1455 年，法国人民在巴黎圣母院为贞德举行了隆重的昭雪仪式。

[加莱船型号之加莱赛战船]

[加莱船型号之大型帆桨并用船]

> 威尼斯自丹多洛时期开始，为了防止其他欧洲竞争者或是沿途海盗的袭击，专门确定了固定的航路，以 5 艘或 10 艘商船为一单位，在军舰或武装商船的护航下，向目的地航行。这种护航船团被称为幕达（Muda），护航船团的长官由政府指派的，通常是经验丰富的海军军官。

在附近航行的基督教国家的商船索要通行费。如果商船不愿意支付，城堡中的大炮就会朝商船开火，另外还会有巴巴里海盗尾随商船索要，或者伺机抢劫。

奥斯曼帝国的目的不仅仅是收取通行费，还想摧毁威尼斯共和国的制海权。

在此航线上走得最多的就是威尼斯的商船，但是威尼斯有着完善的"幕达"制度，保护着商船通行，所以损失倒也不大，可那些商船数量较少又缺乏军舰保护的国家损失就比较惨重，比如佛罗伦萨和法兰西。

基督教国家的再次联盟

威尼斯利用这次机会游说罗马教皇，宣称只有基督教国家团结起来，奋力抗击奥斯曼帝国，基督世界才能有出路。于是，在公元 1502 年，各国响应教皇亚历山大六世的号召，组成了以抗击奥斯曼帝国为目标的基督教联合舰队。其舰队中的军舰数量如下：

威尼斯共和国 50 艘；以罗得岛为根据地的圣约翰骑士团 3 艘；法兰西 4 艘；罗马教廷 13 艘。名义上的指挥权是由教皇派出的一个名叫雅各布·佩萨罗的主教担任，而威尼斯海军参战的 50 艘军舰的总司令是迪托·佩萨罗，正是这位主教的哥哥。因为罗马教廷派出的主教缺乏作战经验，所以整支基督教联合舰队的实际指挥权在威尼斯手里。

海军联盟夺回莱夫卡斯岛

公元 1502 年 8 月，基督教联合舰队出现在莱夫卡斯岛附近海域，很快他们便开始进攻该岛。战斗开始后不到 1 个月，即 8 月 29 日，莱夫卡斯城堡被攻下，这座岛被基督教夺回。驻守在这里的 600 名奥斯曼帝国士兵当了俘虏，而此战所抓获的巴巴里海盗则被处以绞刑。

从此之后，基督教联合舰队在地中海的属海爱奥尼亚海上扬名立万，巴巴里海盗便开始撤离此处，将活动海域从爱奥尼亚海转移到第勒尼安海。

在第勒尼安海的巴巴里海盗船队日益壮大，他们把活动舞台从热那亚所在的利古里亚扩大到了法兰西南部，甚至扩大到了被基督教统一的西班牙。随后基督教联合舰队也追着巴巴里海盗的踪迹来到这片海域。

教皇舰队被打了个措手不及

基督教联合舰队的行动，让巴巴里海盗做出了相应的调整，巴巴里海盗船队的规模变得小型化，以称为"福斯塔"的快速小型加莱船为主，开始自由地活动，当有敌人来袭时，分散

[奥斯曼帝国苏丹巴耶塞特二世]

[古画中的奥斯曼帝国战船]

第 11 章 崛起的东部大国

海洋与文明：地中海三千年 | 223

的小股船队也能快速集结成大军。

公元 1508 年，巴巴里海盗船队袭击了意大利半岛西岸的利古里亚，而旁边的热那亚因其坚固的城防躲过一劫，但附近的港口城市就没有那么幸运了，逐个遭到掠夺、破坏和焚烧。

第二年（即公元 1509 年），连罗马附近也遭到了侵袭。巴巴里海盗的突然出现，将教皇舰队打了个措手不及，停泊在外港奥斯提亚的 2 艘战船中的一艘，连船带人被巴巴里海盗掠走。

此时，奥斯曼帝国的海盗势力虽然遭到基督教国家的各种打击，但是他们在地中海上遍地开花，基督教国家哀声连连，就连日渐强大的西班牙的商船，这些巴巴里海盗们也是虎视眈眈。

西班牙海军还以颜色

公元 1492 年，西班牙在基督徒的带领下，通过收复失地运动，结束了阿拉伯人对西班牙的统治。此后航海家哥伦布远航，发现美洲大陆，由此揭开了大航海时代的序幕。

大量的财富源源不断地从新大陆运回西班牙，这些满载以金银为主的新大陆物品的船只，通过直布罗陀海峡进入地中海，然后北上驶入西班牙在地中海一侧的港口卸货。巴巴里海盗对这样的财富自然眼馋，他们留着哈喇子，蹲守在西班牙商船的航线之上随时准备下手。在这种情况下，西班牙国王觉得有必要给这些受奥斯曼帝国保护的北非以及阿尔及尔的海盗们一些颜色看看了。

听到风声的阿尔及尔的海盗首领，为了改善

[哥伦布]

❖ [达·伽马墓上的帆船浮雕]
这是达·伽马的旗舰"圣加布里埃尔"号,是一艘卡拉克型大帆船。

与西班牙的关系,特意给西班牙送去了许多"诚意",但是西班牙依然出兵了。

公元 1509 年,北非的摩洛哥和阿尔及尔的主要港口城市遭到了西班牙军队的攻击。西班牙军队占领了阿尔及尔港北侧突起的海岬,并在这里建立防御城堡,还派了 500 名士兵常驻,保护自己的商船安全通行。

这些在地中海上游荡的、被奥斯曼帝国庇护的巴巴里海盗,犹如夏天的蚊子,若稍不留神,便会被他们狠狠地叮上一口。

❖ [公元1500年的青铜臼炮和石球炮弹]
这种青铜炮远不及奥斯曼帝国苏丹穆罕默德二世攻打君士坦丁堡的乌尔班火炮那么重,但是它的威力却有了大的改进,另外因为自重轻,更适合舰载。

第 11 章 崛起的东部大国

海洋与文明:地中海三千年 | 225

第 12 章
群雄并起的大国时代

地中海纷争不断，随着一些人口或地理大国的崛起，地中海上的战火燃烧得更加炽热，称霸地中海的奥斯曼帝国，此时再也无法一手遮天了，不仅如此，还连连兵败。

🌱 大国年轻的统治者们

16世纪早期是大国并起的时代，而这些大国由一群年轻人掌控着，手握重权的他们为了自己的野心角逐。假如我们将时间定格在公元1522年，这些大国们的掌权者们分别是奥斯曼帝国苏丹苏莱曼一世、法兰西国王弗朗索瓦一世和西班牙国王卡洛斯一世。

奥斯曼帝国苏丹苏莱曼一世

公元1520年，苏莱曼一世的父亲塞利姆去世，26岁的他成为奥斯曼帝国苏丹。在他长达45年的统治期间，奥斯曼帝国在陆上直逼维也纳，在海上则持续进攻威尼斯等基督教国家，使领土最大化，成就了奥斯曼帝国的黄金时代。他是阿拉伯世界的最高权力者，就连基督教方面都尊称他为"大帝"。公元1522年时他仅仅28岁。

[苏莱曼一世]

法兰西国王弗朗索瓦一世

弗朗索瓦一世在公元 1515 年登上法兰西王位，时年 21 岁。法兰西全部国土都是耕地，富饶且人口众多，是一个名副其实的大国。弗朗索瓦一世是法国历史上史无前例的一位具有人文主义思想的国王。被视为开明的君主、多情的男子和文艺的庇护者，是法国历史上最著名也最受爱戴的国王之一。在他统治时期，法国繁荣的文化达到了一个高潮。他曾三顾茅庐把晚年的列奥纳多·达·芬奇请到了法兰西，给了这位伟大天才短暂的安居和身后的长眠之地。著名的《蒙娜丽莎》是达·芬奇为表达感谢的馈赠，保留在了法兰西。在公元 1522 年时他也是 28 岁。

❦ [弗朗索瓦一世]

西班牙国王卡洛斯一世

西班牙国王卡洛斯一世也是以德意志、奥地利为中心的神圣罗马帝国皇帝，称为查理五世。公元 1516 年，16 岁的卡洛斯一世成为西班牙国王，19 岁时成为神圣罗马帝国皇帝。他不仅把西班牙、德意志、奥地利、荷兰置于自己的统治之下，还是除威尼斯以外意大利半岛事实上的统治者、殖民化进程中的美洲新大陆的主人。公元 1522 年时他才 22 岁。

除了这些年轻有为的掌权者之外，还有以海洋贸易立国的威尼斯共和国，以及宗教领袖罗马教皇，在这些人的斗争中，地中海成为他们表演的舞台。

❦ [卡洛斯一世]

第 12 章 群雄并起的大国时代

海洋与文明：地中海三千年 | 227

两大阵营的对决

维也纳保卫战的反击战

公元 1532 年,奥斯曼帝国苏丹苏莱曼一世派遣大军,通过已经成为奥斯曼帝国行省的巴尔干半岛到达多瑙河,从陆上进攻神圣罗马帝国皇帝查理五世(卡洛斯一世)的领土维也纳,作为迎战方,查理五世派遣他的弟弟匈牙利王费尔南多率陆军迎

[海军司令安德烈亚·多里亚]

> 公元 1535 年,"神圣同盟"的国家中没有法兰西和威尼斯。弗朗索瓦一世是一位卡洛斯一世做的事他就不做,卡洛斯一世不做的他才做的法兰西人。
> 而威尼斯不加入的原因则更为复杂,其为了贸易利益,不想得罪此时控制着地中海的奥斯曼帝国,因为它们相互之间签有友好通商条约,可见威尼斯商人的嘴脸。

[维也纳保卫战]

战，原教皇舰队司令安德烈亚·多里亚受命负责在海上迎战。

此战中，意大利人和西班牙人从海、陆两个方向发起对奥斯曼帝国的攻击，不但打退了包围维也纳的奥斯曼人，还乘胜追击，将奥斯曼人围困在位于伯罗奔尼撒半岛南端的迈索尼城堡，经过两天的战斗后，奥斯曼帝国的守城士兵便投降了。

之后，西班牙大军又继续北上攻陷了迈索尼、黎凡特，就这样，加上属于威尼斯的各岛，整个爱奥尼亚海上的阿拉伯势力被一扫而空。

攻陷突尼斯

奥斯曼帝国在海上接连失利，让苏莱曼一世非常恼怒，于是他任命"红胡子"巴巴罗萨为奥斯曼帝国海军总司令。

公元1535年，卡洛斯一世召集基督教同盟国，开始对突尼斯的海盗根据地发起进攻。这是巴巴罗萨当上奥斯曼帝国海军总司令以后的第一战。

基督教同盟军的兵力如下，首先是海军，以具备战斗力的加莱船数量计算。

教廷：12艘；马耳他骑士团：4艘；西班牙本国：16艘；西班牙治下的西西里：10艘；

["红胡子"巴巴罗萨·海雷丁]

巴巴罗萨·海雷丁是15世纪的奥斯曼海盗。海雷丁并非原名，而是由苏莱曼大帝赐予的，意为"信任的美德"。

第12章 群雄并起的大国时代

海洋与文明：地中海三千年 | 229

西班牙治下的那不勒斯：14 艘；热那亚共和国：3 艘；葡萄牙：加莱船 1 艘，三桅快速帆船卡拉维尔 12 艘；安德烈亚·多里亚：19 艘。

而陆军按国分别编队，由相应国家出身的将军指挥，他们由卡洛斯一世统一指挥，具体兵力如下。

意大利兵 1.3 万人，由教廷所在的意大利中部、那不勒斯所在的意大利南部和热那亚所在的意大利北部的志愿兵组成。由佛罗伦萨名门出身的莱昂内·斯托罗兹指挥。

德意志兵 8000 人，由赫尔巴斯坦伯爵指挥。

西班牙兵 8000 人，由唐·安托尼奥·德·阿拉尔孔指挥。

葡萄牙兵 500 人，指挥官是葡萄牙国王的弟弟伊凡特·唐·路易斯公爵。

基督教同盟军围困了突尼斯，奥斯曼帝国大军以及海盗们死守城门，经过艰苦的战斗，眼看守城无望，海盗们四散奔逃，全面崩溃，基督教同盟军占领了突尼斯。

[三桅快速帆船卡拉维尔]

海盗横行：威尼斯退出了神圣同盟，使得海盗在地中海畅通无阻

巴巴罗萨在公元 1537 年攻入爱琴海诸岛，把大部分岛屿变成奥斯曼帝国统治下的诸侯国，使奥斯曼帝国成为爱琴海地区海上的真正霸主。而在这一地区中，余下的是威尼斯控制的群岛，包括克里特岛，但是在第二年夏天也被奥斯曼帝国吞并，威尼斯只剩下本土未被奥斯曼帝国攻下。

看到这种情况，威尼斯加入了教皇召集的神圣同盟，在贡献了 82 艘军舰之后，加入了对奥斯曼帝国的海战。

公元 1538 年 9 月 25 日凌晨，仅加莱船就达 150 艘的基督教联合舰队，从科孚岛出发，于当天傍晚抵达帕克西岛，但是他们沿途没有见到"红胡子"巴巴罗萨的海军舰队。

之后，基督教联合舰队进入爱琴海地区，攻击了奥斯曼帝国在阿尔巴尼亚地区的主要港口——普雷韦扎。

"红胡子"巴巴罗萨闻知此事，成功地把停泊在普雷韦扎港的分舰队撤了出来，驶入亚得里亚海，然后集中其余军舰反攻，最终在普雷韦扎港口打败了这支基督教联合舰队。

亚得里亚海是威尼斯出海的必经之路，岂能容许奥斯曼人在此，于是威尼斯出巨资雇佣了维京人，加上基督教联合舰队，才打退这支奥斯曼帝国舰队，把敌人赶出了亚得里亚海。狡猾的威尼斯人随即与奥斯曼帝国海盗签订了和平协议。

普雷韦扎海战后的第二年，"红胡子"巴巴罗萨成了地中海的主人。他人在伊斯坦布尔，西地中海的海盗行动全都交给了他的继承人图尔古特。

因为威尼斯与奥斯曼帝国海盗签订了和平协议，退出了神圣同盟，加上一直以来与奥斯曼帝国海军作战，罗马教皇保罗三世的教皇舰队只剩下7艘加莱船，这么微弱的海军力量顶多也只能守卫罗马近海。

这样一来，从北非港口北上的奥斯曼帝国海盗，在东、西、北三个方向均可在地中海上为所欲为。

法兰西与奥斯曼帝国的短暂联盟，使奥斯曼帝国在地中海的势力大增

公元1542年，强大的哈布斯堡王朝欲对法兰西用兵，此时法兰西刚结束了英法百年战争，创伤尚未愈合，百废待兴，根本无法匹敌。于是法兰西国王弗朗索瓦一世请求与奥斯曼帝国联盟，奥斯曼人接到求援后，立刻答应了其要求。

❀ [教皇保罗三世]

保罗三世（1534—1549年在任）在生活上与世俗贵族一样谋求私利，但他对教会的虔诚又是热心的。他还为了圣彼得大教堂的改建工作，邀请米开朗琪罗为礼拜天绘了壁画。

❀ 弗朗索瓦一世又称大鼻子弗朗索瓦，骑士国王，被视为开明的君主、多情的男子和文艺的庇护者，是法国历史上最著名也最受爱戴的国王之一（1515—1547年在位）。在他统治时期，法国繁荣的文化达到了一个高潮。

海洋与文明：地中海三千年 | 231

❈ [普雷韦扎海战]

普雷韦扎海战是奥斯曼帝国同基督教联合舰队之间的一次海战。此战基督教联合舰队惨败,从而使奥斯曼帝国获得了对整个爱奥尼亚海的控制权。

❈ [威尼斯画家卡纳莱托笔下的威尼斯兵工厂大门]

❖ [哈布斯堡家族族徽]

统治着西班牙、尼德兰、南意大利的西班牙国王、哈布斯堡家族的卡洛斯一世，在公元 1519 年当选为神圣罗马帝国的皇帝，号称查理五世。这样，查理五世既有神圣罗马帝国皇帝的号召力，又有从荷兰和整个美洲源源不断的经济补充，实力空前强大，哈布斯堡家族的领土从三面包围了法兰西，对法兰西构成了严重的威胁。查理五世不仅想把法兰西的军队从意大利驱逐出去，而且企图夺占其祖母丢失的领地勃艮第。于是哈布斯堡家族与法兰西战事一触即发。

为此奥斯曼帝国苏丹苏莱曼一世令巴巴罗萨带领 200 艘大帆船，开往西地中海支援法国。弗朗索瓦一世把土伦港让给巴巴罗萨作为他的海军司令部。在经过两年的战斗后，公元 1544 年，弗朗索瓦一世与哈布斯堡王朝的查理五世讲和，从而结束了法兰西与奥斯曼帝国的短暂联盟。

❖ 马耳他是一个位于地中海中心的岛国，有"地中海心脏"之称，被誉为"欧洲的乡村"。

法兰西与奥斯曼帝国的结盟虽然短暂，但是对地中海周边势力的伤害却是巨大的，因为巴巴罗萨的舰队在开往法国途中，洗劫了那不勒斯和西西里岛沿海地区，而且在与哈布斯堡王朝的战斗中，还于公元 1543 年顺便攻占了尼斯，使得奥斯曼帝国在地中海的势力再次扩张。

🌱 马耳他攻防战

苏莱曼一世在与波斯（今伊朗）萨法维帝国的战争中占领了大半个中东地区，并将西至阿尔及利亚的北非大部地区纳入奥斯曼帝国版图。苏莱曼一世在位期间，奥斯曼帝国的舰队称霸地中海、红海和波斯湾。可是地中海

❖ [《圣保罗在马耳他岛被毒蛇咬》]

这幅画由 16 世纪安特卫普知名画家马腾·德·沃思（1532—1603 年）绘制，现藏于卢浮宫。画的情节出自《使徒行传》。使徒保罗被押往罗马（向罗马皇帝上诉），乘船途中经过马耳他岛，因为天气很冷，保罗捡来一把柴，放入火中，柴中有条毒蛇咬了保罗的手，保罗随手把毒蛇甩进火中。当地土人看见了认为保罗很快就会倒地死去，结果保罗平安无事，于是大家都相信了保罗是"神明"。

第 12 章　群雄并起的大国时代

海洋与文明：地中海三千年　| 233

上有一个小岛却让他如刺在喉，它就是马耳他岛。

马耳他岛位于地中海中心，有"地中海心脏"之称，岛很小，土地荒凉，就连粮食和饮水都需要外面供给。公元1565年，年逾70的苏莱曼一世打算用1个月的时间征服这里。奥斯曼帝国大军于3月22日离开伊斯坦布尔，5月18日出现在马耳他岛。

奥斯曼人攻击圣埃尔莫要塞

奥斯曼帝国舰队进入了马耳他岛东南部的马尔萨什洛克海湾的湾口。马耳他没有其他地方可供193艘船运来的大军登陆。奥斯曼人卸下了50门大炮，据说能射出24千克重的炮弹，还卸下了可供射击10万次的炮弹和火药，卸载士兵和攻城所需的物资就用去了10多天时间。

> ❧ "马耳他"一词的起源无从考究。通常的词源学说法认为它来自希腊语，意为"蜜"或是"甘甜"，可能是因为马耳他曾有一种土产蜜蜂，因而它被昵称为"甜蜜之地"。

> ❧ 马尔萨什洛克港是马耳他最南部的一个海港，是马耳他的三大海港之一，该港北、东、西三面陆地环抱，一面直通地中海，是天然的深水海港，是地中海地区集装箱运输的一个中转港。

> ❧ 公元前10世纪起，腓尼基人便在马耳他定居，前8世纪马耳他被希腊人占领，前4世纪又被迦太基占领。公元前218年始被古罗马统治。9世纪起马耳他又先后被拜占庭帝国、阿拉伯帝国、诺曼人统治。

❧ [马耳他骑士]

奥斯曼大军于公元1565年围攻马耳他，他们的主要对手是马耳他骑士团，此次战役是马耳他历史上最重大的事件，因为它阻止了奥斯曼帝国进一步向西扩张。

根据从之前抓住的俘虏处得知的消息，奥斯曼人知道了马耳他岛防御的薄弱之处，于是舰队全部奔向这个薄弱之处。

5月31日，奥斯曼帝国大军开始对马耳他发起进攻，首先炮击了他们认为的薄弱之处圣埃尔莫要塞，因为不攻下这座要塞，就无法去往位于其后的圣安杰罗和圣米凯莱要塞。

奥斯曼人使用了他们引以为傲的巨炮轰击，但是由于距离太远，加上炮台地基不牢，所以根本无法打击对面的要塞。而防守方利用拉·瓦莱塔发明的奇妙兵器，在抗击陆上进攻的奥斯曼帝国大军时大显身手。他们使用一种会喷火的火圈，引燃了奥斯曼帝国士兵的服装，同时还派出一队骑兵，在敌军宿营地放火。

奥斯曼帝国士兵始终无法攻入城堡，反而有被守城官兵打败的迹象，使得战争进入了僵局。

奥斯曼帝国攻打圣埃尔莫要塞就损失了4000余人

6月2日，"红胡子"巴巴罗萨的继承人图尔古特率领13艘加莱船和招募来了1600名海盗一起来到马耳他。第二日，另一个同伴也带着800名海盗赶到了马耳他。

新的海盗加入，使得战争变得更加激烈了。6月17日，一发炮弹从圣埃尔莫要塞飞出，直接命中图尔古特躲藏的巨岩，被炮弹炸得四处迸飞的岩石碎片削飞了图尔古特的脑袋。

图尔古特死后，奥斯曼帝国军队更加疯狂，圣埃尔莫要塞被日复一日地轮番进攻，城墙终于坍塌，852名誓死坚守的士兵减员到200人，这200人一直到最后也没有投降，而奥斯曼帝国方面仅因攻打圣埃尔莫要塞就损失了4000余人。

[圣埃尔莫要塞]

[苏丹艾哈迈德清真寺－托马斯·阿洛姆]
阿洛姆于1838年出版的《君士坦丁堡》中的作品。

海洋与文明：地中海三千年 | 235

❧ [圣埃尔莫要塞上的雕塑]

❧ [马耳他骑士团徽章]

公元 1523 年，圣约翰骑士团从罗得岛移居马耳他，并获得神圣罗马帝国皇帝查理五世的承认。这支骑士团后改名为马耳他骑士团。

❧ [奥斯曼帝国苏丹苏莱曼一世的短弯刀]

老将的睿智，一鼓作气赶走了奥斯曼人

跟苏莱曼一世同岁的马耳他守将拉·瓦莱塔，在圣埃尔莫要塞被攻陷后，就撤向第二层防线圣安杰罗，同时向临近的圣米凯莱要塞和马耳他其他城镇发出请求紧急支援的信号。

奥斯曼帝国大军攻破了圣埃尔莫要塞后，很快就长驱直入来到了圣安杰罗。又一场攻防战开始了，双方都打得非常吃力，在拉·瓦莱塔的指挥下，圣安杰罗全城坚持战斗。

此时地中海上刮起了风，夹杂着大量的湿气，令人十分不爽，而习惯了干燥生活的奥斯曼帝国士兵大受其苦。兵力损失严重，缺水少粮也困扰着奥斯曼帝国大军的指挥官。本来承诺 1 个月见分晓的战况，打出了僵持的状态，眼看就要进入第 3 个月了。

就在这时，圣米凯莱要塞和马耳他其他城镇的支援也陆续来到，虽然拉·瓦莱塔要求的 16 000 名士兵，只来了不到 6000 人，但是援军的到来令防守的士兵士气大振，而拉·瓦莱塔趁机还说道："这只是一部分，后续还会有援军到来。"看着对面垂头丧气的敌人，马耳他士兵转守为攻，一鼓作气赶走了奥斯曼人。

236 | 海洋与文明：地中海三千年

勒班陀海战

晚年的苏莱曼一世从伊斯坦布尔出发再次远征匈牙利,在奥斯曼人取得一些战役的胜利之前离开了人世,享年72岁。

苏莱曼一世去世后,其子塞利姆二世上位。他想拿下塞浦路斯,夺取威尼斯的葡萄酒产业,于是撕毁了与威尼斯的和平协议。这件事直接导致威尼斯倒向基督教联合军,引发勒班陀海战。

勒班陀海战战果

公元 1571 年 10 月 7 日,勒班陀海战在希腊西部帕特雷湾外的海面上打响了,这是加莱船之间进行的最后一场海战,基督教联合舰队由唐·胡安指挥,奥斯曼帝

[塞利姆二世]

塞利姆二世,奥斯曼帝国的苏丹,公元 1566 年起在位,他是苏莱曼一世及其妻罗西拉娜之子。塞利姆二世登基后沉迷于酒色,因此被称为"酒鬼塞利姆"。

第 12 章 群雄并起的大国时代

[勒班陀海战]

海洋与文明:地中海三千年

国舰队由阿里·巴夏指挥,结果基督教联合舰队大获全胜。

经过5个小时的激战,奥斯曼帝国方面以海军总司令阿里·巴夏为首的几乎所有奥斯曼宫廷的高官、奥斯曼新军军团长及其部下400人战死,另外,著名海盗"红胡子"巴巴罗萨的两个儿子也在这场海战中战死。率领右翼作战的海盗西洛克身负重伤,两天后死去。

基督教联合舰队这边牺牲也不小,主要参战国的伤亡人数如下:

威尼斯:阵亡4836人,伤员4584人。

西班牙:阵亡2000人,伤员2200人。

教廷:阵亡800人,伤员1000人。

❧ [唐·胡安]

唐·胡安是西班牙帝国全盛时期的将军。他大度、勇武,是一位杰出的将领,但他在许多方面还不成熟。他具有领袖的风度和充沛的精力,但他的活动却未能得西班牙国王腓力二世的全力支持和褒奖,这可能是担心他对王位的威胁(因为他是先皇卡洛斯一世的私生子)。

❧ [勒班陀海战]

在此之前，威尼斯一直不愿意和奥斯曼帝国开战，可见威尼斯人早就知道战争的代价是非常巨大的。

勒班陀海战之后

胜利会让人陶醉，尤其是消灭了奥斯曼帝国海军更令人狂欢不已。可是此时，只有清醒的威尼斯人向教皇提议，应该利用这个机会，彻底打垮奥斯曼帝国海军。

第二年春天，唐·胡安再次被派去墨西拿消灭奥斯曼帝国海军，可是教皇却限制了他的权力，这令唐·胡安无法放开手脚，公元1572年10月20日，基督教联合

❀ 勒班陀海战是地中海地区海洋势力决定性的一战。这场战争教给人们的还是那条古老的经验教训：赢多少次都不重要，关键是输光的那次，而这次输光的是奥斯曼帝国。

❀ 勒班陀海战后，又过了17年，西班牙无敌舰队败给英格兰，从此海洋争霸中心转移到大西洋，地中海不再是海洋争霸的焦点。

❀ [钱币上的勒班陀海战中的桨帆船]

海洋与文明：地中海三千年 | 239

[神圣联盟旗帜]

舰队以季节不再利于航海为由解散。而奥斯曼帝国依旧活跃在地中海，只是气焰有所收敛。

勒班陀海战之后，威尼斯又可以在亚得里亚海以及地中海上畅通地航行了，同时享受了近70年的和平，威尼斯再次恢复了连接东西方的作用。打赢此战的威尼斯将军被捧上了威尼斯元首的位子，这也就意味着威尼斯已经无法理智，开始走上了好战的路线，此后与奥斯曼帝国开展了长达200年的战争，耗尽了它的财富和底蕴。而作为失败方的奥斯曼帝国，还在积极寻找有才能的海军主帅，以求东山再起。

[典型的加莱赛桨帆船]

240 | 海洋与文明：地中海三千年

第 13 章
地中海的沉寂

随着大西洋贸易路线被发现，地中海在欧洲人眼中的不可动摇的贸易地位渐渐失去。勒班陀海战之后，各国对地中海的依赖被打破，地中海已经不再是各国争夺的焦点，崛起的大国也不再着眼于小小的地中海了，他们要到更大的海洋中去，获取更大的利益。

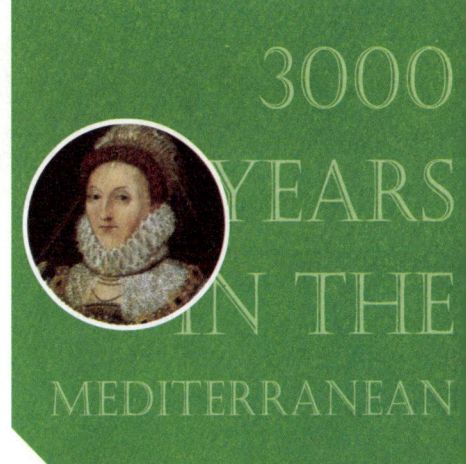

沉寂的奥斯曼帝国，但是巴巴里海盗依旧猖狂

勒班陀海战之后，地中海上的巴巴里海盗依旧横行。奥斯曼帝国的新任海军总司令乌尔齐·阿里是一位有能力的组织者，他迅速重建了奥斯曼帝国海军，军舰数量达到战前的规模。

公元 1573 年，因为基督教联合舰队没有乘胜消灭奥斯曼帝国海军，所以精明的威尼斯选择了与奥斯曼帝国之间恢复友好通商关系，威尼斯海军这个勒班陀海战的胜利者，不再是奥斯曼帝国的敌人。加上新上位的奥斯曼帝国苏丹穆拉德三世的生母是威尼斯人，所以奥斯曼帝国西征的欲望被减弱。

但是横行地中海上的巴巴里海盗依然如故，大批骑士组织活跃于海上，他们打击着巴巴里海盗，比如马耳他骑士团、圣斯德望骑士团。这两个骑士团的做法都是把船队分成两队，一队用来防守近海，

海洋与文明：地中海三千年

[伊斯坦布尔（君士坦丁堡）的咖啡馆－托马斯·阿洛姆]

托马斯·阿洛姆（1804—1872年）是一位英国建筑师和版画家。他曾从伊斯坦布尔来到了安纳托利亚，后又从叙利亚来到了巴勒斯坦。上图就是他所画的咖啡馆。阿洛姆还曾在1843年出版了《图说中国》一书，真实反映了晚清时代国民的生活风俗风貌。

另一队远航追踪巴巴里海盗船。这样一来，意大利南部和西西里岛的领主们也不再害怕巴巴里海盗了，他们和骑士团一起对抗着来袭的巴巴里海盗。那不勒斯和巴勒莫也开始积极抗击巴巴里海盗船。

这种情况下，北非的巴巴里海盗开始收缩势力，不敢再主动出击了。

从地中海到大西洋

在以前，地中海上的争斗主角主要来自两个阵营，即基督教世界和伊斯兰教世界。但如今随着天主教、新教等新势力的崛起，欧洲内部也变得复杂起来。在勒班陀海战17年后，一场爆发于英格兰和西班牙之间的海战正式打响。

无敌舰队的战败

这场战争源于新教与天主教之间争夺整个欧洲的控制权。由于担心英格兰女王伊丽莎白一世无后,信仰新教的英格兰王位会被她信仰天主教的苏格兰表亲——苏格兰女王玛丽·斯图亚特所继承,加之玛丽·斯图亚特多次参与暗杀伊丽莎白一世的行动,并被英格兰方面掌握了切实的证据,因此伊丽莎白一世以叛国罪为由,下令将她斩首示众。这一事件成为欧洲新教和天主教国家之间兵戎相见的导火索。西班牙国王腓力二世和他的父亲卡洛斯一世一样,都是坚定的天主教徒,视新教为眼中钉,在玛丽·斯图亚特被处死后,他发誓要将伊丽莎白一世赶下王位并占领英格兰,因而派出了当时世界上最强大的舰队——无敌舰队攻打英格兰。

第13章 地中海的沉寂

公元1588年,西班牙无敌舰队与英格兰舰队在英吉利海峡相遇,双方见面就掐,经过火炮、短兵相接甚至是肉搏的激战后,无敌舰队最终被英格兰海军彻底击败。自此,西班牙海军逐渐没落,海洋霸权几次易主,从西班牙、荷兰一直到英格兰,地中海乃至大西洋战火不断。

❖ [西班牙国王腓力二世]

从地中海到大西洋

自15世纪起,西班牙就一直在用强硬的手段企图从威尼斯、热那亚以及比萨那里抢回地中海的贸易主导权,但都未曾成功。

哥伦布发现新大陆之后,西班牙发现了去往东方的贸易路线之后,渐渐放弃了地中海,加上当时地中海的海盗横行,让西班牙更加热衷

海洋与文明:地中海三千年 | 243

[英格兰女王伊丽莎白一世]

于大西洋上的航线的探索。于是西班牙以国家名义，派出一批又一批的航海家，对整个大西洋及其沿岸开始了全面的考察。

经过近100年的发展，大西洋航线逐渐成熟，新一批的帝国，如英格兰、荷兰以及德国等已经不再关注地中海。而老牌海洋贸易国家，如比萨、威尼斯等因战争而逐渐走下坡路之后，地中海就成了明日黄花，繁盛的港口逐渐被废弃，曾经热闹繁荣的贸易市场逐渐变得冷清。伴随着欧洲文明从诞生到发展的地中海也渐渐失去了曾经耀眼的光芒，其重要地位也逐渐被外面更大的海洋所取代。